21 世纪全国高职高专旅游系列规划教材

导游业务规程与技巧

主　编　叶娅丽　陈学春

副主编　李巧玲　段敬丹　张宗书

北京大学出版社
PEKING UNIVERSITY PRESS

U0825666

内容简介

本书根据旅游高等职业教育和旅游行业的实际需要，以培养学生的导游职业能力为核心，强调培养学生的导游规范服务能力、导游讲解能力、导游应变能力。本书在简单介绍导游服务和导游人员等基本内容的基础上，重点围绕导游服务的“规程”与“技巧”进行展开：规程包括团队导游服务规程和散客导游服务规程；技巧包括导游讲解技巧、导游带团技巧、游客特别要求处理技巧和导游服务中常见问题的预防及处理技巧等。本书理论讲解精练、浅显易懂，每章配合有针对性强的模拟实训项目和丰富的实践案例及图片，理论与实践紧密结合；同时，每章都有明确的知识目标和能力目标要求，配合大量的思考与练习题，能够帮助学生降低学习难度；有详细的教学课件和思考题参考答案，供教师参考。

本书可作为高等专科院校、高等职业院校、成人高等教育等旅游专业及相关专业学生的教材，也可作为社会从业人员的业务参考书及培训用书。

图书在版编目(CIP)数据

导游业务规程与技巧/叶娅丽，陈学春主编．—北京：北京大学出版社，2012.6
(21世纪全国高职高专旅游系列规划教材)
ISBN 978-7-301-20652-2

Ⅰ．①导…　Ⅱ．①叶…　②陈…　Ⅲ．①导游—高等职业教育—教材　Ⅳ．①F590.63

中国版本图书馆CIP数据核字(2012)第095884号

书　　名：导游业务规程与技巧
著作责任者：叶娅丽　陈学春　主编
策 划 编 辑：刘国明　李彦红
责 任 编 辑：刘国明
标 准 书 号：ISBN 978-7-301-20652-2/F·3185
出　版　者：北京大学出版社
地　　址：北京市海淀区成府路205号　100871
网　　址：http://www.pup.cn　http://www.pup6.cn
电　　话：邮购部62752015　发行部62750672　编辑部62750667　出版部62754962
电 子 邮 箱：pup_6@163.com
印　刷　者：三河市博文印刷有限公司
发　行　者：北京大学出版社
经　销　者：新华书店
787毫米×1092毫米　16开本　16.5印张　378千字
2012年6月第1版　2016年1月第2次印刷
定　　价：31.00元

未经许可，不得以任何方式复制或抄袭本书之部分或全部内容。
版权所有，侵权必究　　**举报电话：010－62752024**
电子邮箱：fd@pup.pku.edu.cn

前　　言

导游业务是旅游管理专业的一门专业核心课，是学生从事导游岗位工作的必修课程，也是导游人员必须要学习的集知识性、技能性为一体的课程。该课程对培养学生的导游服务能力、带团技能、讲解技能、应变能力及职业素养起着主要的支撑作用。

本书以导游工作岗位的职业能力分析结果为依据，以导游工作内容和工作流程为主线，重点围绕导游服务规程和技巧进行阐述，内容包括导游业务概述、团队导游服务规程、散客导游服务规程、导游讲解技巧、导游人员带团的技巧、游客特别要求处理技巧、导游服务中常见问题的预防及处理技巧、导游服务相关知识 8 个部分。因此，本书选取的内容既能满足职业能力培养的要求，又充分考虑到了高等职业教育对理论知识学习的需要，而且也与导游岗位从业人员职业素养的相关要求相符合。

本书每章前设有知识目标、能力目标，能使学生明确了解该章的学习目标。每节前设置了案例导入，可以让学生带着问题进行学习。每节中间设置了一些案例、图片、实训内容，有利于学生更好地掌握带团技巧。每章后设有实训项目、典型案例、思考与练习。思考与练习包括填空题、单项选择题、多项选择题、简答题、案例分析题等题型，能够帮助学生增强学习兴趣和可读性。本书还附带有许多多媒体课件、案例库、习题集，便于教师参考和学生自学。

本书是校企合作编写的“工学结合”教材，在编写过程中得到了四川康辉国际旅行社有限公司、四川省中国国际旅行社有限责任公司、成都京都旅行社有限公司等企业的大力支持。这些企业为我们提供了一些资料，使本书更具有实用性。

本书由叶娅丽、陈学春任主编，李巧玲、段敬丹、张宗书任副主编。具体分工如下：成都纺织高等专科学校叶娅丽负责全书的整体规划、统稿工作和各章的修改工作，并编写第 1 章、第 2 章；第 3 章、第 8 章由成都纺织高等专科学校陈学春编写；第 4 章、第 5 章由攀枝花学院段敬丹编写；第 6 章、第 7 章由南充职业技术学院李巧玲编写，在编写过程中四川工程职业技术学院张宗书老师提供大量资料。

本书在编写过程中，参阅了同类教材及诸多的书籍、报刊，也利用了一些网络资源，但由于时间仓促，有些资料原始出处未能查到和注明。在此，对各位作者、专家、学者表示诚挚的感谢！由于编者水平及收集资料的范围所限，书中的不当之处还请各位读者给予指正和谅解，我们将不胜感激。

编　者

前 言

目 录

1 导游业务概述

知识目标

1. 了解导游服务的基本概念、服务范围及特点。
2. 熟悉导游人员的基本概念及分类。
3. 掌握导游服务的原则、导游人员的基本职责及素质要求。

能力目标

- 学生能够认识到导游服务在旅游服务中的地位。
- 学生能够根据导游人员的职责提供具有针对性的导游服务。

1.1 导游服务

案例导入

案情介绍：2011 年 5 月 1 日和 2 日，四川某公司自行组织了 38 人到峨眉山旅游，使用的是本公司的交通车，安排本单位的小李为该团提供服务。小李在途中为团队进行讲解，并在活动中为团队提供了各种服务，受到了单位同事的好评。

请问：小李所提供的服务是否属于导游服务？为什么？

案例解析：本案例中，小李所提供的服务不属于导游服务。这就涉及什么是导游服务的问题。在该案例中，虽然小李在途中为顾客进行了讲解服务，在两天的旅游活动中给游客提供了各项服务，但由于小李不是导游人员，因此，他所提供的服务也就不是导游服务。导游服务必须是由旅行社委派导游人员提供的一项旅游接待业务。小李不是由旅行社委派的，而是由四川某公司安排的。

1.1.1 导游服务内涵

1. 导游服务的概念

导游服务是导游人员代表委派他的旅行社，接待或陪同游客旅行、游览，按照组团合同或约定的内容和标准为游客旅游提供接待的服务。

2. 正确理解导游服务

（1）导游服务的主体是导游人员。没有导游人员参与的服务不能称为“导游服务”，旅游图文声像制品，包括导游图、交通图、旅游指南、景点介绍画册等，只能作为旅游地信息的传播载体，不能作为导游服务的主体。

（2）导游服务是旅行社委派导游人员提供的一项旅游接待业务。未获旅行社批准的陪同参观、游览的服务（如所谓“陪游”、“伴游” 等）不属于导游服务。未受旅行社委派的导游人员，不得私自接待游客。若私自承揽或者以其他任何方式直接承揽导游业务、进行导游活动，导游人员将受到处罚。旅行社委派导游人员的依据就是下达旅游接待计划。

（3）导游人员提供的主要服务是接待服务，包括在陪同游客旅行、游览过程中向其提供导游讲解服务和旅行生活服务。

（4）导游人员提供接待服务必须按照旅行社与游客约定的标准及国家或行业规定的标准实施。导游人员对旅游团队必须严格执行组团合同的规定和导游服务质量标准，对散客必须按事前约定的内容和标准实施。导游人员不得擅自增加自费项目或减少甚至取消约定的旅游项目，也不得降低导游服务质量。导游人员在接待过程中既要维护旅行社的声誉和形象，更要维护游客的合法权益。

1.1.2　导游服务的性质

导游服务是为游客提供的专项服务，具有服务性、经济性、文化性和涉外性 4 个特性。

1. 服务性

服务性指导游工作本质上是服务性工作，是旅游服务工作的一种，它提供的不是有形的物质产品。衡量服务产品质量的重要途径是被服务者的客观感受。因此，每一位导游人员都应该认清自己的角色地位，摆正位置，绝不能凌驾于游客之上，应把为游客提供满意的服务作为自己的责任。

2. 经济性

经济性指导游工作本质上是一种服务商品，具有一般商品共同的价值和使用价值。我们提倡导游人员不计名利、乐于奉献，但也必须承认导游工作是经济工作，是以获取经济利益为前提的。导游人员应该在保证服务质量的前提下，尽可能降低成本、创造利润，为本地区本企业经济发展多做贡献。因此，导游服务具有经济属性，具体表现在以下几方面。

1）直接创收

导游人员直接为游客提供服务，为其提供语言翻译服务、导游讲解服务、旅行生活服务及各种代办服务，收取服务费和手续费。导游工作可以为国家建设创收外汇、回笼货币、积累资金。

2）间接创收

（1）扩大客源。游客是旅游业生存和发展的先决条件之一，没有游客，发展旅游业就无从谈起。而导游人员向游客提供高质量的服务是提高旅游企业的信誉和竞争力的一个重要手段。享受到优质服务、满意而归的游客会向亲朋好友介绍自己的旅游经历，其口碑宣传是最有效、最经济的旅游宣传方式，在招徕回头客、扩大客源方面起着重要作用。

（2）促销商品。世界各国都十分重视旅游商品和纪念品的开发、生产和促销，并将它们视做争夺游客的魅力因素和增加旅游收入的重要手段。据统计，在世界各国旅游总消费中，用于购物消费的部分高达 50% 以上。导游人员对旅游商品的促销起着举足轻重的作用。

（3）促进文化与经济交流。来华游客中不乏方方面面的专家和经济界人士，他们中有人希望借旅游之机与各地的同行接触，相互交流信息，了解合作的可能性及投资环境。导游人员应做有心人，了解他们的意愿，并不失时机地向旅行社报告，积极牵线搭桥，促进中外及地区间的经济交流，为社会主义建设做出应有的贡献。

3. 文化性

文化性是指导游工作本质上是一种文化性工作，它在传播和沟通世界文化、民族文化方面起着特殊的作用。导游服务的文化性主要通过3种途径体现出来。①讲解服务，通过直接讲解的方式，向游客介绍本地、本民族文化，普及历史、宗教、艺术等文化知识。②通过导游人员的一言一行，向游人展示本国、本地区文明，体现本民族的风情。这个时候，导游人员实际上就是国家或地区旅游形象的代表，游客可以通过与导游人员密切接触，了解当地文化的特征和魅力。③导游人员和旅游地居民会有意或无意地受到外来文化的影响，并将这种文化向本地区传播，形成文化交流的现象。

4. 涉外性

中国出境旅游团队的导游服务和国际来华旅游团队的导游服务均具有涉外性。中外文化背景的不同造成了双方价值观念和思维方式的差异。导游人员在涉外接待中必须要小心谨慎，避免因小误会而产生大纠纷。周恩来同志曾说“外事无小事”，就是强调从事涉外工作的人员一定要具有较高的政策水平，严守外事纪律。

在对外工作中，导游人员应做到：①在外国人面前不卑不亢，对各国游客一视同仁；②由于中外文化的差异，凡涉及政治制度、道德观念、价值观念及敏感政治问题时，应采取“求同存异”的态度，不可互相攻击、互相指责；③应实事求是地介绍中国，不要文过饰非；④坚持内外有别，不向外国游客谈论涉及国家机密的内容，不带外国游客到未开放地区或军事禁区参观游览。

1.1.3 导游服务的范围

导游服务范围是指导游人员向游客提供服务的领域。导游服务涉及的范围十分广泛，可以说，贯穿于整个旅游活动的始终及各个方面。归纳起来，导游服务大体可分为以下两个方面。

1. 旅行生活服务

旅行生活服务贯穿于旅游活动的各个环节，主要反映在3个方面：①保证游客各项旅游活动的顺利进行，包括食、住、行、游、娱、购的具体安排实施；②帮助游客处理和解决临时发生的问题和困难，包括晕车、走失和团队突发性事故等；③确保游客的安全，包括解决游客的身体健康问题、保护游客的财物不受损失等。具体而言，旅行生活服务是导游人员按照旅游合同或按照与游客事先约定的种种旅游委托服务及其经济等级，为其在旅行生活中提供的相应的劳务。常见的旅行生活服务项目包括抵离旅游目的地时的迎送服务，客房与餐饮的预订，交通工具及各项票证的落实等。

2. 导游讲解服务

导游讲解服务的主要职能是使游客游览观光时的审美情趣和求知欲望得到满足，并以深入浅出、生动形象、妙趣横生的讲解激发游客的兴致，使之获得丰富的知识和美的享受，并在潜移默化中陶冶性情。讲解服务项目包括①讲解介绍，包括参观景点、游览市容时的沿途介绍和现场讲解说明，解答游客的提问，对游客关心的问题进行解答，通报时事新闻等；②口语翻译，包括座谈会、参观引导、观赏影剧、会见领导、与当地居民交流时的现场翻译等。

1.1.4　导游服务的方式

导游服务有两种方式，即图文声像导游和口语导游。

1. 图文声像导游

图文声像导游是指利用导游图、旅游线路标牌、旅游宣传品以及各类音像制品进行的导游服务。在旅游业发达的国家和地区，图文声像导游受到了普遍的重视。许多旅游城市往往由政府出面，印制大量精美的旅游宣传资料、旅游指南和风光影视片，以引导和刺激旅游消费，扩大市场，方便自助游客。国内一些历史文化气息浓厚的景点，为了帮助游客理解其文化价值，也提供可自由租用的自动讲解机，使游客不借助口语导游的现场服务就能了解基本的景点知识。例如，四川是旅游资源富集的省份，但四川高品位的旅游资源大多集中在西部山区，旅行时间长，导游人员不可能长时间进行讲解，因此，借助图文声像导游减轻导游人员工作负担是非常必要的。例如，旅行中通过散发导游资料的方式使游客对途中的安排、注意事项、景点概况有初步的了解，比导游人员一遍遍强调更容易让客人记住；通过车载 VCD 播放有关景区的介绍片，情景交融，既全面又直观，游客更容易接受。同时，导游人员在漫长的旅途中也能得到合理的休息。

图文声像导游服务还包括旅游景区配套的图文音像指示系统，如景区介绍、景区游览线路牌、景区路标等。完善的景区导游指示系统不仅方便了自助游客，对团队游客也十分有利，可加深游客对景区特色和价值的理解，弥补导游人员讲解的不足。因此，景区导游指示系统的内容应该科学、完整、规范，语种丰富，能够满足游客旅游和了解知识的需要，反映景区服务的质量。

图文声像作为一种物化的导游，是最简单、最直观的导游方式，具有形象、生动、便于携带的优势。而且由于图文声像均由专家撰写、正规出版社出版，因而，其内容规范，几乎不受导游人员个体水平差异的影响。导游人员在旅途中适时利用图文声像，既可以减轻口语讲解的强度，也可以增强讲解的直观性，改善导游服务的效果。

2. 口语导游

口语导游是在游客参观游览过程中由导游人员提供的导游服务，包括讲解服务、翻译服务和旅行生活服务。口语导游是人对人、面对面的服务，具有灵活、细腻的特点，可针对游客的水平和兴趣提供服务，并可以及时回答游客的各种问题。与图文声像导游相比，口语导游具有以下明显的优势。

(1) 口语导游可以提供向导、旅行、讲解等多种服务，而图文声像导游服务内容单一。图文声像导游侧重于景区景点和旅游交通路线的介绍，服务内容单一，而口语导游除起到向导作用外，还能提供旅途中生活安排、景点讲解和语言翻译的服务，这是图文声像导游根本无法比拟的。

（2）口语导游灵活、细腻，能有针对性地提供服务，而图文声像导游千篇一律，千人一面。同样是对景点的介绍，图文声像导游贵在规范，失在笼统、千篇一律、千人一面。而口语导游却以灵活细腻见长，能够针对游客的水平和兴趣，有的放矢地进行讲解服务，还能够详细回答游客的各种疑问。这种导游方式生动、有魅力，更易受到游客欢迎。

（3）口语导游能沟通人与人之间的情感，图文声像导游缺少情感交流。图文声像导游有个致命的缺陷，那就是缺少情感交流，客人总是面对着冷冰冰的文字和影像。口语导游是人对人的服务，能够沟通人与人之间的情感，促进了解，增进友谊。人们常把导游人员誉为“民间大使”是有一定道理的。一位优秀的导游人员，在完成任务过程中，往往能与游客建立深厚的情谊，分别时，依依难舍，分别后，甚至长期通讯往来，这种情谊是图文声像导游根本办不到的。

总之，在导游服务中，图文声像导游和实地口语导游两种方式相辅相成，各有优势。图文声像导游是口语导游的补充，口语导游也要善于利用图文声像进行导游服务，更好地满足各国、各地区游客对高水平导游服务的需要。

1.1.5 导游服务的地位

导游服务是旅游服务中的代表性工作，贯穿于旅游活动的始终。可以说，导游服务在旅游活动中具有至高无上的地位。我们可以从旅行社和游客两个角度来理解导游服务的地位。

1. 旅行社角度

从旅行社角度讲，导游服务是旅行社核心竞争力的重要组成部分。其作用表现在以下 4 方面。

1）体现了旅行社服务的水平和质量

导游人员从接到旅游团到完成旅游服务的整个过程都直接面对游客，游客对导游服务质量的反应也最为敏感、直观，因此，可以说导游服务质量代表着旅行社服务的质量。一般而言，导游服务质量高，可以弥补其他旅游服务质量的某些欠缺，而导游服务质量的低劣则最容易引起游客的不满。

2）在旅行社业务中具有核心地位

对游客而言，导游人员是旅行社的代表，是旅游产品的提供者。旅行社对游客服务的各个环节，如产品设计、线路组合、市场促销、车（船、机）票预订，最终都要通过导游服务传递给游客。因此可以说，旅行社各部门的工作，都是围绕着导游服务这条主线展开的，都是导游服务的幕后支持者。

3）是旅行社竞争的焦点

人们常说：“没有导游的旅行是最乏味的旅行。”导游服务使游客增长知识，使旅游活动更富魅力、充满情趣。因此，对于旅行社而言，甚至对于旅游地而言，导游服务至关重要，旅游竞争说到底是导游服务质量的竞争。一流的导游队伍无疑是旅行社扩大知名度、争取更多客源的法宝，也是旅行社的一笔财富。

4）是旅行社了解游客意见和建议、改进旅游产品的主要途径

旅行社把旅游景点、旅游交通、旅游饭店、旅游餐饮等旅游要素通过旅行社组合成旅游线路后，作为旅游产品销售给游客。导游人员工作在一线，熟悉旅游产品链中每一个环节的服务质量，了解游客的消费心理，可以及时将有关信息反馈给旅行社，有利于旅行社改进服务方式，提高旅游产品的针对性，推出更具竞争力的旅游产品。

2. 游客角度

从游客角度讲，导游服务是游客完成旅游活动的根本保证。其作用表现在以下两方面。

1）游客与旅游地文化沟通的桥梁

游客来自不同的地区和国度，归属于不同的民族，与旅游地居民在知识、文化、语言、生活等方面存在着差异，必须借助导游人员的翻译服务和讲解服务才能与旅游地居民顺利沟通，进而达到了解旅游地历史文化的目的；对于国内游客而言，即使没有语言障碍，但由于各地民族、民俗文化的差异，也常常需要借助导游讲解才能更好地实现观景赏美的目的。

2）旅游活动顺利开展的前提条件

游客到一地，人地生疏，食、住、行、游中会存在诸多不便，借助导游服务则可把行程中一切琐事抛诸脑外，专心游览，大大增强旅游的乐趣，使旅游活动更轻松、更惬意。

1.1.6 导游服务的特点

1. 复杂多变

导游服务涉及食、住、行、游、购、娱各个方面，不仅繁杂，且变化很大，其复杂性主要表现在如下几个方面。

1）服务对象复杂

导游服务的对象是游客，他们来自五湖四海，各种国籍、民族的人都有，职业、性别、年龄、宗教信仰和受教育程度的情况也各异，至于性格、习惯、爱好等更是千差万别。导游人员面对的就是这么一个复杂的群体，而且由于接待的每一批游客都互不相同，因此又是一个不断变化着的复杂群体。

2）游客需求多种多样

导游人员除要按接待计划安排和落实游客旅游过程中的行、游、住、食、购、娱等基本活动外，还有责任满足或帮助满足游客随时提出的各种个别要求，以及解决或处理旅游中随时出现的问题和情况，如会见亲友、传递信件、转递物品、游客患病、游客走失、游客财物被窃与证件丢失等。而且，由于对象不同、时间场合不同、客观

条件不同，同样的要求或问题也会出现不同的情况，需要导游人员审时度势、准确判断并妥善处理。

3）接触人员多，人际关系复杂

导游人员除天天接触游客之外，在安排和组织游客活动时还要同饭店、餐馆、景点、交通等部门和单位的人员接洽，而且也要处理与全程陪同导游人员（以下简称“全陪”）或地方陪同导游人员（以下简称“地陪”）及领队的关系。虽然导游人员面对的这些方方面面的关系是建立在共同目标基础之上的合作关系，然而每一种关系的背后都有其各自的利益，落实到具体人员身上，情况可能会更为复杂。导游人员一方面代表委派自己的旅行社，要维护旅行社的信誉和利益；另一方面，又代表游客，要维护游客的合法权益，还要以双重代表的身份与有关各方交涉。导游人员正是处在这种复杂的人际关系网的中心，若在工作中稍有差错或微小疏漏，就会影响到各个方面，造成不良后果。

4）要面对各种各样的物质诱惑和精神污染

导游人员的工作流动性大，活动范围广，可周游全国乃至世界，在此过程中可扩大阅历、增长知识。正如歌中所唱“外面的世界很精彩”，导游人员无时不处在各种诱惑之中。例如，在同国外游客的正常交往中，常常会受到一些不健康的思想意识和生活作风的影响，有时还会面临着金钱、色情、名利、地位的诱惑。处在这种氛围中的导游人员需要有较高的思想政治水平、坚强的意志和高度的政治警惕性，始终保持清醒的头脑，自觉抵制精神污染。

导游服务的这一特点要求导游人员要有高度的责任感和敬业精神，以及较强的心理自控能力，从而能沉着冷静地处理各种变化的情况和问题。

2. 独立性强

导游人员在接受了旅行社委派的任务后，带团外出旅游时往往要独当一面。导游人员要独立地宣传、执行国家政策，要独立地根据旅游接待计划组织活动、带旅游团参观游览，尤其是出现问题时，导游人员还须独立地、合情合理地进行处理。

导游人员的导游讲解也具有相对的独立性。导游人员要根据不同游客的文化层次和审美情趣有针对性地进行导游讲解，以满足他们的精神享受需求。这是导游人员的主要任务，每位导游人员都应独立完成，其他人无法替代。导游服务的这一特点要求导游人员要勇于向困难挑战，在战胜困难的过程中提高自己的各种能力。

3. 脑体高度结合

导游服务是一项脑力劳动和体力劳动高度结合的工作。一方面，导游人员接待的游客中，各种社会背景、文化水平的都有，因此导游人员需要具备很广的知识面，古今中外、天文地理、政治、经济、社会、文化、医疗、卫生、宗教、民俗等均需涉猎。导游人员在进行景观讲解、解答游客的问题时，需要运用所掌握的知识和智慧来应对，这是一种艰苦而复杂的脑力劳动。另一方面，导游人员经常要跋山涉水、远距离行路，还要不晕车（机、船）和适应各地的水土与饮食。除了在旅行游览过程中进行介绍、讲解之外，还要随时随地应游客的要求，帮助解决问题，事无巨细，也无内外之分。尤其是旅游旺季时，导游人员往往连续工作，整日、整月陪同游客，无论严寒酷暑，长期在外作业，体力消耗大，又常常无法正常休息。导游服务的这一特点要求导游人员要具有广博的知识和健康的体魄，以便能随时随地向游客提供其所需要的服务。

4. 关联度高

导游服务质量的高低除了取决于导游人员的水平和能力之外，还需要得到旅游接待服务中其他相关部门和单位的配合与支持，如旅行社计调部门，住宿单位，交通部门，游览、娱乐单位等。他们提供的服务对游客的旅游活动来说不仅是必不可少的，而且是环环相扣的。任何一个环节的服务出现偏差都会对旅游活动产生影响，都会使导游服务黯然失色，也会对游客产生心理压力。导游人员若因对上述环环相扣的服务安排不当、考虑不周而出现差错，也会影响整个旅游活动的顺利进行。例如，误机事故的出现既会使游客被迫延长在某地的停留时间，又势必会缩短甚至取消下一地的游程，使两地已安排妥当的住宿、交通、游览项目等发生变更。这不仅会引起游客的不满，而且会给旅行社带来重大的经济损失。由此可见，导游服务中任何一个环节出现问题总是会牵涉其他方面，都会对全局产生影响。

导游服务的关联性特点在一定程度上说明了服务质量控制的难度，因此，导游人员一定要有全局观念，在工作中要头脑清醒，思维缜密，着力预防服务质量事故的发生，要有较强的协调能力和公关能力，以保证游客的旅游活动按计划顺利进行。

导游服务的上述特点表明，导游服务不是一般的简单服务，而是一种建立在具有较高个人素质基础上且影响面较广的高智能服务。

1.1.7 导游服务的原则

导游服务是为人提供的服务。人的要求是多种多样的，除了物质上的满足，还需要精神上的愉悦，因此导游服务不仅要物超所值，还要给予客人高质量的精神享受。导游服务的基本原则，就是要从物质上和精神上满足客人的需求，使客人的权益得到保护，让客人在得到充分尊重的同时，获得美的享受。如果说做好导游工作有什么秘诀的话，那就是恪守导游工作的原则。

1. 宾客至上、优质服务的原则

宾客至上、优质服务是所有服务行业的座右铭，是服务工作中处理各类问题的出发点，也是导游服务必须恪守的原则。这一原则要求导游人员首先要尊重游客，真心实意地为游客着想，全心全意为游客服务；在处理纠纷和问题时，应以游客利益为重，不过多强调自身困难，更不能误导甚至欺骗游客；同时，要求导游人员要提供与游客所支付费用相等甚至超出游客期望值的导游服务，通过优质服务、超值服务，让宾客高兴而来，满意而归。

例如，20 世纪 90 年代初，成都至九寨沟旅游的条件相当艰苦，沿途鲜有像样的餐厅，行车时间也无法准确预测，导游人员通常在用餐时间临近时才就近安排餐厅就餐，卫生条件当然难以保证。某旅行社的导游人员每次带团去九寨沟，都会精心准备一次性白桌布和卫生筷供客人使用，客人在惊讶之余，无不从内心佩服其细致入微的服务和崇高的敬业精神。条件虽然有限，但游客所感受的服务却是超值的。

2. 维护游客合法权益的原则

维护游客合法权益，是保障旅游团队行程顺利、旅途愉快的前提。世界旅游组织发布的《旅游权利法案》和我国国家旅游局发布的《旅行社条例实施细则》中，对游客的权益保护都作出了明确规定。游客的合法权益主要包括旅游自由权、旅游服务自主选择权、旅游获知权、旅游公平交易权、依约享受旅游服务、人身和财物安全权、医疗求助权、求偿权和寻求法律救援权。

维护游客合法权益的核心是不折不扣地履行旅游合同，兑现对游客的承诺。同时，导游人员应平等地对待每一位游客，充分尊重游客的知情权，竭尽全力保障游客的人身和财产安全，避免信息不对称导致的旅游纠纷，这也是提高游客满意度的根本保证。

3. 规范化服务与个性化服务相结合的原则

规范化服务又称标准化服务，是由国家和行业主管部门所制定并发布的某项服务（工作）应达到的统一标准，要求从事该项服务（工作）的人员必须在规定时间内按标准进行服务（工作）。

关于导游服务，我国目前已经发布了两个标准，一个是1996年6月1日起实施，2010年修订的国家标准《导游服务质量》（GB/T15971—2010），另一个是1997年7月1日实施的行业标准《旅行社国内旅游服务质量要求》（LB/T004—1997）。这两个标准都规定了导游服务的质量要求，提出了导游服务过程中若干问题的处理原则，是当前指导我国导游工作的权威性文件，也是导游人员向游客提供服务的工作指南。

然而，按照这两个标准进行导游服务还不等于优质导游服务，因为这两个标准只是对导游服务质量提出的基本要求。也就是说，国家标准或行业标准只是旅行社必须达到的基本标准，旅行社为了扩大经营，为游客提供的服务可以而且应当在此基础上做得更好。导游服务是旅行社向游客提供的各项服务中的一个重要方面，导游人员就应当在保证旅行社利益的前提下，在标准要求的基础上，向游客提供优质的个性化服务，将规范化服务与个性服务有机结合在一起，只有这样游客才会高兴而来，满意而归。

个性化服务也可称为特殊服务，是导游人员在执行以上两个标准规定的要求、遵守旅行社与游客之间约定的同时，按照游客的合理要求而提供的服务。个性化服务是针对每一个旅游团、每一位游客的不同情况而提供的。它有可能是由客人主动提出来的，那么，作为导游人员一定要认真倾听，尽量满足其要求；实在难以办到的，也应向客人说明原因，求得客人的理解。但通常情况下，大多数游客不到万不得已是不会打扰导游人员的，不愿意把个性需求主动讲出来，这就要求导游人员要善于察言观色，主动发现客人的个性需求，或激励客人主动讲出其个性需求，再通过个性化服务使客人的满意度达到更高。

4. 平等服务原则

在团队游客中，既有见面即熟的“话匣子”，也有不言不语的“闷葫芦”。如果导游人员与部分游客特别投缘，在一起交谈、活动的时间多，甚至一起吃喝嬉戏，往往会不自觉地冷落其他客人，人为地给自己的工作设置障碍。

平等服务原则，就是要求导游人员对于同一批团队的客人，无论其性别、肤色或者国度是否有差异，无论其地位高低，无论其性格爱好与自己是否一致，都应该一视同仁，保持平等的距离，让游客在心理上感受到导游人员对他们同等的关心。客人付的费用是一致的，客人的人格是平等的，因此，导游人员对待客人就不能有任何亲疏贵贱之分。

1.1.8　导游服务的发展趋势

1. 导游工作高知识化

导游服务是一种知识密集型的服务，即通过导游人员的讲解来传播文化、传递知识，促进世界各国、各地区间的文化交流。随着人们文化修养的提高，对知识的更新更加重视，文化旅游、专业旅游、生态旅游、科研考察旅游将越来越多，必将对导游工作提出更高的知识要求。例如，生态旅游，导游人员要引导游客树立保护自然的观念，适时对游客进行保护环境的教育。又如，文化旅游，导游人员不但要熟悉旅游目的地的自然环境和文化，还要能组织指导游客与当地人进行交流。

根据这种趋势，导游人员必须提高自身的文化修养，在掌握渊博知识的同时，进一步深化导游讲解内容，使之更具有科学性、专业性和理论性。这样，导游人员的讲解将更具说服力，不仅能同游客讨论一般问题，还能较深入地谈论某些专业问题；不仅要做个通才，而且要成为某一领域或某些领域的专家、学者。

2. 导游手段科技化

随着科学技术的发展，出现了能上网的手机、笔记本电脑、便携式DVD机和远红外线遥控放音系统等先进的移动视听设备，将来还会有更先进的科技手段被运用到导游工作中来。这些先进的导游设备在游览前或游览现场可激发游客游兴，引导游客参观，解答专业性、学术性很强的问题，不仅可让游客看到（听到）旅游景观的现状，还可进一步了解其历史沿革和相关知识，起到深化实地导游讲解和以点带面的作用，成为导游工作不可或缺的辅助手段。因此，导游人员必须学会使用它们，在游前导、游时导和游后导中运用自如，与实地导游讲解密切配合、相辅相成。

3. 导游方法多样化

旅游动机的多样性与复杂性决定了旅游活动形式的多元化发展。例如，参与性旅游活动的发展就意味着人们追求自我价值实现的意识在不断增强。在旅游活动中，游客可以参与各类竞赛，参加各类民俗节庆活动，与当地居民一起活动、生活，还在旅游目的地学习语言、各种手艺和技能，甚至参加探险活动等。这要求导游人员不仅要会讲解，而且还要能动手演示，与游客一起参加各种活动。

旅游活动多样化的发展趋势，尤其是参与性旅游活动的兴起和发展，要求未来的导游人员不仅要能说会道，能唱能跳，而且还要多才多艺，勇敢机智，动手能力强。未来的导游人员应有强健的体魄，坚韧不拔的毅力，吃苦耐劳的精神，能与游客一起回归大自然，参与生态环保活动，一起参加各种竞赛，甚至去探险。总之，未来的导游人员是全能型的，不仅能熟练运用各种导游讲解方法，还能掌握参与各种旅游活动的方式方法；不仅是服务员、讲解员，还应该是教练员、培训导师和心理辅导员。有了这样的导游人员，游客才能获得一生中值得回味的旅游经历。

1.2 导游人员

案例导入

案情介绍： 小张是某高校旅游管理专业大二的学生，于2010年12月通过了导游口试，2011年3月领取了导游员资格证。同年3月8日某旅行社组织了一批客人参加“三八”节庆祝活动，由于该社的导游人员不够，考虑到小张已经领取了导游员资格证，于是就安排小张带团到蜀南竹海旅游，为该团提供服务。

请问：小张是导游人员吗？旅行社是否可以安排小张带团？

案例解析： 小张不属于导游人员，旅行社不能安排小张带该团到蜀南竹海旅游。因为导游人员必须要取得导游证，小张只是领取了导游员资格证，导游员资格证书只是标志着某人具备了从事导游职业资格的证书；而导游证则是标志着国家准许某人从事导游职业的证书。

1.2.1 导游人员的概念

导游人员是指依照《导游人员管理条例》（以下简称《条例》）的规定取得导游证，接受旅行社委派，为游客提供向导、讲解及相关旅游服务的人员。导游人员的概念包含以下3层含义。

1. 按规定取得导游证的人员

导游证有正式导游证和临时导游证两种，两种导游证的取得途径是不一样的。

1）正式导游证的取得

（1）通过全国统一考试获取导游资格证。《条例》第四条规定：“在中华人民共和国境内从事导游活动，必须取得导游证。”国家实行统一的导游人员资格考试制度。经考试合格者，方可取得导游员资格证。导游员资格证书样本如图 1.1 所示。导游员资格证由国家旅游局统一印制，各省级旅游局将考试合格人员名单及证书编号报国家旅游局，由国家旅游局核发证书，证书在全国有效。但同时，《导游人员管理实施办法》（以下简称《办法》）第八条规定，获得资格证 3 年未从业的，资格证自动失效。

（2）与旅行社签订劳动合同或到导游服务公司登记后向省旅游局领取正式导游证。《条例》第四条还规定：“取得导游员资格证书的，经与旅行社订立劳动合同或者在导游服务公司登记，方可持所订立的劳动合同或者登记证明材料，向省、自治区、直辖市人民政府旅游行政部门申请领取导游证。”导游证样本如图 1.2 所示。

图 1.1　导游员资格证书

图 1.2　导游证样本

导游证是国家准许某人从事导游工作的证件，其作用是为了维护旅游行业的声誉，保证导游服务质量，便于旅游行政管理人员监督检查。

2）临时导游证的取得

所谓临时导游证，是指具有特定语种语言能力的人员，虽未取得导游员资格证书，但因旅行社需要聘请其临时从事导游活动，由旅行社向省、自治区、直辖市人民政府旅游行政部门申请领取的导游证。由此可见，领取临时导游证的条件：①具有某种特定语种语言能力，②旅行社需要聘请其临时从事导游活动。陕西省旅游局颁发的临时导游证如图 1.3 所示。

根据《条例》规定，颁发导游证和临时导游证的部门是省、自治区、直辖市人民政府旅游行政部门，即省、自治区、直辖市旅游局，而导游证和临时导游证的样式规格由国务院旅游行政部门规定，即由国家旅游局规定。应当明确的是，导游证和临时导游证的样式规格由国务院旅游行政部门规定，但并不意味着导游证和临时导游证必须由国务院旅游部门制作，而是可以由国务院旅游行政部门规定样式规格并统一制作，也可以由国务院旅游行政部门规定样式规格，由省、自治区、直辖市旅游行政部门制作并颁发。

图 1.3 陕西省旅游局颁发的临时导游证样本

3）导游员资格证书与导游证的区别

（1）性质不同。导游员资格证书是标志着某人已具备了从事导游职业资格的证书，而导游证则是标志着国家准许某人从事导游职业的证书。前者是表明某人具备导游职业的资格，而后者表明某人获准从事导游职业。

（2）颁证机构不同。导游员资格证书是由国务院旅游行政部门或国务院旅游行政部门委托的省、自治区、直辖市人民政府旅游部门颁发；而导游证则是由省、自治区、直辖市人民政府旅游部门颁发。

（3）领取程序不同。导游员资格证书是参加导游人员资格考试并合格后，向旅游行政部门领取；而导游证则必须是取得导游员资格证书，并与旅行社订立劳动合同或者在导游服务公司登记后，方可向旅游行政部门领取。

（4）作用不同。导游员资格证书仅仅是表明持证人具备了从事导游职业的资格，但并不能实际从事导游职业；而导游证则表明持证人可以实际从事导游职业。前者是从业的资格，后者是从业的许可。

4）正式导游证与临时导游证的区别

（1）有无取得导游员资格证书。正式导游证持有者是经过导游人员资格考试并合格，取得导游员资格证书者；而临时导游证的持有者是没有经过导游人员资格考试，没有取得导游员资格证书者。

（2）有无语种语言能力限制。正式导游证的持有者无语种语言能力的限制，可以是具有特定语种语言能力的人员，也可以是不具有特定语种语言能力的人员；而临时导游证的持有者必须是具有特定语种语言能力的人员，否则便不具备领取临时导游证的条件。

（3）领取导游证的程序不同。申请领取正式导游证是由申请领取者个人向旅游行政部门领取；而临时导游证则是由旅行社根据需要向旅游行政部门申请领取。

（4）有效期限不同。导游证的有效期限为 3 年，临时导游证的有效期限最长不超过

3 个月，即既可以是数天，也可以是 1 个月或 2 个月，但最长不得超过 3 个月。导游证有效期满后，可以申请办理换发导游证手续，而临时导游证有效期限届满后，不得延期。如需继续聘请其为临时导游人员，则必须由旅行社重新向旅游行政部门申请领取。

2. 接受旅行社委派的人员

取得导游证并在导游证的有效期限内，经过旅行社委派，导游人员才有资格从事导游活动。《旅行社团队运行计划表》是旅行社委派导游的正式凭证，导游人员应当随身携带；租借的导游人员应办理租用手续。凡无导游证或未经旅行社委派从事导游业务者，将依照《条例》的相关规定给予处罚。在日常生活中，也有为他人提供向导、讲解服务的人，但是，只要其不是由旅行社委派的，尽管为他人提供向导、讲解服务，也不是《条例》所称的导游人员。

3. 为游客提供向导、讲解及相关旅游服务的人员

所谓“向导”，一般是指为他人引路、带路；而“讲解”则指向游客解说、指点风光名胜；至于“相关旅游服务”，一般指旅游行程中需要的各种服务，如安排住宿、就餐、订票等。注意，“相关旅游服务”不包括招徕、组团等旅行社的专属业务。

1.2.2　导游人员的分类

导游人员业务范围和内容不同，服务对象和使用的语言各异，其业务性质和服务方式也不尽相同。即使是同一个导游人员，由于其从事的业务性质不同，其所扮演的社会角色也会随之变换。根据我国目前的旅游市场现状以及未来旅游业的发展趋势，借鉴国外成功的经验和中国旅游业特定的运转规律，可以从不同的角度对中国导游人员进行分类。

1. 按业务范围划分

按业务范围划分，导游人员可分为海外领队、全陪、地陪和景点景区导游人员。

1）海外领队

海外领队，又被称为国际陪同导游人员，指经由国家旅游行政主管部门批准、可以经营出境旅游业务的组团社的委派，全权代表该旅行社带领旅游团从事旅游活动的工作人员，如外国访华团队中的外方导游人员，我国出境旅游团队中的中方导游人员等。领队作为组团旅行社的代表，负责对旅游团队内部管理和沿途各站的协调联络工作，并对旅游地接待旅行社的服务内容和服务质量进行全程监控。

根据国家旅游局的规定，要从事国际领队业务，必须在取得正式导游证的基础上进一步获得领队资格，并办理领队证以后才能上岗。熟练的外语能力和丰富的目的国知识，是领队人员必备的素养。

2）全陪

全陪指受组团旅行社委派，作为组团社的代表，在领队和地陪的配合下实施接待计划，为旅游团（者）提供全程陪同服务的工作人员。由于旅游团队性质的不同，通

常将全陪分为以下两种。

（1）国际入境旅游团队（来华旅游的境外旅游团队），由中方总接待旅行社派出的导游人员称为全陪，主要负责安排外国团队在华的全部行程。中方总接待旅行社实际上是旅游产品的总经销商，当客人需要到中国各地旅行时，他们再把行程的一部分分销给各地的地方接待旅行社，由各地派遣地陪负责安排在当地的行程。例如，美国某旅行社组织了35人的旅游团队到中国旅行，行程为15天，旅游线路是北京—成都—拉萨—上海，最后从上海出境。美国旅行社将团队在中国境内的行程交由中国和平国际旅行社安排，那么中国和平国际旅行社是接待外国团队的总接待旅行社（又被称为国内组团社），是旅游产品的总经销商。他再联系北京、成都、拉萨和上海的旅行社作为分销商，具体负责团队在当地的旅游活动。这种情况下，由中国和平国际旅行社派出的导游人员就叫全陪，他将从客人入境起一直陪同到客人出境。

（2）中国人在国内旅游，由组团旅行社派出的全程陪同导游人员也称全陪。例如，四川某旅行社组织华东五省市双飞五日游团队，该旅行社一般情况下会派出导游人员全程陪同团队旅行，这位陪同就被称为全陪。

3）地陪

地陪指受接待旅行社委派，代表接待旅行社实施接待计划，为旅游团（者）提供其工作地区的旅游活动安排、讲解、翻译等服务的工作人员。这里的接待旅行社指接受组团社的委托，按照接待计划委派地方陪同导游人员负责组织安排旅游团（者）在当地参观游览等活动的旅行社。

4）景点景区导游人员

景点景区导游人员也被称为讲解员，他们具有较专业的知识，熟悉景点情况，受雇于所在旅游景区景点，并由当地旅游主管部门与所在的景区景点负责业务培训和日常管理。讲解员只能在限定的景区景点，并经该景区景点讲解服务部门委派才能从事讲解服务。讲解员不得擅自接团或超越旅游景区景点的范围服务。一般而言，他们只负责讲解而不涉及其他事务。

总之，从业务范围看，海外领队和全陪的主要业务是进行旅游活动的组织和协调；地陪既有当地旅游活动的组织、协调任务，又有进行导游讲解或翻译的任务；景点景区导游人员的主要业务是从事所在景区景点的导游讲解。在通常情况下，前3类导游人员，即海外领队、全陪和地陪组成一个导游集体，共同完成一个旅游团队的接待任务。3位导游代表3方旅行社的利益，他们大多互不认识，要共同完成一定的导游服务必然牵涉到协作，这种内部协作的愉快与否将直接影响到游客旅游经历的质量。从这一点上我们可以说，游客一次舒心愉快的旅行取决于导游服务的质量；而导游服务的质量则取决于3位导游人员的精诚合作。

2. 按职业性质划分

按职业性质划分，导游人员可分为专职导游人员和兼职导游人员。

1）专职导游人员

专职导游人员指在一定时期内以导游工作为其主要职业的导游人员。目前，这类导游人员大多数受过中、高等教育，或受过专门训练，一般为旅行社的正式职员，他们是当前我国导游队伍的主体。

2）兼职导游人员

兼职导游人员也被称为业余导游人员，指不以导游工作为其主要职业，而利用业余时间从事导游工作的人员。目前，这类导游人员分为两种：①通过了国家导游资格统一考试并取得了导游证而从事兼职导游工作的人员；②具有特定语种语言能力受聘于国际旅行社，领取临时导游证而临时从事导游活动的人员。

目前，我国的导游人员一般归口到旅行社或导游服务公司注册管理。原则上，旅行社以专职导游为主，导游服务公司以兼职导游为主。但随着旅行社改革的深入，已出现部分旅行社将自己的导游划归导游服务公司，或者旅行社其他业务人员兼职导游业务的现象，因此，判断导游职业性质的标准就不能再简单地以是不是旅行社导游为依据，而应该注意其是否以导游业务为主业。凡以导游业务为主业的导游人员，不管是在旅行社注册还是由导游服务公司管理，都属于专职导游，否则就应划定为兼职导游。

在西方国家，还有一批真正意义上的“自由职业导游员”。他们以导游为主要职业，但并不受雇于固定的旅行社或其他旅游企业，而是通过签订合同为多家旅行社服务。他们构成了西方大部分国家导游队伍的主体。这类导游人员已经在中国出现，人数虽然不多，但很可能是一种发展方向。

3. 按导游使用语言划分

按导游使用语言划分，导游人员可分为中文导游人员和外语导游人员。

1）中文导游人员

中文导游人员指能够使用普通话、地方话或者少数民族语言，为国内游客，回内地、回国探亲的香港、澳门、台湾同胞和外籍华人游客，按其不同要求提供相应语言服务的导游人员。

2）外语导游人员

外语导游人员指能够运用外语为入境旅游的外国游客和出境旅游的中国公民提供导游服务的人员。目前，我国已拥有了英、法、日、德、西、俄、泰、越、阿拉伯、韩国语等语种的导游人员。外语导游人员可以接待中文团队，而中文导游人员却不能接待外语团队。中文导游人员可以通过加试外语的方式成为外语导游人员。目前，我国导游人员 90% 以上属中文导游人员，外语导游人员相对匮乏。

4. 按技术等级划分

按技术等级划分，导游人员可分为初级导游人员、中级导游人员、高级导游人员和特级导游人员。

1）初级导游人员

获导游员资格证书后工作满 1 年的人，就技能、业绩和资历等方面对其进行考核，凡合格者自动成为初级导游人员。初级导游人员，游客反映良好率不低于 85%。

初级导游的考核评定工作由各省旅游行政管理部门或其委托的地方级旅游行政主管部门组织评定。

2）中级导游人员

获初级导游人员资格2年以上的人，业绩明显，就导游专业知识、现场导游等方面对其进行考核和考试，凡合格者晋升为中级导游人员，他们是旅行社的业务骨干。中级导游人员，游客反映良好率不低于90%。中级导游的评定工作每2年进行一次，由各省旅游行政管理部门或其委托的地方级旅游行政主管部门组织评定。

3）高级导游人员

取得中级导游人员资格4年以上的人，业绩突出、水平较高，在国内外同行和旅行商中有一定影响，就导游词创作和口译（中文导游人员除外）等方面对其进行考核、考试和评审，凡合格者晋升为高级导游人员。高级导游人员，游客反映良好率不低于95%。高级导游人员的评定工作每3年进行一次，由国务院旅游行政主管部门组织评定。

4）特级导游人员

取得高级导游人员资格5年以上的人，业绩优异，有突出贡献，有高水平的科研成果，在国内外同行和旅行商中有较大影响，经论文答辩、跟团实查和专家审议3种形式，就工作表现、导游技能、遵纪守法、游客反映和第二外语或一种方言等方面进行评审考核，凡合格者晋升为特级导游人员。特级导游人员，游客反映良好率不得低于98%。特级导游人员的评定工作不定期进行，由国务院旅游行政主管部门组织评定。

1.2.3 导游人员的职责

1. 导游人员的基本职责

导游人员的基本职责这是每一位导游人员从事导游工作时必须遵循的工作职责，也是导游服务的主要内容。它的核心是导游人员必须按照旅游合同，保质保量地完成旅游接待计划，具体包括下列几方面内容。

1）落实旅游合同

导游人员必须根据旅行社与游客签订的合同、书面或口头约定，安排和组织游客参观游览，不折不扣地落实旅游合同。

2）提供导游、讲解服务

在参观游览过程中，导游人员要向游客提供导游、讲解服务，介绍各地文化和旅游资源。

3）协调、处理各种问题

导游人员要协调相关接待单位的工作，及时处理旅途过程中发生的各种问题，保证旅游活动正常进行。

4）保护游客的人身和财物安全

导游人员在提供服务过程中应该始终把保护游客的人身和财物安全放在第一位，

及时处理各种问题和突发事件。

5）回答问题

在游览过程中，导游人员要耐心地解答游客的问询，及时反映游客的意见和要求，为旅行社产品开发提供反馈信息。

2. 海外领队的职责

海外领队是经国家旅游行政主管部门批准组织出境旅游的旅行社的代表，是出境旅游团的领导者和代言人。因此，海外领队在团结旅游团全体成员、组织游客完成旅游计划方面起着全陪、地陪往往难以起到的作用。其主要职责包括以下几个方面。

1）介绍情况、全程陪同

出发前向旅游团介绍旅游目的地国家或地区的概况及注意事项，陪同旅游团的全程参观游览活动。

2）通关工作

领队要协助游客办理出入境的通关手续，帮助游客填写出入境卡并提供相关翻译服务，保证游客顺利通关。

3）落实旅游合同

监督和配合旅游目的地国家或地区的全陪、地陪全面落实旅游合同，安排好旅游计划，组织好旅游活动。关心游客，做好旅游团的组织工作，维护旅游团内部的团结，调动游客的积极性，保证旅游活动能够顺利进行。

4）联络工作

负责旅游团与旅游目的地国家或地区接待旅行社的联络与沟通，转达游客的意见、要求、建议乃至投诉，维护游客的合法权益，必要时要出面斡旋和帮助解决问题。

5）维护安全

在境外，各种不安全的事情时有发生，要维护游客的生命和财产安全，处理好各类突发事件。

3. 全陪人员的职责

全陪是组团旅行社的代表，对所率领的旅游团负有全责，因而在整个旅行活动中起主导作用，其职责范围包括以下几方面。

1）实施旅游接待计划

按照旅游合同或约定，实施组团旅行社的接待计划，监督各地接待单位的招待情况和接待计划。

2）联络工作

负责旅游过程中同组团旅行社和地方接待旅行社的联络，做好旅行各站的衔接工作。

3）组织协调工作

协调领队、地陪、司机等各方面接待人员之间的合作关系；配合、督促地方接待单位安排好旅游（游客）的食、住、行、游、购、娱等旅游活动，照顾好游客的旅行生活；转达或处理游客的意见、建议和要求。

4）维护安全

全陪与游客相处时间长，一定要把安全问题放在首位，要维护游客在旅游过程中的人身和财产安全，处理好各类突发事件。特别是当没有海外领队和地陪时，全陪更应该做好旅游团的安全问题。

5）宣传、调研

做好市场调研和市场宣传促销工作，有意识地推销当地其他旅游产品和旅游商品；并在广泛的市场调研基础上，协助旅行社改进旅游线路，开发新的、适销对路的旅游产品。

4. 地陪人员的职责

地陪人员是各地旅游活动的具体组织者和执行者，代表地方接待旅行社，直接面对游客，为游客安排在当地的旅游活动，提供有形的导游服务。其职责包括以下几个方面。

1）安排旅游活动

根据旅游接待计划，合理安排旅游团（游客）在当地的旅游活动，保证各个环节不出问题，使旅游活动顺利进行。

2）做好接待工作

认真落实旅游团队（游客）在当地的接待服务和吃、住、行、游、购、娱等活动，主动与全陪、领队合作，自觉地以东道主的姿态提供良好的接待服务。

3）提供导游、讲解服务

提供导游、讲解服务是地陪的一项主要职责。负责旅游团队（游客）在当地参观游览中的导游和讲解工作，解答游客的问题，积极介绍当地的旅游景观，传播民族文化。

4）维护安全

地陪对当地的情况很熟悉，所以在接待游客时，就应该向游客详细交代游客在本地游览时应该注意的问题，特别是应该交代清楚安全问题，维护游客在当地旅游过程中的人身安全和财物安全，做好事故防范和安全提示工作。

5）处理问题

妥善处理旅游相关服务部门间的协作关系以及游客在当地旅游过程中发生的各类问题，保证旅游活动的顺利进行。

5. 景点景区导游人员的职责

1）导游讲解

每个景区的知识性都很强，游客要了解景区的概况、形成原因、主要特色、开发价值等知识，特别是在人文旅游景点，更需要景点景区导游人员作详细的讲解。景点景区导游人员要负责所属景区景点的导游讲解，及时解答游客的各种问题。

2）安全提示

景点景区导游人员熟悉景区环境，游览时一定要提醒游客在参观游览中应该注意的安全问题，并给予必要的协助，避免安全事故的发生。

3）宣传环保、文物保护

每个旅游景区、景点都有很多知识需要给游客讲解，景点景区导游人员要结合景区景点的具体情况，向游客宣传讲解环境、生态和文物保护知识。

1.2.4　导游人员的素质

人的素质包括身体素质、心理素质、外在素质、文化素质和专业素质等多方面内容。这些素质有的是先天形成的，但主要还是后天教育的结果，是在社会实践中逐渐发育、成熟起来的，主要包括道德素质、知识素质、能力素质和身心素质4个方面。

1. 导游人员的道德素质

在任何时代、任何国家，人的道德品质总是处于最重要的地位。导游人员的道德素质主要应表现在以下几个方面。

1）热爱祖国

“爱国”是世界各国伦理道德的核心，“爱国是文明人的首要美德”。导游人员首先应是一名爱国主义者。在为游客提供热情、友好服务的同时，要维护国家的利益和民族的自尊，热爱人民和祖国的大好河山，热爱家乡。导游作为一种特殊的职业，国外一般不允许外籍人员从事此项工作。面对四海宾朋介绍自己国家的悠久历史、灿烂文化、壮丽河山、现代成就，没有对祖国强烈的爱，就很难通过导游讲解使游客了解自己的国家，并对自己的国家产生美好的印象。只有爱国，才能以热情的介绍和强烈的爱国情绪感染游客。我国导游人员作为中华民族的一员，其思想品德、言行举止都是以民间大使的身份表现的，外国朋友正是通过导游人员的形象来了解中国的，导游人员对于自己的言行必须十分负责，自觉维护祖国和民族的尊严。

2）爱岗敬业

导游人员应该树立远大的理想，将个人的抱负与事业的成功紧密结合起来，立足本职工作，热爱本职工作，刻苦钻研业务，不断进取，全身心为游客提供优质服务。

3）遵纪守法

导游人员要自觉遵守国家的法律法规、外事纪律和行业规范，严格执行导游服务质量标准，严守国家机密和商业机密，自觉维护国家和旅行社的利益。

4）情操高尚

导游人员要努力使个人的功利追求与国家利益、游客利益结合起来，培养自我控制能力，修身养性，戒骄戒躁，始终保持高尚的情操。

2. 导游人员的知识素质

英国伦敦的导游培训教学大纲中指出：“知识是导游的基础，这种知识必须是有根据的，经过选择的，而且是能够被很好地表达出来的。”导游人员应掌握的知识包括以下几个方面。

1）语言知识

导游人员不仅要有娴熟的导游业务知识，而且要具备规范化、艺术化的语言知识。导游讲解是一种综合性的口语艺术，因此，语言表达是基本功。语言基础不扎实，就会影响有效的传递与沟通，也就不可能完成导游工作的任务。而过硬的语言能力和扎实的语言功底则要以丰富的语言知识为基础。这里所说的语言知识包括外语知识和本民族语言知识（或少数民族语言知识）。涉外导游人员至少应掌握并熟练运用一门外语，最好掌握两三门外语。掌握一门外语，了解一种外国文化，有助于接受新思想、新观念，开阔眼界，在传播文化方面为国家做出贡献。

导游讲解是一项综合性的口语艺术，要求导游人员应具有很强的口语表达能力。不过，导游人员的口语艺术应置于丰富的知识宝库之中，知识宝库是土壤，口语艺术是种子，二者结合才能获得收成——良好的导游效果。

2）史地文化知识

史地文化知识包括历史、地理、宗教、民族、风俗民情、风物特产、文学艺术、古建园林等诸方面的知识。这些知识是导游讲解的素材，是导游服务的“原料”，是导游人员的看家本领。导游人员要努力学习，力争使自己上知天文、下晓地理，对本地及邻近省、市、地区的旅游景点、风土人情、历史掌故、民间传说等了如指掌，并亦应对国内外的主要名胜有所了解，还要善于将本地的风景名胜与历史典故、文学名著、名人轶事等有机地联系在一起。总之，能够对史地文化知识综合理解并将其融会贯通、灵活运用，对导游人员而言具有特别重要的意义，是一名合格的导游人员的必备条件。而且，我国旅游资源对境外游客最大吸引力就在于其悠久的历史，广袤的大地和灿烂的文化。

3）专业基础知识和相关理论知识

导游人员应精通业务。首先要精通各种业务手续和导游工作程序，如安排游客的饮食起居、了解景点景区布局和最佳游览路线等。此外，导游人员还应学习旅游学概论、饭店概况、旅行社运作、公关常识、美学、心理学、社会学、传播学、管理学、哲学等。具备了这些基础知识，在与相关方面合作时心中会更有把握，工作会更有效，导游服务质量也会大大提高。

4）政策法规知识

政策法规知识也是导游人员应必备的知识，其原因包括以下几个方面。①政策法规是导游人员工作的指针。导游人员在导游讲解、回答游客对有关问题的问询或同游客讨论有关问题时，必须以国家的方针政策和法规作指导。否则，便会给游客造成误解，甚至给国家造成损失。②旅游过程中出现的有关问题，导游人员要依据国家的政策和有关的法律、法规予以正确处理。③导游人员自身的言行更要符合国家政策法规的要求，遵纪守法。总之，导游人员应该牢记国家的现行方针政策，掌握有关的法律法规知识，了解外国游客在中国的法律地位以及他们的权利和义务。只有这样，才能正确地处理问题，做到有理、有利、有节，导游人员自己也可少犯或不犯错误。

5）心理学和美学知识

导游人员的工作对象主要是形形色色的游客，还要与各旅游服务部门的工作人员打交道，导游工作集体三成员——全陪、地陪和领队之间的关系有时也很复杂。导游人员是做人的工作，而且往往是与之短暂相处，因而掌握必要的心理学知识具有特殊的意义。导游人员要随时了解游客的心理活动，有的放矢地做好导游讲解和旅途生活服务工作，有针对性地提供心理服务，从而使游客在心理上得到满足，在精神上获得享受。事实证明，向游客多提供心理服务远比功能服务重要。旅游活动是一项综合性的审美活动。导游人员的责任不仅是要向游客传播知识，而且也要传递美的信息，让他们获得美的享受。一名合格的导游人员要懂得什么是美，知道美在何处，并善于用生动形象的语言向不同审美情趣的游客介绍美，而且还要用美学知识指导自己的仪容、仪态，因为导游人员代表着国家（地区），其本身就是游客的审美对象。

6）政治、经济、社会知识

由于游客来自不同国家的不同社会阶层，他们中一些人往往对目的地的某些政治、经济和社会问题比较关注，有时会询问有关政治、经济和社会的问题，有的人还常常把本国、本地的社会问题同旅游目的地的社会问题进行比较。另外，在旅游过程中，游客随时可能会看到或听到目的地的某些社会现象，也引发他们对某些社会问题的思考，要求导游人员给以相应的解释。所以，导游人员掌握相关的社会学知识，熟悉国家的社会、政治、经济体制，了解当地的风土民情、婚丧嫁娶习俗、宗教信仰情况和禁忌习俗等就显得十分必要。

7）旅行常识

旅行常识指交通知识、通讯知识、货币保险知识、卫生防病知识等。导游人员率领游客旅游，在提供导游服务的同时，还要随时随地帮助游客解决旅行中的种种问题。因此，导游人员掌握必要的旅行常识对旅游活动的顺利进行是十分重要的。

8）国际知识

涉外导游人员还应掌握必要的国际知识，了解国际形势和各时期国际上的热点问题，以及中国的外交政策和对有关国际问题的态度；要熟悉客源国或出游接待国的概况，知道其历史、地理、文化、民族、风土民情、宗教信仰、礼俗禁忌等。了解和熟悉这些情况不仅有利于导游人员有的放矢地提供导游服务，而且还能加强与游客的沟通。此外，导游人员若熟悉两国文化的差异，就能及早向游客说明并讲明来龙去脉，使他们意识到是在异国他乡旅游，不可能事事都与自己的家乡相同，从而使其产生领略异国、异乡风情的游兴，也使其对许多不解之处，甚至一些令人不愉快之处也能理解、谅解并与导游人员配合。

导游人员应做博学多识的杂家，应遵循广博与精深相统一、理论与实践相统一的原则，杂中有专，广中求深，优化知识结构，使自身的导游才能得到最有效的发挥。

3. 导游人员的能力素质

1）语言表达能力

“一句话能把人说笑，也能把人说跳。”导游人员在进行导游服务时必须具备一定的语言表达能力。进行导游讲解时，应认真思考讲解方法和表达方式，努力使大好河山的“静态”变为“动态”，使沉睡了千百年的文物古迹死而复生，使优雅的传统工艺品栩栩如生，从而使游客感到旅游生活妙趣横生，留下经久难忘的深刻印象。导游工作要求导游人员具有比较扎实的语言功底，而正确、优美、得体的语言表达能力对提高导游服务质量至关重要。

2）人际交往能力

导游人员每天都要与各种各样的游客打交道，因而，必须具备一定的社会活动能力，善于交际，既要能够接近别人，又要使自己容易被人信任，只有这样才能创造和谐的人际关系，营造良好的工作氛围。导游人员只有具备一定的交际能力，才能在工作中处理好各种关系，搞好导游服务集体间的合作共事，更好地与其他旅游接待单位协作，与合作者（如旅游车司机）愉悦共事。

3）随机应变能力

所谓应变，指在导游活动中，临时出现了未预料到的各种情况，如遗失物品、变更计划、突发性事故等，导游人员均能镇定沉着、及时冷静地对其进行处置。导游服务的难度就在于工作的灵活性和问题出现的随机性、突发性，因此，导游人员应具备处理错综复杂问题的应变能力。

导游人员应具备出色的、处变不惊的判断力、凭借智慧和服务取胜的能力，.获取信息和处理信息的能力、解决问题和化解矛盾的能力、决策能力和掌握知识和技能并善于应用的能力等。当出现问题和事故时，导游人员应该知道怎样去做，能控制情绪、时刻警惕、面对挑战镇定自若，能把自己的经验和常识转化成快速、果断的行动，转危为安，化解矛盾。

这就要求导游人员在服务中要凭智慧带团，在掌握丰富知识的基础上努力学习导游方法和技巧，并不断总结提高，能够做到因人而异地讲解、恰到好处地处理问题。同时，导游人员还应掌握一些实用的操作技能，如摄影、急救、驾驶、旅游业务流程的熟练处理等。

4）组织协调能力

导游过程中的协作关系主要包括导游人员之间的协作，与景点有关部门的协作，与饭店、旅游交通部门的协作以及与旅游消费者之间的协作。优质导游服务的提供无疑是各部门、各环节通力协作的结果，而协作的轴心正是导游人员。因此，组织、协调能力应是导游人员能力中需要特别加强的一环。

5）宣传促销能力

导游促销的范围很广，从促销商品、促销地方美食、促销新兴景点，到促销旅游线路、促销旅行社，都是导游人员的工作范围。导游人员在带团过程中巧妙地进行宣传促销，既可以为游客的参观游览活动提供必要的补充，又可以提高国际或地区的旅游收入。所以，导游人员也需要掌握一些宣传促销的方法。

4. 导游人员的身心素质

导游工作是一项脑力劳动和体力劳动高度结合的工作，工作纷繁，量大面广，流动性强，体力消耗大，而且工作对象复杂，诱惑性大。因此，导游人员必须是一个身心健康的人，否则很难胜任此项工作。身心健康包括身体健康、心理平衡、头脑冷静和思想健康4个方面。

1）身体健康

导游人员从事的工作要求他能走路、会爬山，能连续不间断地工作。全陪、地陪和海外领队要陪同旅游团周游各地，变化着的气候和各地的水土、饮食对他们而言都是严峻的考验。

2）心理平衡

“客人吃着你看着，客人玩着你干着”，这从一个侧面反映了导游人员因不能同游客一起“享受”而产生的不平衡心理。导游人员必须具备良好的心理素质，时刻明白自己的角色——服务员，自己的任务——提供服务。游客就是享受服务的，导游人员与游客的关系是一种提供服务与接受服务的关系。导游人员要很快进入“角色”，并且能始终不受任何外来因素的影响，要在游客面前显示出良好的精神状态。

3）头脑冷静

在旅游过程中，导游人员应始终保持清醒的头脑，处事要沉着、冷静、有条不紊，处理各方面关系时要机智、灵活、友好、协作，处理突发事件以及游客的挑剔、投诉时要干脆利索，要合情、合理、合法。

4）思想健康

导游人员应具有很强的是非观念和自控能力，能够抵制形形色色的物质诱惑和精神污染。

1.2.5 导游人员的管理

导游工作的独立性决定了导游管理工作的难度很大，除了设点抽查，一般很难进行全过程管理，所以，目前我国导游管理工作仍以事前警示和事后管理为主。目前，旅游行政管理部门对导游人员实行分级管理，对导游人员实行资格考试制度、计分管理制度、年审管理制度和等级考核制度。现重点介绍计分管理制度和年审管理制度。

1. 计分管理制度

计分管理制度，指旅游行政管理部门为了对导游人员的执业行为进行动态监督管理，根据其违规行为的性质、情节轻重，经查证核实后予以扣分的一项管理制度。

1）计分管理机关及其职责

《办法》规定，国务院旅游行政管理部门负责制定全国导游人员计分管理政策，并组织实施和监督检查；省级旅游行政管理部门负责本行政区域内导游人员计分管理的组织实施和监督管理；所在地旅游行政管理部门在本行政区域内负责导游人员计分管理的具体执行。

《办法》规定，所在地旅游行政管理部门，是指直辖市、计划单列市、副省级旅游行政管理部门，以及有相应的导游规模、有相应的导游管理服务机构、有稳定的执法队伍的地（市）级以上旅游行政管理部门。

《办法》之所以规定导游人员的计分管理由所在地旅游行政管理部门负责具体实施，是为了使计分管理落到实处，具有实际可操作性。因为在实际中，往往甲地旅行社导游人员在乙地违规后，乙地的旅游行政管理部门不便对其实施有效管理，致使各项管理制度形同虚设。

2）导游人员计分管理的实施

《办法》规定，导游人员计分办法实行年度10分制，按照其违规行为的性质、情节轻重，分别予以不同扣分。

（1）予以一次扣除10分的情形：有损害国家利益和民族尊严言行的；诱导或安排游客参加黄、赌、毒活动项目的；有殴打或谩骂游客行为的；欺骗、胁迫游客消费的；未通过年审继续从事导游业务的；因自身原因造成旅游团重大危害和损失的。

（2）予以一次扣除8分的情形：拒绝、逃避检查，或者欺骗检查人员的；擅自增加或者减少旅游项目的；擅自终止导游活动的；讲解中掺杂庸俗、下流、迷信内容的；未经旅行社委派私自承揽或以其他任何方式直接承揽导游业务的。

（3）予以一次扣除6分的情形：向游客兜售物品或购买游客物品的；以明示或暗示的方式向游客索要小费的；因自身原因漏接、漏送或误接、误送旅游团的；讲解质量差或者不讲解的；私自转借导游证供他人使用的；发生重大安全事故不积极配合有关部门救助的。

（4）予以一次扣除4分的情形：私自带人随团游览的；无故不随团活动的；在导游活动中未佩戴导游证或未携带计分卡的；不尊重游客宗教信仰和民族风俗的。

（5）予以一次扣除2分的情形：未按规定时间到岗的；10人以上团队未打接待社社旗的；未携带正规接待计划的；接站未出示旅行社标识的；仪表、着装不整洁的；讲解中吸烟、吃东西的。

3）导游人员计分管理的其他规定

《办法》规定，导游人员10分分值被扣完后，由最后扣分的旅游行政执法单位暂时保留其导游证，出具保留导游证证明，并于10日内通报导游人员所在地旅游行政管理部门和登记注册单位。正在带团过程中的导游人员，如果其10分分值被扣完，可持旅游行政执法单位出具的保留导游证证明完成团队剩余行程。

对导游人员进行计分管理是旅游行政管理部门的一项行政管理措施，不属于行政处罚。所以，对导游人员的违法、违规行为除扣减其相应分值外，依法应予处罚的还应当依法予以行政处罚。

例如，某导游人员在导游活动中未佩戴导游证而被扣除4分，依据《条例》第21条的规定，由旅游行政管理部门责令改正；拒不改正的，处500元以下的罚款。

2. 年审管理制度

《办法》规定，导游人员的年审管理，指旅游行政管理部门对导游人员当年从事导游业务情况、扣分情况、接受行政处罚情况、游客反映情况等进行考评的制度。

1）年审管理机关及其职责

《办法》规定，国务院旅游行政管理部门负责制定全国导游人员年审工作政策，组织实施并监督检查。省级旅游行政管理部门负责组织指导本行政区域内的导游人员的年审工作并对其进行监督检查。所在地旅游行政管理部门在本行政区域内负责导游人员年审工作的具体执行。

2）年审管理的实施

《办法》规定，年审以考评为主，考评等级分为通过年审、暂缓通过年审和不予通过年审3种，具体如下：一次扣分达到10分者，不予通过年审；累计扣分达到10分者，暂缓通过年审；一次被扣8分者，全行业通报；一次被扣6分者，警告批评。暂缓通过年审的，通过培训和考核后，方可重新上岗。导游人员通过年审后，年审单位应核销其遗留分值，重新转入初始分值。

3）年审管理的其他规定

《办法》规定，导游人员必须参加所在地旅游行政管理部门举办的年审培训。培训时间应根据导游业务需要灵活安排，但是每年累计培训时间不得少于56小时。此外，旅行社或导游管理服务机构应为注册的导游人员建立档案，对导游人员进行工作培训和指导，建立对导游人员工作情况的检查、考核和奖惩的内部管理机制，接受并处理对导游人员的投诉，负责对导游人员进行年审的初评。

实训项目

调查当地导游人员的基本情况

实训目的：了解本地区导游人员的基本情况。

实训地点：学校所在地的导游服务公司和旅行社。

实训步骤：

第一步，任课教师选择学校所在地的几家导游服务公司和旅行社；

第二步，把班上的学生分成几个小组，一个小组负责调查一个单位；

第三步，学生到具体的单位作调查，对该单位导游人员的人数、语种、年龄、性别、带团情况、游客的反应等情况进行调查；

第四步，每个小组写一份调查报告；

第五步，教师和学生一起归纳总结当地导游人员的基本情况。

典型案例

香港的骄傲——马尼拉人质事件中殉职的领队谢廷骏

谢廷骏，男，香港泰康旅行社领队，1999年到香港康泰旅行社作领队，主要负责中国及东南亚的旅游线路。他在菲律宾马尼拉人质事件中殉职，年仅31岁。

2010年8月23日早上10时许，菲律宾人罗兰多·门多萨尾随游客登上大巴，向全车人宣告："对不起，你们现在是我的人质了。"当时车上有21名香港人和4名菲律宾人。当枪手亮明身份之后，要求除了导游人员之外的所有人都坐到车厢后面。门多萨在开始时并不知道谢廷骏是领队，指挥他坐到车厢尾部。这正中谢廷骏下怀，他不作声响，在门多萨与团友们交流的时候，趁机偷偷拨通了还未被来得及被收走的手机，他尽力压低着声音，冷静地向同事陈小冰报告整个团队在马尼拉国父黎刹纪念公园被枪手劫持的情况。直到被门多萨识别出其领队身份，把他从车尾押至车头，并用手铐锁在车门处当"人肉盾牌"后，谢廷骏依然很冷静。夜幕中，枪手情绪终至崩溃。猝然的枪响后，谢廷骏身影一斜，第一个倒下。他在生死关头仍对团友不离不弃，恪尽职守至生命的最后一刻。

在康泰旅行社的网站上，有专门为谢廷骏设立的网页。网友说，数万条留言都可以化作让人心酸的一句话："你完成任务啦，你的成绩是'极满意'，安心吧!"全团最终有半数人获救，高度推崇职业精神的香港市民认为是谢廷骏的功劳，因此，称他为"香港的骄傲"。无数香港人向政府发送电子邮件，要求追颁谢廷骏英勇勋章。

问：领队的职责有哪些？在马尼拉人质事件中，领队谢廷骏是如何履行其领队职责的？

案例分析：领队是经国家旅游行政主管部门批准组织出境旅游的旅行社的代表，是出境旅游团的领导者和代言人。其主要职责是介绍情况全程陪同；协助游客办理出入境的通关手续；监督和配合旅游目的地国家或地区的全陪、地陪，全面落实旅游合同；维护游客的生命和财产安全，处理好各类突发事件。

香港泰康领队谢廷骏在团队遭遇人质事件时能够冷静处理，机智地、及时地把情况告诉了旅行社。正是由于他及时告诉了泰康旅行社，才使旅行社在劫持事件一开始时便了解了情况，随后也可以马上通知香港其他政府部门和机构安排其他事宜。他的机智和责任心保护并救回了半团团员的性命，所以，香港人民盛赞他是"香港的骄傲"。作为一个领队，谢廷骏在被劫持的最初时刻冷静致电香港报告事件，最后惨被射杀。他因公殉职令人十分悲痛。他在事件中表现出的专业态度及陪同和支持团友到最后一刻的恪尽职守精神值得所有导游人员学习。

思考与练习

一、填空题

1. 导游服务的方式包括________和________两种方式。
2. 口语导游是在游客参观游览过程中由导游人员提供的导游服务，包括________、________和________。
3. 维护游客合法权益的，是不折不扣地履行________，兑现对游客的承诺。
4. 在中华人民共和国境内核心从事导游活动，必须取得________。获得资格证________年未从业的，资格证自动失效。

二、单项选择题

1. 下列选项中，不属于导游服务性质的是（　　）。
   A. 服务性　B. 经济性　C. 灵活性　D. 文化性
2. 根据《条例》及《办法》的规定，对导游人员实行计分管理，如果导游人员一次性被扣除 8 分，他将被（　　）。
   A. 警告批评　B. 向全行业通报
   C. 暂扣导游证　D. 取消导游资格
3. 下列选项中，不属于领队职责的是（　　）。
   A. 维护团队团结，处理团队事务　B. 为游客提供讲解服务
   C. 协助游客办理通知手续　D. 维护游客生命、财产安全
4. 下列选项中，对专职或兼职导游理解正确的是（　　）。
   A. 专职导游一定是旅行社的正式员工
   B. 兼职导游一定不是旅行社的正式员工
   C. 由导游服务公司管理的导游人员均属兼职导游
   D. 在导游服务公司注册的导游人员不一定是兼职导游
5. 导游工作的服务性要求导游人员（　　）。
   A. 不卑不亢，一视同仁　B. 求同存异，实事求是
   C. 认清角色，摆正位置　D. 不计名利，乐于奉献
6. 图文声像导游的优势是（　　）。
   A. 能提供规范的景点介绍　B. 能提供流利的翻译服务
   C. 能提供周到的旅途生活服务　D. 能促进了解，增进友谊
7. （　　）的职责包括做好各段游程之间的衔接工作，保证旅游活动的顺利进行。
   A. 地陪　B. 全陪　C. 海外领队　D. 景点景区导游

8. 导游人员进行导游活动时必须接受（　　）的委派。

A. 地接社　　B. 组团社　　C. 旅行社　　D. 景点

三、多项选择题

1. 导游服务经济性体现在（　　）。

A. 直接收取服务费和手续费　　B. 招徕回头客，扩大新客源

C. 就地出口商品　　D. 促进文化与科技交流

E. 促销商品

2. 导游工作的特点为（　　）。

A. 独立性强　　B. 脑体高度结合　　C. 复杂多变

D. 跨文化性　　E. 经济性

3.《办法》规定，予以扣除8分的导游行为有（　　）。

A. 讲解质量差或不讲解的　　B. 擅自增加或者减少旅游项目的

C. 擅自终止导游活动的　　D. 拒绝、逃避检查或者欺骗检查人员的

E. 欺骗、胁迫游客消费的

四、简答题

1. 简述导游服务的发展趋势。
2. 导游服务工作的原则体现在哪些方面?
3. 口语导游与图文声像导游相比具有哪些明显的优势?
4. 导游工作的涉外性要求导游人员在对外工作中要注意哪些问题?
5. 简述地陪人员的职责。
6. 简述导游服务在旅行社和游客中的地位。

五、案例分析题

一位海外侨胞在抗战中与亲人在重庆离散，孤身一人漂泊海外30余年，抱着寻找亲人的一线希望参加了香港赴西南旅游的旅行团。当团队即将离开成都赶赴重庆时，他给重庆市中国旅行社发了一份措辞恳切的电报，希望能帮助寻找失散多年的亲人。负责接待的导游人员拿着这份电报犹如捏着一团火，想着那位年逾花甲、漂泊半世、孑然一身的老人，不觉情动于中。终于，在有关方面的帮助下，在旅行团抵达前一天找到了他的亲人——兄长和老母亲，并在次日早晨接团时把他的兄长带进站台。当那位老人步出软卧车厢时，他那位失散了近40年的兄长已经等在车厢门口了。两位老人紧紧地拥抱在一起，泣不成声，全团的游客都为之动容。这个团队的游客给予了导游人员极好的评价。请问：

1. 导游人员在提供导游服务时应该具备什么意识?
2. 导游服务的范围包括哪些方面?

2

团队导游服务规程

知识目标

1. 熟悉海外领队服务各环节的程序和服务质量要求，掌握海外领队的基本服务技巧。
2. 熟悉全陪服务各环节的程序和服务质量要求，掌握全陪基本服务技巧。
3. 熟悉地陪服务各环节的程序和服务质量要求，掌握地陪基本服务技巧。
4. 熟悉景点景区导游服务各环节的程序和服务质量要求，掌握景点景区导游的基本服务技巧。

能力目标

- 学生通过对海外领队服务规程的学习，能胜任领队导游工作。
- 学生通过对全陪服务规程的学习，能胜任全陪导游工作。
- 学生通过对地陪服务规程的学习，能胜任地陪导游工作。
- 学生通过对景点景区导游服务规程的学习，能胜任景点景区导游工作。

2.1 海外领队服务规程

案例导入

案情介绍： 某旅行社组织的赴日旅行团在日本各地均受到了热烈欢迎，各路媒体记者前来采访，一时间在日本造成了极大的新闻轰动效应。该团到达日本的第4天，一位78岁老人在没有任何先兆的情况下，安详地死在卫生间的浴缸里。消息传出，各新闻媒体的记者接踵而至，都想采访该团领队，想在第一时间发出经权威人士认可的消息。令人遗憾的是，他们找遍了宾馆的角角落落，就是没有找到该团领队。与此同时，日本警方在接到报案后立即来到宾馆，就老人的死亡原因进行全面调查。4个小时之后，警方宣布了老人的死亡原因：心肌梗死，正常死亡。直到此时，该团领队才终于露面，主动召开记者招待会，向日本媒体宣布了老人死亡的不幸消息、死亡原因以及该旅行社有关部门通知老人家属即刻来日本处理善后事宜的安排。一切都井井有条、无懈可击。据领队事后告诉笔者，在警方到达之后，他有意识地让开了，一方面是等待警方的正式结论，另一方面则按照几种可能安排后续工作，一等正式结论公布，该旅游团就此事的后续运作也便可以随即展开。

（资料来源：问建军．导游业务．北京：科学出版社，2010）

请问：请你对该领队的做法进行评价。

案例分析： 在突发事情发生之后领队能很冷静地处理事情，表明领队具有较强的处理突发事件的能力。旅游团中有人突然死亡，这绝对是一个严重事件，更何况这件事发生在一个高规格的旅游团中，引起记者“亢奋”是很自然的事情。但是死亡原因应该由警方做出。在警方未公布正式结论之前，召开记者招待会显然是不合时宜的，任何表态与评论都有可能带来严重后果。领队在此事发生之后，第一反应是保护现场、抚慰随行家属并报警；第二就是“冷静”，不能让记者“牵着鼻子走”，造成被动。

海外领队指受经国家旅游行政主管部门批准、可以经营出境旅游业务的组团社的委派，全权代表该旅行社带领旅游团从事旅游活动的工作人员。海外领队必须具备3个条件：①依法取得领队资格；②接受组团社委派；③工作任务是带队出入境，监督旅游接待计划的落实，为客人提供相应的服务。领队作为国内组团旅行社的代表和团队利益的代言人，对组团社圆满履行旅游合同、提高游客舒适度和满意度、维护游客生命财产安全起着极其重要的作用。熟练掌握领队服务程序是做好领队工作的前提。海外领队的服务规程包括服务准备、通关手续、境外旅行服务、后续工作等，如图2.1所示。

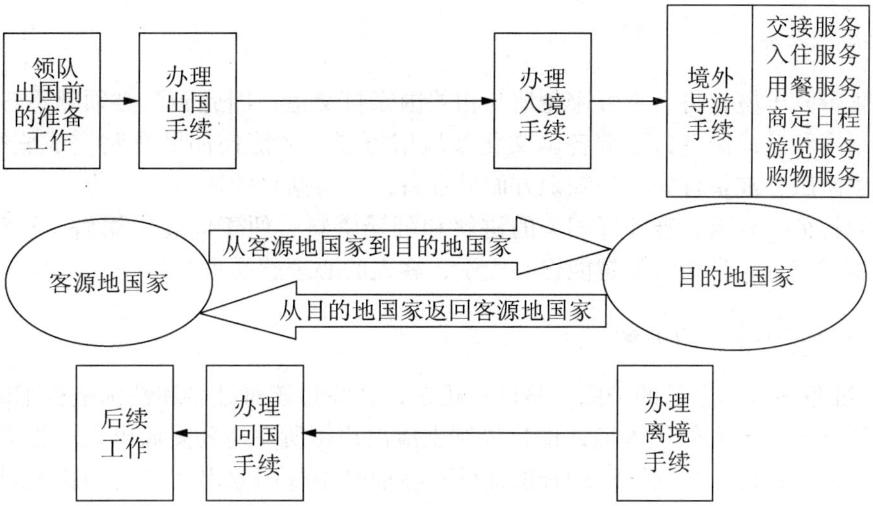

图 2.1　海外领队服务规程

2.1.1　服务准备

1. 业务准备

（1）研究旅游团情况。了解旅游团成员的姓名、性别、年龄、职业、特殊对象、重点游客等情况及其特殊要求。

（2）研究旅游行程安排。查看旅游团的具体行程和安排，并落实主要交通工具、住宿、游览等情况。

（3）核对各种票证，包括领队证（如图 2.2 所示）、护照和机票核对，机票与行程核对，护照与名单核对，护照内容核对等内容，要尽量做到准确无误。领队证的核发流程图如图 2.3 所示。

图 2.2　领队证

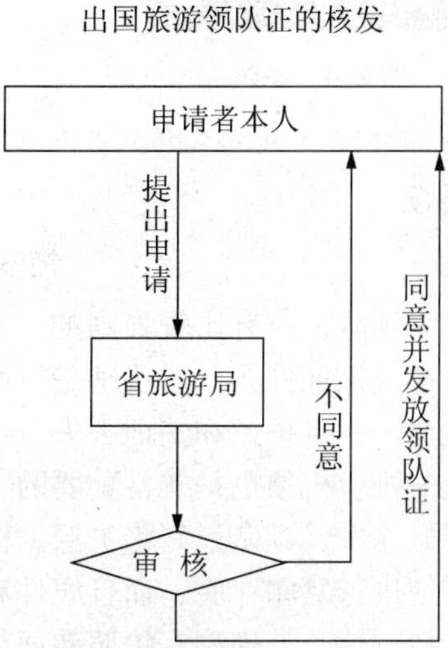

图 2.3　领队证的核发流程图

2. 知识准备

领队带队出境，将会不可避免地与相关国家打交道，因此领队必须熟悉各国出入境管理制度和法律制度，了解各国文化及风俗习惯，才能使团队顺利完成旅行计划。因此，领队服务准备首先应是知识方面的准备，应根据目的地国家（地区）的特点和旅游团的特征、要求，准备好相关的讲解和翻译资料，便于向客人讲解。一般而言，领队准备越充分，带团时就越能得心应手，客人的心理感受也会越好。

3. 各类出境文件的准备

1）准备客人和自己的护照、签证、机票，并注意核对姓名和性别是否正确

护照（或其他有效出入境证件）原则上应由户籍所在地公安局出入境管理处审核签发，是证明持证人中国国籍的合法证件；签证是主权国家出入境管理机关对申请进入本国国境人员的审批签注，规定了持证人入境方式、进出口岸、逗留时间等内容；飞机是出国旅游经常使用的交通工具，机票则是客人搭乘航班的凭证，只限票面所列姓名的客人使用。护照、签证和机票是出国旅游常用证件，原则上应由组团社代办，领队在出境前向办证员领取即可。护照如图 2.4 所示，签证如图 2.5 所示。

图 2.4　护照

图 2.5　签证

知识阅读

领队的证件意识

作为领队，应有比较强烈的“证件意识”。出境旅游不同于国内旅游，每个客人都应该证件齐全，特别是护照和签证。在一定程度上，护照和签证比金钱更重要。一旦护照和签证丢失，不仅本人的行程受影响，还将影响整个团队的行程安排。机票也是非常重要的，一旦丢失，会给旅途带来很大的麻烦。因此，在旅途中，领队最好将护照、机票统一保管。最好的办法是事先将游客护照和签证进行复印存底，而且原件和复印件分别置放，并尽可能得到接待地旅行社支持，这是处理游客护照和证件丢失情况的最好的办法。

2）准备好《国际预防接种证书》

《国际预防接种证书》俗称黄皮书，如图2.6所示，是各国卫生组织为防止严重传染病通过出入境传播而要求入境人员提供的预防接种证明。各国卫生检疫人员有权拒绝未携带《国际预防接种证书》的人员入出境或对其采取强制检疫措施。

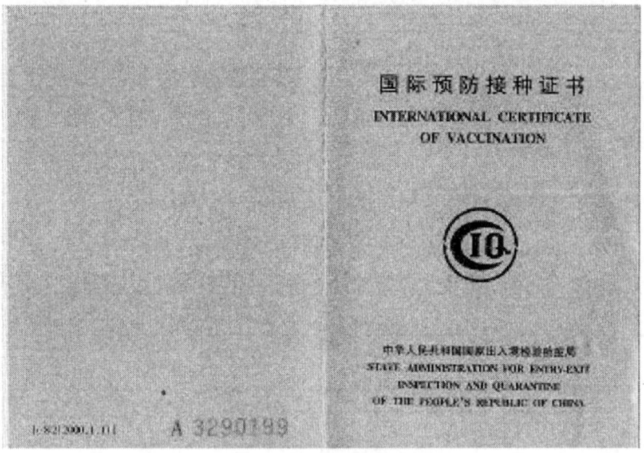

图2.6　黄皮书

3）准备好海关申报表和出入境卡

出入境卡包括出境卡（见表2－1）、《出境游客行李物品申报单》和目的地国家（地区）入境卡（中国公民入境登记卡见表2－2）等文件。按照海关规定，出入境人员应如实填写出入境卡及申报单，并自觉接受边防、海关等机构的检查。目的地国家入出境申报卡通常有两页，一页为入境表，另一页为出境表。一般在到达目的地国前请游客填写——如果游客英语水平不高，可由领队代为填写，再请游客签名。其中，涉及目的地国限制携带入境的物品时，应请游客据实申报。在入境时，目的地国移民局会取下入境表，但会将出境表留在护照里供出境时使用。

表2－1　中国公民出境登记卡

<table>
<tr><td colspan="2">边防检查</td><td colspan="2">出境登记卡</td><td colspan="4">中国公民（含港、澳、台）填写，请使用中文填写，□内请画√</td><td rowspan="2">官方使用</td></tr>
<tr><td colspan="2">姓名</td><td colspan="2"></td><td colspan="4">男　□　　女　□</td></tr>
<tr><td colspan="2">证件号码</td><td colspan="3"></td><td>出生日期</td><td colspan="2">年　月　日</td><td rowspan="3">证件种类</td></tr>
<tr><td colspan="4">国籍（地区）：中国□（香港□ 澳门□ 台湾□）</td><td colspan="4" rowspan="2">出境事由（只能填写一项）
会议/商务□ 访问□ 观光/休闲□ 探亲访友□ 就业□ 学习□ 返回常住地□ 定居□ 其他□</td></tr>
<tr><td>航班号
车次
船名</td><td colspan="3"></td></tr>
<tr><td colspan="2">前往何地</td><td colspan="5"></td><td colspan="2" rowspan="4">公安部出入境管理局监制</td></tr>
<tr><td colspan="2">国内住址</td><td colspan="5"></td></tr>
<tr><td colspan="2" rowspan="2">以上申请真实完整。如有不实填报，愿意承担由此引起的一切法律责任</td><td rowspan="2">签名</td><td rowspan="2"></td><td colspan="3">出 境 日 期</td></tr>
<tr><td>年</td><td>月</td><td>日</td></tr>
</table>

表2-2 中国公民入境登记卡

<table>
<tr><td>边防检查</td><td colspan="2">出境登记卡</td><td colspan="3">中国公民（含港、澳、台）填写，请使用中文填写，□内请画√</td><td rowspan="2">官方使用</td></tr>
<tr><td>姓名</td><td colspan="2"></td><td colspan="3">男 □ 女 □</td></tr>
<tr><td>证件号码</td><td></td><td colspan="2">出生日期</td><td colspan="2">年 月 日</td><td rowspan="4">证件种类</td></tr>
<tr><td>签注号码</td><td></td><td colspan="4">国籍（地区）：中国□（香港□ 澳门□ 台湾□）</td></tr>
<tr><td>签注签发地</td><td></td><td colspan="4" rowspan="2">出境事由（只能填写一项）
会议/商务□ 访问□ 观光/休闲□ 探亲访友□
就业□ 学习□ 返回常住地□ 定居□ 其他□</td></tr>
<tr><td>航班号
车次
船名</td><td></td></tr>
<tr><td colspan="2">来自何地</td><td colspan="4"></td><td rowspan="3">公安部
出入境
管理局
监制</td></tr>
<tr><td colspan="2">国内住址</td><td colspan="4"></td></tr>
<tr><td colspan="2">以上申请真实完整。如有不实填报，愿意承担由此引起的一切法律责任</td><td>签名</td><td></td><td colspan="2">入 境 日 期
年 月 日</td></tr>
</table>

4）准备好《中国公民出国旅游团队名单表》

根据《中国公民自费出国旅游管理办法》的规定，《中国公民出国旅游团队名单表》由国务院旅游行政管理部门统一印制，在下达本年度出国旅游人数安排时编号发给省、自治区、直辖市旅游行政部门，由省、自治区、直辖市旅游行政部门核发给组团社。

《中国公民出国旅游团队名单表》一式四联，分为出境边防检查专用联、入境边防检查专用联、旅游行政部门审验专用联、旅行社自留专用联。组团社导游应当按照有关规定，在旅游团队出境、入境时及旅游团队入境后，将《中国公民出国旅游团队名单表》分别交由有关部门查验、留存。出国旅游兑换外汇，由游客个人按照国家有关规定办理。

2.1.2 召开出国说明会

在办理好出国护照、签证和机票后，旅行社为了通报出国旅游的有关情况并了解客人的特殊要求，会适时召开出国说明会。出国说明会的召开时间通常安排在出国前1~2天，一般需要2~4小时。出国说明会一般在旅行社召开，有时也在客人较集中的单位召开。为了表示旅行社对这次会议的重视，通常都会请旅行社经理级以上人员出席，领队是出国说明会的主角。领队应代表组团社向客人介绍行程、回答提问。出国说明会主要要做好下列工作。

1. 经理介绍整体安排

经理介绍领队及团队总的行程安排及重大注意事项，感谢客人对本旅行社的信任，表明旅行社热忱服务的态度。

2. 领队致欢迎辞

欢迎辞的主要内容是对游客表示欢迎和感谢；自我介绍；表达自己真诚服务的愿望；预祝游客旅游顺利。

3. 行程说明

向旅游团发放行程表，按行程表内容逐一介绍目的地国家（地区）的基本情况，特殊的法律制度、礼节礼貌和风俗习惯，并可穿插播放介绍旅游目的国（地区）概况的风光片。同时，要说明哪些属于自费项目，告知所经城市及集合时间和地点。

4. 落实有关事项

在说明会上应落实的事项包括分房、国内段返程机票是否已定或是否已交款、是否包括机场税、是否有单项服务等特殊要求、是否有各种特殊要求，并登记好客人的特殊要求。

5. 说明有关注意事项

（1）要求客人注意统一活动，强化时间观念及相互之间的团结友爱。

（2）提醒客人带好相关物品。相关物品包括有效证件（身份证、护照、通行证等）、适合当地气候特点的衣物、太阳镜、雨具、洗漱用品、常用药品、照相机、摄像机、电池和充电器等。

（3）提醒客人每人可带的现金数量：港澳游者每人最多只准携带人民币 20 000 元和 2000 美元（或相当于 2000 美元的等值外币），出国游者每人最多只准携带人民币 40 000 元和 5000 美元（或相当于 5000 美元的等值外币）。

为了让游客切实做好出国准备工作，避免在境外出现旅游事故，建议旅行社领队将出国说明事项的主要内容印成书面文件分发给每一位游客，尤其要将海外自费项目价格、外汇兑换方式及兑换率、游客饮食及穿着提醒、游客安全注意事项等内容罗列其中，便于客人掌握。

2.1.3 办理客源国出境手续

（1）领队应该提前 30 分钟到达事先通知的集合地点，及时清点旅游团人数，联络尚未到达的客人，催促其尽快赶到。

（2）领队统购或参游者自理买补机场税，12 岁以下儿童免交。

（3）提醒客人整理行李，选择海关通道。领队要提醒客人将托运的行李上锁；不能将旅行证件放入托运行李中；凡携带价值超过 5000 元人民币的照相机、摄像机和手提电脑等旅行自用物品，超过 20 000 元的人民币的现钞或折合 5000 美元的外币现钞，文物及濒危动植物以及金银（随身佩戴品除外）等贵重金属的游客，务必填写《中华人民共和国海关出境旅客行李物品申报单》，一式两份，一份交海关查验，一份经海关审核后将其退还给游客留存，以备返回时通关之用。需要申报海关的客人走红色通道，办理申报手续，其他游客走绿色通道。

(4) 办理登机手续和行李托运手续。前往指定柜台，清点行李件数，统一办理登机手续、办理行李托运，检查游客行李领取牌，分发登机牌和护照，提醒游客登机时间和登机口。

(5) 出示黄皮书，通过卫生检疫。

(6) 过边检、安检、候机、登机。领队带领游客按出境名单顺序排队，站在黄线外，手持出境证件和登机牌接受边检和安检。待团队全部通过边检、安检后，将客人领到候机室候机，并根据航空公司的安排登机。

正式登机前可与旅行社联系，请旅行社及时向接待国旅行社通报登机时间及抵达时间，以便对方接机。如果航班延误，也应向旅行社报告，并及时联系航空公司解决客人用餐等问题。

2.1.4 办理目的地国入境手续

(1) 预先填妥入境卡和行李申报单，准备好相关文件。到达境外旅游目的地国家前，入境的 E/D 卡及申请单的表卡应先填妥。

(2) 办理有关入境手续，通常称为“过三关”，即卫生检疫、证照查验、海关检查。从入境边检开始，经卫生查验，再接着取行李至海关检查，按顺序办理。待全团入境后，经检查行李件数无误，领队到海关办公室报告团体性质、人数、国籍、行李件数。如果海关要求检查，可请示抽验数件，由物主立即开箱受检。此时，参游者切勿离队，因国外机场庞大复杂，离散后寻找不易。海关检查完毕后应立即出关与当地接待人员联络。

(3) 公路通过国境时由领队收齐证件接受检查。如果在公路上通过国界，则应由领队将所有参游者证件收齐，参游者们坐在车上不动，请求移民单位派员上车检查，通常只核对人数，一般不检查行李。

2.1.5 境外旅行服务

1. 入住酒店

1) 分房

领队与旅游目的地导游一起到饭店总台领取房间钥匙，由领队按事先填好的房间分配表分配住房。

2) 引导游客进入房间

领队应与地陪一同将入住酒店应注意的事项告知游客。例如，告诉客人国外饭店一般不提供开水，但在冰箱中存有少许免费纯净水（其余为收费饮品）；有喝茶习惯的客人可以借电水壶烧水或到餐厅泡茶；发达国家自来水往往已纯净化，可以直接饮用；国外电压与游客带去的电器可能不匹配，可请酒店服务生提供转换器等。然后引导游客进入房间，及时向酒店反映和协助处理游客就客房设施、卫生条件等方面提出的问题。迪拜帆船酒店客房设施如图 2. 7 所示。

图 2. 7　迪拜帆船酒店及其客房设施

3）提供游客入住后的服务

游客入住后，可能会对房间内的设施、环境等提出疑问和要求，会对房内物品的使用提出帮助请求，因此，领队应将自己的房间号告诉每一位游客，并最好不要在游客入住后的半小时内离开，以便及时提供服务。

2. 核对、商定旅游日程

客人住好后，领队应与地陪核对、商定旅游日程。如果地陪提出修改日程时，除非客观情况发生了变化，否则领队应以旅游合同为依据拒绝其请求。如果遇到领队难以定夺的事情，应把情况及时反馈给旅行社，并及时答复地陪。

3. 落实用餐服务

境外用餐习惯很多都与国内不同。因此，一方面，领队应成为游客与地接社之间的桥梁，将游客的用餐要求、用餐习惯及时告知地接社，并将当地的饮食规范告知游客；另一方面，领队还应对沿途用餐进行监督，看是否符合预定的标准，若有不符，应及时向地陪反映，并要求其改正。

4. 落实观光游览服务

在境外观光游览过程中，领队应做好下列工作。

（1）注意游客的安全。领队应时刻与游客在一起，经常清点人数；提醒游客注意各地时差（有些地方采用夏令时间）；时刻留意游客的动向，以防意外事故发生，经常提醒游客注意在当地旅游应遵守的一些事项。在游览过程中，领队一般应走在后面，并注意道路的交叉口和拐弯处。

（2）与接待单位和导游人员密切配合，妥善处理各种事故和问题。导游推荐的自费项目要征求全体客人的意见，如果导游人员随意加价或强迫消费，应以妥善的方式指出或制止，坚决维护客人的利益。情况严重时，及时与接待社或国内组团社联络处理。

（3）做好上、下站联络工作。

（4）办理所有旅游目的地国家或地区的出、入境手续。

（5）监督当地旅行社实施旅游计划的情况，看其是否与旅游合同有出入。

（6）支付小费。

西方国家有“服务付费”的观念，对服务员而言，认同及感谢他们服务的最好的方式就是用金钱回馈。其评分由顾客本身去拿捏，满意度越高给的小费也越高，所以小费给予应是没有上限的。要注意的是，给小费应用纸钞而不可使用硬币，而且应是当地的纸钞或美金。若其中有一、二枚硬币，代表了你对服务员的服务极其不满意。若要强调小费下限，以一般旅馆来说至少每间房间应给一美元；若是餐饮业，应给消费总额的10%。给小费除了确保服务品质外，还能维持吃、住的健康与顺心。

房间小费最好是将纸钞压在枕头底下，并露出一小角；若放在其他地方，服务员会认为是客人的私产而不敢拿。若是餐饮业，您的账单是用刷卡支付，虽然也可把小费并入总额当中，但准备现金，把小费放在桌上给服务员直接回馈更为适当。当然，国内餐厅已将10%的小费并在账单内，那就另当别论了。

5. 提供购物服务

境外购物是每个旅游团队必不可少的旅游项目，只要安排合理，大多数出境游客也乐意接受。但境外旅行社为利益驱使会频繁安排购物，甚至购物时间超过游览时间，这往往会引起游客的不满。因此，安排好境外购物，对领队个人能力是一个严峻的考验。

（1）领队应提醒客人注意商品的质量和价格，不要被购物店聘用人员虚假的宣传所迷惑，避免冲动购物。

（2）根据合同，限制地陪安排购物的时间和次数。对地陪安排购物的时间和次数，领队也应根据合同进行必要的限制，尤其要阻止非计划内的购物安排。

（3）告知客人货币兑换率和相关地区的海关出入境要求。当客人确实希望购买某些商品时，领队应给予必要的帮助，如告诉客人货币兑换率和海关允许免税携带出入境商品的数量，请客人留意商品规格和制式是否与中国一致，是否提供全球保修（关系着能否在中国享受保修服务）。

（4）提醒客人索取购物发票和退税证明。欧洲国家对外国公民购买的、不在本国消费的部分工业产品可给予退税优惠，领队应提醒客人索取购物发票和退税证明，以便出境时办理退税手续。

2.1.6 办理旅游目的地国离境手续

1. 做好准备工作

离境前，领队应提醒、帮助客人做好所购物品的包装工作；检查游客护照是否安全在身；核对机票的航班、起飞机场和起飞时间等；提醒需要办理退税的游客在离开机场前办理完退税手续。

2. 托运行李的安全检查

境外许多国家在托运前需要对行李进行安全检查，检查过的行李要贴封条或用打包带机打包。

3. 办理登机牌及行李托运手续

在所乘航班的办理柜台办理登机牌和行李托运手续。拿到登机牌时，领队应提醒游客核对自己的姓名，看清自己的登机牌号码和自己的座位号。领队要告诉每位团员其航班号、登机门和登机时间。国外的国际机场一般规模宏大，领队一定要提醒团员准时赶往登机门。

4. 填写出境卡

有些国家的出境卡只能在柜台上才能拿到，如澳大利亚的出境卡就只能在柜台上领取。领队须指导游客填写出境卡，必要时可以代游客填写。

5. 接受检查、候机、登机

在机场口岸柜台前，提醒游客在1米线外排好队，将护照、出境卡、登机牌交检查人员检查。检查人员检查完毕并加盖出境公章后要把护照和登机牌退还游客，而把出境卡留下。领队这时应提醒游客收好自己的护照和登机牌前往候机室候机。

2.1.7　办理回国入境手续

入境时所需要的证件主要有护照、入境卡、健康声明卡、海关申报单（如有申报物品）等。请客人清理自己的证件和物品；带客人办理行李托运手续和登机手续；通过安检，然后登机回国。在行程计划中规定的城市散团，收回旅行社发放的意见征询表。在临别团队之际，领队应致欢送辞，对团队圆满完成全部行程表示祝贺，对客人的支持和合作表示感谢。

2.1.8　后续工作

1. 应将游客的一些较有价值的意见及时反馈给旅行社领导

领队最迟应在团队旅行结束的次日回组团社汇报工作，上交《领队日志》和团队总体运行情况的分析汇报材料。材料应包括团队运行基本情况、地接社接待质量及存在的主要问题分析、游客的反馈意见、经费使用情况、旅游中突发问题的处理情况及领队对本条线路工作改进的建议等。

2. 处理有关遗留问题

如果游客有遗留或委托事项，领队须依照有关规定认真妥善地进行处理。如果团队有游客投诉等遗留问题，应如实地写出事情经过，分清责任，找出证据，方便相关部门调查取证。领队不得编造谎话、推卸责任，但自己无过错时也不要硬往自己头上揽责；尤其是当领队或接待旅行社有过错时，游客不听安排，擅自采取过激措施，导致损失扩大的部分，旅行社和领队不承担赔偿责任。

3. 报账

领队应按旅行社财务规定报销相关的费用，归还借用的物品。

2.2 全陪服务规程

案例导入

案情介绍：2011 年 7 月，全陪张某从上海带团 25 人到四川九寨沟、黄龙游览。途中，游客得知组团社倒卖团队，再加上在游览过程中有诸多不顺利，他们一路上就拿成都地陪和上海全赔出气。在上索道时，游客坚持说团费里包含了黄龙索道费，不愿再付费。直到全陪和地陪拿出双方签订的旅游合同，游客才认可索道费自理。但部分游客提议全陪先代付索道费，待上山后一并结算。由于是旅游旺季，坐索道上山的游客已经排了很长的队，全陪为了快些上山，同意由自己垫付全团 3250 元索道费用。

游完黄龙后，全陪几次催收索道费，游客以行程还没有结束为由，要求回上海再支付，并且保证一定会给，全陪迫于无奈只好同意。但返回上海后，游客再次拒付。全陪到游客单位讨账却吃了好几次闭门羹。最终全陪自认倒霉，个人承担了 3250 元索道费用。

请问：在这一事件中，全陪由于哪些工作的失误导致了最后的结局？

案例分析：全陪在以下几个方面失误导致了最后的结局：①全陪未事先做好团队的信息准备工作，应该事先了解团队包价的游览项目和费用支付方式；②不应该擅自做主为游客垫付索道费用，应向旅行社请示后再做安排；③若有必要为游客垫付，必须请游客留下书面凭据；④全陪应注意规避风险，维护自己的合法权益。

全陪指组团旅行社委派，作为组团社的代表，在领队和地陪的配合下实施接待计划，为旅游团或游客提供全程陪同服务的工作人员。全陪处于导游工作集体的中心，起着保证中外旅行社和国内各接待旅行社之间的联络、保证旅游活动的连贯性和多样性、全面落实旅游接待计划的重要作用。全陪服务规程指全陪自接受组团社下达的旅游团队（者）接待任务开始，到送走旅游团（者）整个过程的工作程序。根据全陪的业务规律，全陪导游服务通常可分为服务准备、首站接团（成团）服务、各站服务、离站服务、途中服务、末站（离境站）送团（散团）服务及后续工作等环节，如图 2.8 所示。

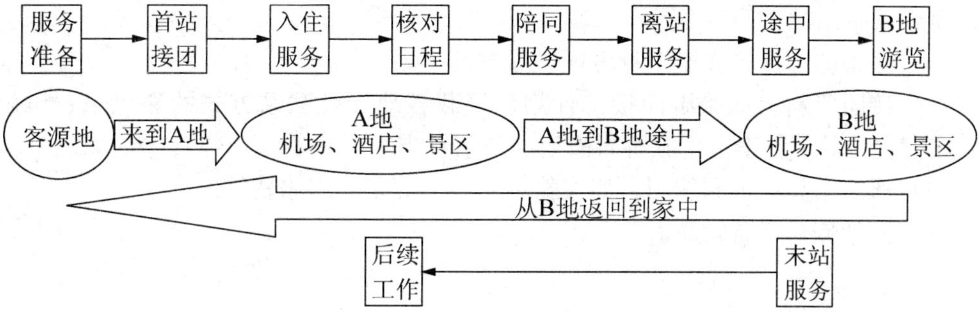

图2.8 全陪服务规程图

2.2.1 服务准备

由于全陪是在远离组团社所在地的旅游地区工作，而且其外出带团的时间长度不固 定，旅途中还会乘坐各种不同的交通工具，这些都决定了全陪接待工作具有复杂性。细致、周密的准备工作是做好全陪服务的重要环节之一。

1. 熟悉接待计划

接团前，全陪要认真阅读接待计划及相关资料，主要包括旅游团队名单和旅游行程表。阅读相关材料有助于全陪全面了解所接待旅游团的情况，重点掌握该团的特点和该团核心客人的情况。

1）熟悉旅游团成员的基本情况

旅游团成员的基本情况包括人数、性别比例、年龄状况、职业性质、所属国家和地区以及宗教信仰情况等。如果是入境团，则要特别记住领队姓名和联系方式；如果是国内团，则要记住领队和游客的姓名和联系方式，并且要了解是否有需要特殊关照的游客，如旅游经营商、记者、残疾人、老年人、儿童等。

2）熟悉旅游团的行程计划

（1）了解旅游团所到各地的接待旅行社的情况，包括联系人、联系方式、地陪情况等。

（2）了解沿线各站的基本情况，包括历史、地理、人口、气候特征、风土人情、将要游览的旅游点的主要特色、自费节目等。

（3）了解交通情况，如旅游团在沿线各站的抵离时间、所乘交通工具的种类及档次、交通票据是否需要确认等。

（4）了解住宿情况，如各站所住饭店的名称、位置、等级、客房条件以及特色等。

（5）了解饮食情况，包括饮食标准、规格、团队成员是否有饮食禁忌等。

（6）了解是否有会见、座谈、文娱节目等特殊安排。

（7）了解沿线是否有尚未确认或困难之处。

2. 物质准备

接团前，全陪要做好必要的物质准备，携带必备的证件和有关资料，包括以下几个方面。

（1）必备的证件，如本人身份证、导游证等。

（2）接团资料，如旅游团接待计划、记载各地接社联系方式的通讯录、讲解资料、旅游宣传品、行李卡、旅游团徽记、全陪日志等。

（3）所需结算单据和费用，如拨款结算单、支票、差旅费等。

（4）其他旅行必备物品。

3. 知识准备

1）客源国（地区）知识

全陪应了解客人的风俗习惯、兴趣爱好。如果游客来自国外，全陪应事先了解该国的基本情况，如地理、历史、人口、经济、政体、民族、宗教信仰、气候、物产、名胜古迹、风土人情等。了解这些情况有助于全陪在讲解时作一些参考和对比，加深游客对旅游地的印象。

2）目的地知识

全陪还应掌握旅游团沿途各站的知识，包括有关沿途各站的地理、历史、经济、民俗风情及各游览景点的概况。特别是在景点风格近似的情况下，要注意比较各地景点的异同，挖掘深层次的文化价值和历史价值，让游客能够在短暂的旅游过程中真正领会到中华文明的意蕴。有时候，在首站全陪会充当地陪的角色，这是一个和游客沟通的好机会，应该好好把握。所以，全陪要精心准备对首站的讲解，争取在团内树立起良好的形象，树立威信，这样有助于接下来的旅程的顺利进行。

3）专题知识

专题知识是全陪在进行专题讲解时使用的，其内容一般根据游客的情况和沿途景点情况而确定。针对游客的性别、年龄、职业、民族等特点准备一些游客可能感兴趣的内容作为沿途讲解的补充。

4）准备好活跃旅途气氛的节目和话题

全陪与游客接触的时间较长，在漫长的行车途中或等候期间，全陪可以安排一些游戏和娱乐节目，或与游客聊一些大家都感兴趣的话题。

4. 心理准备

全陪与地陪相比，要有更加充分的心理准备。这是因为全陪的流动性大、天南海北到处走，要求导游人员不仅要能吃苦，还要能适应各地的水土和饮食。全陪与游客相处时间长、接触多，除了需要准备基本的景点知识和在途中讲解的综合知识以开阔游客视野外，受气的机会也比地陪多，很有可能会代人受过，变成“出气筒”。

5. 落实接待事宜

在旅游团抵达的前一天，全陪应对交通、食宿等事宜再进行一次确认。如果这些工作是由地接社来做的，那么全陪也应与地接社取得联系，互通情况，并确认地接社相关接待事宜的落实情况，如旅游车安排、接站安排、住宿安排、行李运送安排等，如需地接社代订下一站车票时，还需了解车票的落实情况。全陪还应与地接社商定首站接团的具体时间、地点。

2.2.2 首站（入境站）接团或成团服务

全陪服务有两种类型：①陪同旅行社组织的海外旅华团队在国内跨省市旅游；②陪同旅行社组织的国内旅游团队到外地旅游。因此，全陪接团服务也分为两种：①对于海外团队而言，是在其入境的首站接团，然后陪同其在当地及国内其他省市旅游；②对于自组的国内旅游团队而言，只是在规定的时间、地点集合成团，然后乘机或乘车到外地旅行。

首站接团或成团服务的好坏不仅关系到旅游团抵达或集合后能否立即得到热情友好的接待，让游客有安全感和归属感，更是全陪在游客面前的第一次亮相，决定着游客对全陪的第一印象是否良好，是全程陪同服务能否顺利开展的基础。首站（入境站）接团服务包括迎客服务，入境介绍服务，入住饭店服务，核对、商定旅游活动日程4个部分。

1. 迎客服务

全陪迎客工作要做到准确无误、热情友好，以消除游客抵境后的不安心理，使其产生亲切感。

（1）接团之前，全陪应向接待社了解首站接待工作的详细安排情况。

（2）全陪应在旅游团抵达前半小时到达接站地点，在海关入口处与地陪一起迎候旅游团。

（3）旅游团抵达后，全陪要协助领队尽快找到旅游团。此时，要认真核对旅游团成员，预防空接和错接事故的发生。找到旅游团后，全陪与领队交换名片，并立即着手核实实到人数、行李件数、住房、餐饮等方面的情况。

（4）把地陪介绍给领队，并协助领队与地陪清点、交接行李。

（5）把旅游团带到旅游车停放的地方，协助游客上车。

2. 入境介绍服务

如果接待的是入境旅游团，还需要向游客提供入境介绍服务。在整个旅游过程中，全陪向游客作讲解的机会较少（担任首站地陪的除外），所以要特别重视入境介绍这个机会，在简明扼要的介绍中尽快同游客建立起信任关系。入境介绍多在行驶途中进行，一般包括以下3方面内容。

（1）致欢迎辞。全陪应代表组团社和个人向旅游团致欢迎辞，内容包括表示欢迎，自我介绍（同时把地陪和司机介绍给全团）；表示提供服务的真诚愿望；预祝旅行愉快。

（2）全程概述，对于沿线中的交通、住宿条件作简要介绍，让客人对其有适当的了解，有一定的心理准备。

（3）介绍境内旅游注意事项，并校正时差。

3. 入住饭店服务

客人入住酒店，全陪应将团队带到大堂休息区等候，然后与地陪一同办理入住手续。一般高星级酒店都为团队设置了专用通道，全陪应注意使用，这样既可以避免过分干扰酒店大堂整洁、静谧的气氛，也避免了团队因与其他游客混杂在一起而可能发生的财物丢失事件。

（1）全陪应主动协助领队办理旅游团的住店手续。

（2）拿到房卡后，请领队分配住房，但全陪要掌握住房名单，并掌握领队房号以便联系。

（3）热情引导游客进入客房。

（4）如果首站无地陪，全陪还要负责照顾行李进房。如果地陪不住饭店，全陪则要负起全责，照顾好旅游团成员，随时处理好可能出现的问题。

（5）掌握饭店服务台的电话号码和与地陪的联系方法。

知识阅读

全陪分配标间的方法

1. 团队男女比例合适，可请客人自愿组合。领队或全陪注意登记客人入住的房号以便联系。领队与全陪也应互通房号。

2. 夫妻住房。团队中有夫妻，而且在旅游合同中明确表示安排住一起，全陪应予以照顾；合同中未载明，也可根据团队情况适当予以照顾。实在不行（安排后出现单男单女），请客人谅解或采取下述变通办法。

3. 团队住房出现单男或单女现象。按照旅游合同，住单间的客人支付另一半费用；如果客人不愿住单间，则可以考虑安排一间三人房或标间加床（原则上由导游人员睡加床）。

4. 部分酒店提供免费的驾导用房（条件比普通客房稍差，主要供司机和地陪使用）。必要时可请领队或全陪入住驾导房，以避免出现单男单女现象。

4. 核对、商定旅游活动日程

（1）活动日程安排以组团社事先预定的旅游计划为准。旅游计划是组团社与游客事先约定好的协议，所以在核对商定日程时一定要以组团社或海外旅行社预定的旅游计划为准，要避免大的修改，小的变动可以主随客便。全陪应坚持“调整日程可以，变动计划慎重”的办事原则。

（2）核实各导游人员手中的计划是否一致。全陪应主动与地陪核实各自手中的计划和日程是否一致，如有差异应立即与组团社联系，查明原因。

（3）注意上下站之间行程安排的互补性。全陪应注意上下站之间行程安排的互补性，尽量较少重复，必要时可请地陪作出微调。

2.2.3 各站服务

全陪在旅途中各站的服务，应使接待计划得以全面顺利实施，使各站之间有机衔接、各项服务适时、到位，保证游客的人身和财产安全得到保护，突发事件能够得到及时、有效的处理。各站具体的旅游活动应当以地陪的安排为主，全陪主要起协助、检查和督促的作用，保证旅游接待活动能够按计划完成。

1. 与其他导游密切配合

1）与领队密切配合

如果接待的是入境旅游团队，团队中就有领队，全陪和领队之间的合作实际上就是组团旅行社与接待方旅行社之间的合作，而且领队是旅游团的领导、游客的代言人，所以搞好与领队的关系至关重要。要与领队多通信息，多商量工作，及时了解领队和游客的意见、要求和建议。

2）向地陪通报旅游团的情况，并协助地陪工作

全陪自始至终参与旅游团的全部旅游活动，因此，他比地陪更了解旅游团。全陪应向地陪介绍旅游团的情况，协助地陪的工作。

（1）通过交谈和观察，了解旅游团的情况。全陪要了解旅游团的需要和兴趣（观光、购物或自由活动等），游客的性格，团队中的“核心人物”和“活跃分子”等，作为调整旅游活动日程安排的依据。

（2）入住饭店时，全陪应协助领队办理旅游团的入住登记手续，并掌握住房名单。如果遇到因组团社原因造成住房被压缩的问题，则要由全陪负责处理。

（3）针对个别游客提出的合理而又可能的要求，全陪要协同地陪给予必要的满足。例如，在登山时，有的老年游客不愿意爬山，则可以由地陪带领大部分客人上山，全陪留下来照顾老年游客。

2. 检查、监督执行接待计划

全陪应监督地陪服务的质量，酌情提出改进意见和建议。由于游客主要是按照与组团社签订的旅游合同来评价旅游产品的质量的，因此，全陪要核实各地的旅游活动安排是否符合合同要求，是否达到了相应的质量标准，客人是否有较高的满意度。如果发现地接社有违背合同内容或降低服务标准现象，应及时向地陪提出，督促对方改进服务并对客人做出合理补偿。必要时可向组团社报告，甚至可以要求地接社更换导游人员。虽然是监督，但更多的则表现为协助地陪做好各地的接待工作，若活动安排与上几站有明显重复，应建议地陪作必要调整；若对接待工作有意见和建议，要诚恳地向地陪提出，必要时向国内组团社报告，甚至可以要求地接社更换导游人员。

3. 保护游客的安全，预防和处理各种事故

保护好游客的人身和财产安全是全陪的责任。全陪应把安全工作时刻放在心上，在游览活动中注意观察周围的环境，注意游客的动向，提醒掉队的客人及时赶上，避

免游客走失或发生意外，协助地陪圆满完成导游讲解任务。提醒游客注意人身和财务安全，如果突发意外事故，应依靠地方领导妥善进行处理。游客重病住院、发生重大伤亡事故、失窃案件、丢失护照及贵重物品时，要迅速向组团社请示汇报。游客丢失护照、钱、物等，应请有关单位或部门查找。如果确属丢失、被盗，应办好有关保险索赔手续。

4. 联络、协调工作

1）联络工作

做好旅游线路上各站间，特别是上下站之间的联络工作，通报情况（如领队的意见、游客的要求、上几站活动情况等），反映游客的意见和建议，维护团队团结，落实接待事宜。若有一地的接待工作出现了问题或发生了事故，全陪要与下几站的地方接待旅行社一起努力做好弥补工作。

2）协调工作

全陪要注意协调各方面关系，如游客与地陪、司机的关系，游客与餐厅、饭店、景区服务人员的关系，游客与旅游地居民的关系，创造轻松和谐的旅游环境，使团队行程得以圆满完成。

5. 宣传、调研工作

宣传中国、了解外国是导游人员的一项重要工作，全陪应利用与游客相处时间长、机会多的有利条件尽可能多地接触他们，与之交谈，介绍中国，回答他们的问询，进行调查研究；在条件许可时可组织不同形式的座谈会，讨论共同感兴趣的问题；对沿途的旅游市场状况也要尽可能多留意。

2.2.4 离站服务

全陪在旅游团离站前应做好上下站之间的迎送衔接服务，并做好旅游团（者）搭乘交通工具的服务工作。

1. 提醒地陪落实离站的交通票据，核实离站的准确时间

离站前，全陪应提前提醒地陪落实离站的交通票据，清点票数；核实离站的准确时间和地点，确认交通工具的运行时间；如果离站时间有变化，要迅速通知下一站接待旅行社；如果时间变化过大，影响到行程安排，要及时向组团社汇报请示。

2. 协助领队和地陪办理离站事宜

向游客讲清我国关于航空、铁路、水路有关托运或携带行李的规定，协助领队、地陪清点行李并与领队核对件数，办好行李托运手续，保管好行李托运票单。

3. 做好结算工作

全陪应按规定与地陪做好费用结算工作，并保管好相关票据，同时提醒游客结清

与饭店有关的账目。交接时一定要点清、核准并妥善保管相关票据，避免出现不必要的麻烦。

4. 做好告别工作

全陪离站前，要与地陪、司机话别，并对他们的工作表示感谢。

2.2.5　各站之间的途中服务

各站之间的途中服务是全陪服务中的重要方面，这也是全陪服务不同于地陪服务的主要表现之一，全陪应尽力做好途中的各项工作。

1. 组织游客顺利登机（车、船）

全陪应请领队分发登机牌或分配包房或卧铺铺位；若无领队，但旅游团有团队负责人，全陪可请该负责人承担这一工作；如果是散客成团，无领队也无负责人，则由全陪分发登机牌、合理分配包房或卧铺铺位。老年人和儿童宜安排在下铺。

2. 做好安全保卫工作

乘飞机（火车、轮船）时，全陪要积极争取民航、铁路、航运部门工作人员的支持，共同做好安全保卫、生活服务工作；在运行中，全陪应提醒游客注意人身和物品的安全；组织好娱乐活动，协助安排好饮食和休息，照顾好游客的生活；保管好行李托运单和机（车、船）票等单据，抵达下站时将其交予地陪。

3. 讲解服务

讲解服务虽然不是全陪的主要工作，但适当的讲解还是很有必要的，特别是在异地转移途中，旅行时间长，又没有地陪在，全陪就可以向游客介绍沿途风光、沿途风情，还可以和游客交流一些大家都感兴趣的话题。

4. 文娱活动

为了避免在长途旅行和长时间等候期间出现沉闷气氛，全陪还可视情况组织一些文娱活动，尽量让所有游客都参与其中，努力使游客感到充实、轻松、愉快。

2.2.6　末站（离境站）服务

末站（离境站）的服务是全陪服务中的最后环节，要使旅游团顺利离开末站（离境站），并留下良好印象。

1. 离开末站前的准备工作

（1）督促地方接待社订妥各种返程票据并及时向游客通报。票据原则上由领队或全陪保管，登机或上车前再发给游客。

（2）提醒游客保管好自己的证件、物品，不要将其放在行李中。

（3）与地陪结清旅游过程中的各项费用，保管好各种凭证。

（4）请地陪安排好送站车辆和出发时间，确保旅游团在规定的时间到达机场或车站。

2. 主动征求意见

（1）主动征求游客对全程旅游服务工作的意见和建议，对全体游客的支持表示感谢；对工作的不足和失误表示歉意，求得他们的谅解。

（2）请游客填写《游客意见表》，并在表上签名。全陪妥善保管此表并交给组团社备案。

3. 致欢送辞

向海外旅游团致欢送辞时可安排在赴车站、机场途中进行；向国内旅游团致欢送辞时应当在返回当地后、团队解散前进行。欢送辞的内容包括回顾整个旅游活动、感谢游客的支持、表达惜别之情、美好祝愿等内容。为避免全陪与地陪的欢送辞出现雷同状况，建议全陪致欢送辞应结合团队整个行程而言，比地陪的欢送辞更全面和宏观一些。地陪先致欢送辞，全陪最后作欢送辞。

4. 告别

对于海外团队，将客人送至机场出境厅安检处时与客人告别；国内团队，在返回本地后与游客一一握手告别。

2.2.7 后续工作

1. 处理好遗留问题

旅游团离境后，全陪应认真处理好旅游团的遗留问题，提供可能的延伸服务，如有重大情况，要向本社进行专题汇报。

（1）协助旅行社领导处理好旅游过程中事故的遗留问题。

（2）认真办好游客的委托事务。

（3）处理与派出旅行社的有关事务。

2. 认真按时填写全陪日志

全陪日志（见表2-3）的内容包括旅游团的基本情况；旅游日程安排及飞机、火车、航运交通情况；各地接待质量（包括客人对食、住、行、游、购、娱各方面的满意程度）；旅游期间若发生事故，须作翔实汇报，必要时要另写报告；详细、真实地反映游客的意见和建议；实事求是地总结经验教训。

表2－3　全陪日志

<table>
<tr><td>单位/部门</td><td colspan="2"></td><td>团号</td><td></td></tr>
<tr><td>全陪姓名</td><td colspan="2"></td><td>组团社</td><td></td></tr>
<tr><td>领队姓名</td><td colspan="2"></td><td>国籍</td><td></td></tr>
<tr><td>接待时间</td><td colspan="2">年　月　日至　年　月　日</td><td>人数</td><td>（含　岁　儿童　名）</td></tr>
<tr><td>途经城市</td><td colspan="2"></td><td></td><td></td></tr>
<tr><td colspan="5">国内重要客人、特别情况及要求：</td></tr>
<tr><td colspan="5">领队或游客的意见、建议和对旅游接待工作的评价：</td></tr>
<tr><td colspan="5">该团发生的问题及其处理情况（意外事件、游客投诉、追加费用等）：</td></tr>
<tr><td colspan="5">全陪意见和建议：</td></tr>
<tr><td colspan="5">全陪对全过程服务的评价：　　合格　　不合格</td></tr>
<tr><td>行程状况</td><td>顺利</td><td>较顺利</td><td>一般</td><td>不顺利</td></tr>
<tr><td>客户评价</td><td>满意</td><td>较满意</td><td>一般</td><td>不满意</td></tr>
<tr><td>服务质量</td><td>优秀</td><td>良好</td><td>一般</td><td>比较差</td></tr>
<tr><td colspan="2">全陪签字</td><td colspan="2">部门经理签字</td><td>质管部门签字</td></tr>
<tr><td colspan="2">日期</td><td colspan="2">日期</td><td>日期</td></tr>
</table>

3. 严格按照财务规定，尽快报销旅差费

全陪回到所在地后，应尽快到财务室去，完成各种财务手续，报销各种差旅费用。

2.3　地陪服务规程

案例导入

案情介绍：2011 年 10 月国庆期间，成都某旅行社地陪小刘带领 20 位北京客人参加了海螺沟三日游。从成都到海螺沟大约 300 公里，需要 8 个多小时的车程。在整个途中，小刘只是简单地介绍了一下了行程安排和注意事项，基本上没有做沿途的讲解。到海螺沟后由于是黄金周，住宿比较紧张，游客等了一个小时，小刘才把住宿安排好。晚餐饭菜质量太差，游客对小刘不满，小刘说这是旅行社安排的，他也没有办法。小刘告知了游客第二天的安排，就让客人回酒店休息了。第二天早饭后，游客要统一乘观光车到景区看冰川、泡温泉。到景区后，小刘与其他导游人员一起在景区玩，让游客自己去看冰川、泡温泉。第三天，游客从海螺沟返回成都，由于途中要进

3 个购物店，小刘介绍了一些购物品的知识，然后就没有作任何讲解了。晚上回到成都，小刘把客人送到双流机场乘机离开了成都，返回北京。

请问：在这次北京游客海螺沟三日游中，地陪小刘哪些方面做得不好？正确的做法应该是什么？

案例解析：该案例是一个典型的地陪服务流程案例。该案例中，小刘没有严格按照地陪服务规程和服务质量要求来完成地陪工作，存在以下问题：①途中讲解太少，地陪应该向游客介绍沿途的风光风情，让游客对沿途的知识有所了解；②办理入住手续太慢，让客人等了一个小时，他本应提前给酒店联系，尽快办理入住手续；③游客对晚餐不满，不应该把责任推给旅行社，应该和酒店协商，尽量保证用餐质量；④在景区没有全程陪同游客游览，应该全程陪同；⑤返程途中没有对整个游览活动进行总结，只讲了购物知识，应该对整个游览工作作一个小的总结，最后对游客表示欢送。

地陪是受接待旅行社委派，代表接待社，实施接待计划，为旅游团（者）提供当地旅游活动安排、讲解、翻译等服务的导游人员。地陪服务规程指，从地陪接受接待旅行社下达的旅游团队（者）接待任务开始，到该旅游团（者）离开本地并且完成善后工作为止的所有工作程序。地陪的工作依照工作次序先后可分为八大程序，即服务准备，接站服务，入住服务，核实、商定日程，参观游览服务，购物、餐饮、文体服务，送站服务，善后工作，如图 2.9 所示。

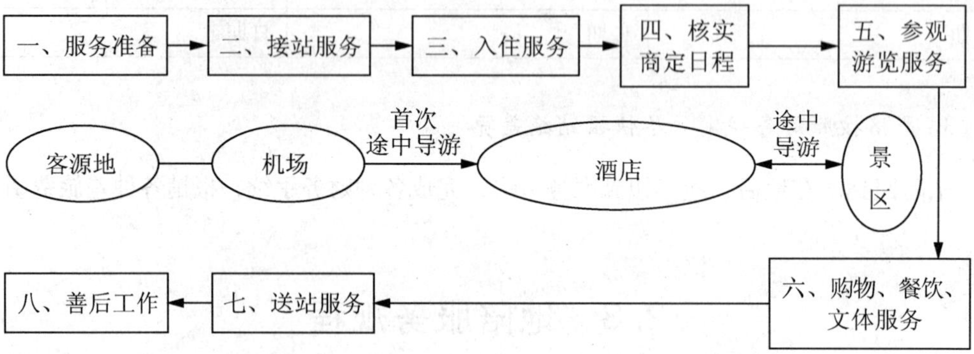

图 2.9　地陪服务流程图

2.3.1　服务准备

服务准备是导游人员接待工作的第一个重要环节，是顺利完成接待任务的重要前提。做好充分的准备就是为导游服务工作打下了良好的基础。服务准备有业务准备、物质准备、知识准备、形象准备、心理准备等几个方面。

1. 业务准备

1）熟悉旅游接待计划

导游人员在接到当地接待社陪团任务通知后，一般应该在该团抵达本地的前 3 天到接待社有关部门的负责人处领取盖有该旅行社印章的旅游接待计划、旅游团在本地的活动日程表和旅游团成员名单等 3 份有关该旅游团的资料。旅游接待计划是组团社委托各地方接待社组织落实旅游团活动的契约性文件，是导游人员了解该团基本情况和安排活动日程的主要依据，也是旅行社委派导游人员的依据，具有最高的权威性。接待计划见表2-4。地方陪同导游人员在旅游团（者）抵达前应认真阅读旅游接待计划和有关资料，详细、确切地了解该旅游团（者）的基本情况、日程安排及服务项目和要求，并把重要的事宜记录在陪同日志本上。

表2-4 旅行社团队行程计划表

编号：

团名：________ 人数：________ 组团社：________

旅游线路名称：________ 行程共计：____天____夜（含在途时间）

出发日期：________ 出发地点：________

途径地点：________ 目的地：________

结束日期：________ 返回地点：________

一、行程与标准

行程时间	主要景点名称（游览时间/小时）	交通工具标准	酒店标准	房间标准	其他活动
月 日					
月 日					
月 日					
月 日					
月 日					
月 日					

备注：

1. “交通工具”栏中不含景区内观光车、索道等，应按各类别的标准填写，如飞机分为头等舱、商务舱和经济舱；火车分为普通车、空调车和动组车（其中，又分为软卧、硬卧、软座和硬座）；轮船分为普通客船和星级游船____人/间（其中，又可按是否带卫生间划分）；汽车分为空调大巴、空调卧铺和普通客车。

2. “酒店标准”栏不得写“准X星”或“相当于X星”。

3. “房间标准”栏指几人间，如双人间（带卫生间）。

4. “其他活动”栏指晚间活动或自由活动。

5. 行程天数不够填写可另加页。

二、用餐标准

早餐____次，标准____元/餐/人；正餐____次，标准____元/餐/人（含____菜____汤）

三、购物安排

购物次数原则上每日不超过____次，每次停留时间不得超过双方约定的时间。

日　期	购物场所名称	停留时间/小时	日　期	购物场所名称	停留时间/小时
月　日			月　日		
月　日			月　日		
月　日			月　日		
月　日			月　日		

四、住宿时如遇单人住宿或房间标准与原计划有异，住宿差价的解决办法：＿＿＿＿＿＿

五、如因人数不足无法单独成团，本社将按与游客约定的行程计划与＿＿＿＿旅行社签订委托发团合同。

六、如遇不可抗力或2/3以上游客的要求，本社带团导游人员有权临时调整行程。

七、自费项目提示及其他注意事项：＿＿＿＿＿＿＿＿＿＿＿＿＿＿＿＿

地接社名称：＿＿＿＿＿＿＿汽车车型：＿＿＿＿＿＿车号：＿＿＿＿＿＿

全陪：＿＿＿＿手机：＿＿＿＿＿＿＿地陪：＿＿＿＿手机：＿＿＿＿＿＿＿

集合标志：＿＿＿＿＿＿＿＿＿＿

旅行社投诉电话：＿＿＿＿＿＿＿＿　各级旅游执法机构投诉电话：区号+96927

本计划编制人：＿＿＿＿＿＿＿＿＿＿

游客认定并签字：＿＿＿＿＿＿＿＿＿＿

旅行社业务专用章：

年　　月　　日

根据旅游团接待计划，地方陪同导游人员要分析、研究的问题主要包括以下几个。

（1）旅游团的基本情况。包括组团社名称、组团社联络人姓名、电话；全陪姓名、电话；旅游团名称及代号、旅游团国别及使用语言；团的种类（如全包价、半包价等）、费用的结算方法；团队等级（如豪华等、标准等、经济等）等。

（2）旅游团成员的基本情况。包括旅游团的人数、团员姓名、性别结构（单男、单女和夫妇）、年龄（最大和最小）、职业、民族、宗教信仰等。

（3）旅游线路和交通工具。包括全程旅游线路、出入境地点、交通工具情况、抵离本地所乘交通工具及班次、抵达时刻、具体抵达地点等。

（4）交通票据情况。去下一站的交通票据是否订妥，与原计划有无变更及变更后的落实情况；有无返程票，若有，要弄清落实情况；有无国内段国际联程机票，若有，则要在飞机离站前两天的上午12：00以前确认；出境机票的票种是OK票（已经定妥日期、航班和机座的票），还是OPEN票（没有确定起飞具体时间，没有预订妥座位的有效机票），若是国际联程机票，要在离境前72小时加以确认。

（5）团队有无特殊要求和其他注意事项。是否有成员在住房、用车、游览、饮食等方面有特殊要求；是否要求有关方面负责人出面迎送、会见、宴请等特殊礼遇；成员中是否有老年、小孩、病弱、残疾等需要提供特殊服务的客人。

（6）有无需办理通行证地区的游览项目，若有则要及早办好有关手续。

（7）有无增收费用的项目，如机场税、超公里费、额外游览项目费等。

（8）旅游团的接待规格及服务范围。例如，团内是否有2岁以下婴儿、12岁以下的儿童，餐饮标准等，尤其要搞清楚饭店和餐饮是外方旅行社自订、组团社代订、游客自理还是由地接社代订。

实训项目 2-1

研究旅游接待计划

实训要求：通过实训，使学生能够根据实际情况科学、合理、高效地制订出团队接待计划。

实训材料：接待计划单。

实训内容与步骤：

第一步，指导老师选定几家旅行社，并与计调部联系；

第二步，从计调部门拿到接待计划书；

第三步，认真阅读接待计划书和有关资料，详细了解该旅游团的服务项目和要求，对相关要点做记录，要重点了解旅游团的基本情况、旅游团成员的基本情况、旅游线路、交通工具、交通票据情况、特殊要求及其他注意事项。

2）落实接待事宜计划

地陪应在旅游团（者）抵达的前一天，与旅行社各有关部门或人员联系，落实相关事宜，如检查旅游团的交通、住宿、行李运输等的情况，提醒有关接待人员进入临战状态。

（1）核对日程安排表。当地接待社根据组团社旅游接待计划，安排该团在本地的参观游览活动日程。编制的日程表中应详细注明日期、出发时间、游览项目、就餐时间、风味品尝、购物、晚间活动、自由活动时间以及会见等其他特殊项目。地陪应将以上各项与接待计划进行核实，如发现有出入应立即与本社有关人员联系，问清情况后做必要的修订。

（2）落实旅行车辆。根据《旅游接待计划表》载明的司机姓名和联系方式，及时与旅游车司机联系，确认该团在本地所用车辆的车型、车牌号、座位数和司机人数（正、副驾）及车内设备的完好程度，并对以上情况作书面记录；商定次日会合的时间和地点，保证提前半小时到达接站地点；接待大型旅游团时，需在车上贴编号或醒目标记。

（3）落实住房及用餐。地陪应熟悉旅游团（者）所住饭店位置、概况、服务设施和服务项目；核实旅游团（者）所订房型、房间数、是否含早餐等。与餐厅联系，确认该团日程表上安排的每次用餐情况（团号、人数、餐饮标准、日期和特殊要求）。

（4）了解落实运送行李的安排情况。对于境内团来说，行李一般随旅游车同行，不必配备行李车。接境外团队，旅行社一般都安排有专门的行李车接运行李。

（5）了解不熟悉景点的情况。当旅游线路中安排有不熟悉的旅游景点时，地陪应提前了解其基本情况，如开放时间、景点特色、最佳游览线路、厕所位置、休息地点、注意事项等，以便使游览活动能够顺利进行。

（6）与全陪联系，提前约定接团的时间和地点。如果是入境站，地陪应和该旅游团的全陪提前约定接团的时间和地点。

（7）掌握联系电话。导游人员应备齐并随身携带旅行社各部门、餐厅、饭店、车队、剧场、购物商店的联系电话，尤其应记住团队其他导游人员、司机、行李员的联系方式，熟悉常用的旅游救急电话。

实训项目 2-2

落实旅游接待计划

实训要求：掌握相关项目的内容；掌握落实工作的方法。

实训材料：手机、学校校车、教学楼、操场等。

实训内容与步骤：

第一步，让学生分别扮演司机、酒店总台工作人员、餐厅服务员、地陪、全陪、游客等；

第二步，地陪分别与司机、酒店总台工作人员、餐厅服务员、全陪等联系，具体落实交通、住宿、餐饮等相关项目。

2. 物质准备

1）领取必要的票证、表格及费用

地陪出发之前要到旅行社计调部领取餐饮费用结算单（见表2-5）、参观游览结算单（见表2-6）、导游领款单（见表2-7）等结算凭证和与该团有关的表格（如旅行社服务质量跟踪调查表，见表2-8）等。地陪一定要注意，在填写各种凭证时，具体数目一定要与该团的实到人数相符，人数、金额要用中文大写。

表2-5 餐饮费用结算单

付款单位				用途		日期			
旅行团名称				人数		陪同签名			
项目	餐费标准					饮料费标准			
	客人	全陪	地陪	司机	陪餐	可乐	汽水	啤酒	矿泉水
人数									
金额									
合计金额（大写）：									
备注	须本单位陪同签名，数量必须大写，涂改无效，无公章无效								

表 2－6　参观游览结算单

参观游览券存根	中国　　旅行社参观游览券
团名：	旅游团名称：
人数：	旅游团人数（大写）：
地点：	收款单位（公章）：
陪同：	陪同姓名：
日期：	日期：　　年　　月　　日

表 2－7　导游领款单

电话及联系人	
接客地点	
客人电话	
导游电话	
司机电话	
用餐电话	
导游领款	
车费	
房费	
餐费	
门票	
观光车	
温泉	
合计	
实际领款	
导游姓名：×××	导游证号：
导游签字：	审核人：
备注：	

表 2－8　旅行社服务质量跟踪调查表

团名		人数		全部	
地陪		车号		驾驶员	
游客意见	非常满意	满意	基本满意	不满意	
日程安排					
导游服务					

餐饮质量				
住宿标准				
娱乐项目				
交通保障				
购物安排				游客签名
旅游安全				
其他				
	一、为了切实保护游客的合法权益，加强对旅游经营者，特别是导游人员的监督管理，特别制定本表。 二、团队抵达时，由导游人员将本表分发给每位游客。 三、导游人员不得随意更改团队运行计划。 四、游客如对表中所列项目不满意，可向各级旅游执法（质监）机构投诉，投诉电话：96927。 投诉地址：　　　　　　　　邮编：			

四川省旅游执法总队编制

2）个人物品准备

导游人员必须带上导游证（IC 卡）、胸卡、身份证；个人衣服、自用的药物、摄像或照相设备、导游书籍等。

3）团队物品准备

导游需要准备导游旗、团队接待计划表、区域地图、便签、照明用具、通信工具；餐饮、住宿及门票确认件的复印件、保险单复印件；团队所需经费。人数较多的团队应携带喊话器。专项旅游应带上相关的仪器设备。到高原旅游还应常备氧气袋、氧气瓶和防晒霜、墨镜等用品。

3. 知识准备

1）参观游览项目知识准备

根据接待计划所确定的参观游览项目，对翻译、导游的重点内容做好外语和介绍资料的准备。如果旅游线路中有自己不熟悉的景点，地陪应事先搜集资料，了解景点的基本情况。如有可能，可先行前往熟悉，做到心中有数，如开放时间、游览路线、厕所位置等细节都不能忽略。带团游览间隙，地陪应注意购买这些景点的参考资料，以备今后撰写导游讲解词之用。

2）专业团队知识准备

地陪如果接待有专业要求的团体，还要做好相关的专业知识、词汇的准备。

3）对游客感兴趣话题的准备

要根据旅游团队的特点，对当前的热门话题、国内外重大新闻、游客可能感兴趣的话题进行收集和了解。

4. 形象准备

1）保持饱满的精神状态

导游人员的形象和气质会给客人留下深刻的印象，在一定程度上左右着客人对导游人员的主观态度。当客人对导游人员的形象感到惊喜甚至欣赏时，他会主动接近导游人员；而如果客人对导游人员有厌恶感，便往往会怀疑、挑剔导游人员，不主动与导游人员合作，导游人员带团会困难重重。

2）着装要符合导游人员的身份

地陪人员要在客人心目中树立起良好的形象，关键是要注意自己的仪表和着装，不能不修边幅，着装打扮应符合职业身份，以端庄大方、整洁自然为宜，不能显得太落伍，也不能太前卫。一般而言，导游人员接机或带团在市内旅行时，男士可穿西服，女士可穿职业套装；郊外旅行时，男女均可着干净整洁的休闲服。男士忌穿短裤、无袖衫，不穿无袜凉鞋；女士忌穿前卫而暴露的服装，如吊带裙、露脐衫，更不能浓妆艳抹。

5. 心理准备

地陪在接团前应在心理上做好以下 3 个方面的准备。

1）准备面临艰苦复杂的工作

地陪在为接待旅游团做以上准备工作的同时，还要有充分的面临艰苦复杂工作的心理准备。不能只考虑到按规定的工作程序要求为游客提供热情服务的方面，还要有遇到问题、发生事故时应如何去面对、去处理，对需要特殊服务的游客应采取什么措施等各种思想准备。有了这些方面的心理准备，地陪就会做到遇事不慌，遇到问题也能妥善、迅速地处理。

2）准备承受抱怨和投诉

导游人员的工作是十分繁重而复杂的，即便已尽其所能为游客提供服务，但仍然会遇到游客的挑剔、抱怨、指责，甚至提出投诉，个别游客还可能提出一些无理要求或对导游人员进行刁难。对此，导游人员要有足够的心理准备，要冷静沉着地面对，无怨无悔地为游客服务。

3）抵御各种污染和诱惑

因为接待对象及整个旅游环境十分复杂，在接待过程中，导游人员必须具备高尚的情操，时刻准备面对各种精神污染和物质诱惑。

2.3.2 接站服务

接站服务指地陪前往机场（车站、码头）迎候旅游团（者），并将其转移到所下榻饭店过程中所要做的工作。接站服务在整个接待服务工作中至关重要，其服务质量的好坏直接影响到以后的工作。这一阶段可具体分为旅游团（者）抵达前的服务安排、旅游团（者）抵达后的服务、转移过程中的服务等 3 个过程。

1. 旅游团抵达前的服务安排

接团当天，地陪应提前到达旅行社，全面检查准备工作的落实情况，如发现纰漏要立即与有关部门联系落实，做到万无一失。

1）确认旅游团所乘交通工具抵达的准确时间

地陪从旅行社出发前，要与机场（车站、码头）问讯处或交通信息台联系，问清该旅游团所乘的飞机（火车、轮船）到达的准确时间。一般情况下，应在飞机抵达的预定时间前2小时，火车、轮船预定到达时间前1小时到问讯处询问。

2）与旅游车司机联络

掌握了该团所乘交通工具到达的准确时间以后，地陪要立即与为该团在本地提供交通服务的司机联系，与其商定出发时间，确保提前半小时抵达机场（车站、码头），并确定接头地点。赴接站地点途中，地陪应告知司机该团的活动日程和具体的时间安排；到达接站地点之后，地陪应与司机商定车辆停放的位置。

3）与行李员联络

地陪应在旅游团出站前与为该团提供行李服务的旅行社行李员取得联络，通知该团行李送往的地点。

4）再次核实旅游团抵达的准确时间

地陪提前抵达机场（车站、码头）后，要再次核实该旅游团所乘航班（车次、船次）抵达的准确时间。

5）持接站标志迎候旅游团

该旅游团所乘飞机（火车、轮船）抵达后，地陪应在旅游团出站前，持接站牌站立在出口处醒目的位置，热情迎候旅游团，如图2.10所示。接站牌上应写清团名、团号、领队或全陪姓名，接小型旅行团或无领队、无全陪的旅行团时要写上游客姓名。

图2.10　地陪在出站口持接站标志迎候客人的到来

2. 旅游团抵达后的服务

1）认找旅游团（者）

旅游团（者）所乘班次的客人出站时，地陪要举接站牌站在明显的位置上，以便领队或全陪（或游客）前来联系。同时，地陪还应根据游客的民族特征、衣着、组团社的徽记等作出判断，或主动询问，问清该团领队（或游客）姓名、人数、国籍、团名（大型旅游团还要问清团号），一切相符后才能确定是自己所要接待的旅游团。

地陪接到和确认旅游团（者）后，应向领队（或客人）作自我介绍，并介绍全陪，同时，向游客表示欢迎。

2）核实人数

地陪在找到所要接待的旅游团（者）后，应及时向领队核实实到人数，如有变化，应及时与旅行社取得联系，对变化情况进行核实，并采取相应的措施。

3）集中清点行李

如果旅游团是乘坐飞机抵达的，地陪应协助游客将行李集中到指定位置，提醒他们检查各自的行李物品是否完好无损。与领队、全陪、行李员一起清点并核实行李件数，填好行李卡（一式两份）；与行李员双方签字，其中一份交予行李员。如果在检查过程中发现有行李未到或破损现象，地陪应协助当事人到机场失物登记处或有关部门办理行李丢失登记和赔偿申报手续。

若所接旅游团乘坐火车抵达，在接到旅游团后，地陪应向全程陪同导游人员或领队索取行李托运单，并将单据交给行李员，同样需填写行李卡。行李卡上应注明团号、人数、行李件数、所下榻饭店，一式两份，并经双方签字。

地陪还应向领队询问团内游客的身体状况和有无特殊要求，如果团队白天到达，则应与全陪、领队商定是先回饭店还是马上进行游览。

4）集合登车

地陪要提醒游客带齐手提行李和随身物品，引导其前往乘车处。游客上车时，地陪应站在车门一侧恭候客人上车，并向客人问好，必要时可助其一臂之力。游客上车后，应协助其就座，礼貌地清点人数，等所有人员到齐、坐稳后，方可示意司机开车。

实训项目 2-3

认找旅游团

实训要求：掌握认找旅游团的基本方法；熟练操作认找旅游团的程序。

实训材料：接站牌、导游旗、学校交通车等。

实训内容与步骤：

第一步，学生分组扮演不同类型的团队游客、地陪、领队、全陪、司机；

第二步，准备接站牌、导游旗和交通车；

第三步，持接站牌等候；

第四步，主动认找旅游团，认找方法有两种，即①地陪根据旅游计划和游客名单主动上前认找；②是地陪手举接站牌，在出口醒目处等游客主动来找。

认找旅游团训练示范

举接站牌，站在明显的地方，见有客人携带行李出站，迎上去。

（导：导游；客：游客；领：领队）

导：打扰一下，请问，您是新加坡吉祥旅行社的客人吗？

客：是的。

导：领队先生是哪位？

客：后面那位穿格子衫的就是领队。

导：谢谢，请您先在这里等一下，我去见领队。（走到领队面前）对不起，您是新加坡吉祥旅行社的领队林先生吗？

领：是的。您是地陪吗？·

导：我是北京国旅的导游张晶，是这个团的地陪，欢迎您，请关照。客人全都出站了吗？

领：全都出来了。

导：一共多少人？

领：一共32人。

导：怎么？增加了2位？

领：是的。

导：新增加的2位是先生还是女士？

领：一位先生一位女士。

导：要分开住吗？

领：不用，是夫妻，同一间房就可以。

导：好的，我们先招呼一下客人。（举起导游旗，面向游客）大家好，我是当地的导游，欢迎大家。现在大家带好行李，在这边集中一下。（在出站口旁边较宽敞的地方集中）我们等一下后边的客人，如果有要去洗手间的往左边走（指示）。（集中后，清点人数）人都齐了，大家都检查一下自己的行李，看有没有什么物品遗落在飞机上了。都带齐了？好，请大家现在带好行李，先跟我走。（将游客领出机场大厅，集中行李。）（做好行李清点交接后）现在请大家跟着我上车。

（资料来源：马书生，许萍．模拟导游．北京：旅游教育出版社，2004.）

3. 转移过程的服务

转移过程中的服务指导游人员带旅游团（者）离开机场（车站、码头）前往所下榻饭店的整个过程，也称赴饭店途中服务。这是导游人员给客人留下良好的第一印象的重要环节。地陪在此过程中要做好以下几个方面的工作。

1）致欢迎辞

一般情况下，游客上旅游车后，地陪要在赴饭店途中向游客致欢迎辞，但如果遇到有领导前往迎接或在机场逗留时间较长，或旅游团人数较多不能保证每辆车上都有人陪同时，则可在机场（车站、码头）致欢迎辞。欢迎辞的内容应视旅游团（者）

的国籍，游客的年龄、文化水平、职业、居住地区及旅游季节等不同而有所不同，不可千篇一律。欢迎辞大致包括①问候语；②介绍自己的姓名和所属旅行社名称，介绍司机；③代表所在接待社、本人及司机，欢迎游客来本地参观游览；④表明自己提供服务的工作态度和希望得到合作的愿望；⑤希望大家合作，多提宝贵意见和建议；⑥预祝旅游愉快、顺利。

欢迎辞示范

各位游客：

大家好！古人云：有朋自远方来不亦乐乎！请允许我代表四川康辉国际旅行社有限公司以及我和我的同事，热烈欢迎各位来到四川观光游览！（代表地接社、本人及司机欢迎客人光临本地旅游。）

我叫刘丽，在接下来的几天里将担当各位的导游人员，大家可以叫我小刘或刘导。在我旁边的这位雷师傅，是社里专门为本旅游团安排的经验十分丰富的资深司机，相信有他的加盟，将使大家的四川之旅更开心、更安心。(介绍自己和司机)

各位在四川游览的这几天里，我和雷师傅将尽全力为大家提供热情周到的服务，满足大家不同的需要，真心地为大家服务。（表示愿意热情为游客提供服务的诚恳愿望）

我因能够和各位一起共度这次旅行而深感荣幸！如果您在途中有任何疑问、特殊要求或宝贵建议都请及时告诉我。(希望大家合作，多提宝贵意见和建议。)

最后，预祝各位旅途愉快、四川九寨之旅圆满成功。真诚地希望我们的努力能换来您满意的微笑！(预祝旅游活动愉快、顺利。)

2）说明事项

（1）调整时差。接入境旅游团，如果客源地与中国存在时差，导游人员在致完欢迎辞后，要介绍两国（两地）的时差，请游客将自己的表调到北京时间，并告知在今后的游览中将以北京时间为作息时间标准。

调整时差示范

导游：请大家看一下自己的表现在是什么时间。

游客：现在是 8 时 40 分。

导游：我的表现在是 15 时 40 分。你们的表指的是巴黎时间，我的表指的是北京时间，巴黎时间比北京时间晚 7 个小时。从现在起，在中国的这段时间内，我们所执行的都是北京时间，叫早、出发、集合等一切活动都是指北京时间。各位把表调整一下，现在是北京时间 15 时 45 分。大家调整好了吗？好，谢谢大家的合作。

（2）说明当前乘车前往的地点和大致需要的时间，让客人心中有数。例如，“各位游客，我们现在所在的位置是成都双流机场，从双流机场乘车到成都岷山饭店大约需要半个小时的车程”。

（3）地陪简要介绍团队在本地的行程大纲及注意事项，尤其对一些禁忌要反复强调，让每一位游客听清并记住。

3）首次沿途导游

（1）在进行首次导游时，导游人员应注意以下问题。

①就位于车厢前部，靠近车门和司机的地方，面对游客，这样就可以对全车游客一览无余，同时，也可以让游客看到你、认识你、熟悉你，便于配合工作，以减少在游览过程中出现游客走失、走散的可能性。另外，离车门和司机近，遇到情况也可以及时处理。

②面带微笑，表情自然。

③使用话筒时，切忌向话筒吹气或以手拍打话筒来试音，而应以向游客问好的方式来检查音响效果和音量是否适度。

④音量适中，节奏快慢得当，使车内每一个游客都能听清楚。

⑤重要的内容要重复讲解或对其进行解释。

（2）首次导游的内容主要包括介绍风光导游、风情导游及饭店概况，并告知游客在当地活动日程的安排等。

①介绍机场（车站、码头）的基本情况。

②风光导游。地陪应向游客介绍沿途见到的有代表性的景物。

③风情导游。地陪应适时地介绍当地的政治、经济、历史、文化、风土民情、风物、特产、气候、货币、语言、交通、城市概况等，并提示注意事项。

风情介绍示范

对成都地理和气候特征的介绍

各位游客，刚才我们介绍了成都的历史沿革，下面我再讲讲成都的地理环境和气候特征。成都位于著名的四川盆地西部，海拔只有500多米，但它北有秦岭大巴山，南有云贵高原，东有巫山，西有青藏高原。四周高山阻隔，自古以来就有“蜀道难，难于上青天”之说，使四川与中原文化相对隔绝，被称为“四塞之国”。不过，由于有都江堰水利工程的灌溉，这里水旱从人，不知饥馑，山中有飞禽，水中有河鲜，平原有稻米。四川人填饱肚子容易，但是由于相对封闭，想大富大贵却很难。这养成了四川人“小富即安”生活理念，满足于“吃点麻辣烫，打点小麻将”的生活，一有空闲就泡茶馆、品美食、打麻将。

有人说，坐飞机向西走，只要听见下面哗哗哗的麻将声，就知道到成都了。这虽然是个玩笑，但却能说明成都的休闲文化相当发达，可以说是个名副其实的休闲城市。难怪古人说：“少小不入蜀，老大不离川。”“少小不入蜀”是指这里生活太清闲，会让年轻人丧失进取心；而“老大不离川”，也是因为四川的生活休闲，是老年人生活的天堂。其实，按照现代生活理念，成都人的生活质量是很高的，成都也多次位居全国宜居城市的前列，所以著名导演张艺谋说：“成都是一座来了就不想离开的城市。”为什么不想离开？大家游完成都后，就会找到答案。

成都的气候也很特别。由于地处盆地，内外空气对流少，湿热气体长期弥漫在盆地上方，形成了特殊的盆地气候——湿润多雨，雾多、日照少。各位家乡的全年降雨量是多少？成都是1500毫米左右，旱地降雨量居全国前列，“巴山夜雨”自古有名，但成都全年的日照却不足200天。请大家抬头看看我们的天空是什么样的？对，是阴沉沉、灰蒙蒙的，成都全年有一半的时间是这种天气，各位家乡那种蓝天白云的景观这里是很少见的。大家听说过“蜀犬吠日”这个成语吧？想一想，为什么四川的狗见了太阳竟叫个不停？少见多怪嘛！成都还有一首民歌“太阳出来喜洋洋”，大家听过吗？（唱）外地人很难想象，在成都如果赶上出太阳，尤其是冬天，竟然会跟过节一样，往往全家人出来晒太阳，全城人喜气洋洋！

一方水土养一方人。这种盆地气候对成都人有什么影响呢？请大家看看窗外的成都妹妹。怎么样？对，好漂亮！俗话说，到了北京知道官小，到了广州知道钱少，那么，到了四川您会后悔结婚太早！为什么成都姑娘这么漂亮？这跟盆地气候是有关系的。气候湿润使成都姑娘皮肤细嫩，天生丽质。知道为什么保湿霜在成都不好卖吗？对，用不着。还有就是日照少，使成都女孩皮肤上很少长斑，自然洁白如玉啦。

有人问，这种气候有没有不好的影响？当然有了，请大家再看看窗外，看什么？看看成都的男孩子长什么样？不怎么样。对，如果站在北方人的角度看，成都的男孩子太瘦小，都没长开。知道为什么这么瘦小吗？缺钙嘛。日照少，钙就不够，所以四川的孩子生下来就补钙，但从小学补到高中还是缺钙，个头长不高。而且不仅缺钙，很多人还患有风湿病，因为湿气太重啊。今天晚上大家就会感觉到，宾馆被子怎么总是湿漉漉的？请别怪我们宾馆服务不周啊。对了，顺便提醒您，如果您想洗衣服可得注意，这里洗衣服两三天干不了。如果您不想带着湿漉漉的衣物旅行的话，最好先别洗啊……

（资料来源：陈乾康．四川导游实务．北京：中国旅游出版社，2007.）

④饭店介绍。地陪应向游客介绍下榻饭店的基本情况：饭店名称、位置、行车距离、星级、规模、主要设施及设备的使用方法、入住手续等（根据路途距离和时间长短酌情增减，也可在入店时进行介绍）。例如，地陪带团到四川海螺沟要入住磨西镇冰川饭店，如图2.11所示，到磨西镇时就可以向客人介绍冰川饭店的情况。

图2.11 四川磨西镇冰川饭店

⑤宣布当地活动日程。地陪可在沿途讲解中见缝插针地向游客宣布当地活动日程安排，有时也可在车上就确定日程（对一般观光旅游团而言）。

⑥分发资料。根据旅行社的规定，向游客分发导游图和社徽等资料。必须说明：地陪在沿途进行导游服务时，应见机行事，穿插进行以上讲解内容，避免讲解机械、生硬和杂乱无章。

实训项目 2-4

首次途中导游模拟实训（双流机场—锦江宾馆）

实训项目：机场—锦江宾馆途中导游模拟实训。

实训要求：掌握首次沿途导游的程序，熟悉首次途中的讲解内容。

实训地点：在多媒体教室和交通车上进行模拟讲解。

实训材料：机场的基本情况及图片、机场至某酒店沿线的一些资料、某酒店的资料及图片。

实训步骤：

第一步，学生分组扮演旅游团成员与导游人员。

第二步，沿途风光导游。选择机场—酒店沿途有代表性的景物进行讲解，如机场介绍、机场高速介绍、火车南站介绍、人民南路介绍等。可以在多媒体教室进行模拟，也可以在学校校车上进行模拟。每个同学任选一个内容进行模拟讲解（分小组进行）。

第三步，沿途风情介绍，可以介绍成都概况、气候条件、人口、历史沿革、社会生活、土特产品、经济发展等。每个同学任选一个内容进行模拟讲解（分小组进行）。

第四步，介绍锦江宾馆，介绍酒店的位置、星级、特色、规模、主要设施等。

4）宣布集合时间、地点及停车位置

（1）旅游车抵达下榻饭店，地陪应在游客下车前向全体成员讲清并请其记住车牌号码、停车位置、集合地点和时间。

（2）提醒游客将手提行李和随身物品带下车。

（3）向司机交代清楚第二天出发的时间。

5）帮助游客下车

地陪应在游客下车前首先下车，站在车门一侧，在游客下车时给予其必要的帮助。

2.3.3 入店服务

导游人员在游客进入饭店时，为其提供周到的服务非常重要，因为饭店是游客在游览地“临时的家”。地陪在这一阶段应做好以下几方面工作。

1. 协助旅游团（者）办理住房登记手续

（1）旅游团（者）抵达饭店后，地陪可让游客在饭店大堂内指定的位置稍作等候，尽快向饭店总服务台讲明团队名称或游客姓名（散客）、订房单位等。

（2）帮助游客填写住房登记表，并向总服务台提供旅游团（者）名单，拿到住房卡（房间号）后，再请领队分配房间并分发房门钥匙（或磁卡）。

（3）地陪应记清领队、全陪和游客的楼层和房间号，并告知其自己的联系方法。

2. 介绍饭店设施、设备和服务项目

地陪在协助办理完旅游团（者）入住手续后，应向全体游客介绍饭店内的设施。

（1）介绍外币兑换处、商场、娱乐场所、公共洗手间、中西餐厅等设施的位置。

（2）说明游客所住房间的楼层和房间门锁的开启方法。

（3）提醒游客住店期间的注意事项及各项服务的收费标准。

（4）如果游客系晚间抵达（需用晚餐），还应宣布晚餐时间、地点及用餐形式。

3. 照顾游客携带其行李进房

游客进房时，地陪必须到客人所在楼层，协助楼层服务员做好接待工作，并负责核对行李、督促行李员将行李送至游客的房间。若出现诸如客房不符合标准、房间不够整洁或漏做卫生、重复排房、室内设施不全或有损坏等现象及行李没有及时送到、被错拿、破损等问题，地陪应尽快查明原因，并采取相应的措施，协助饭店有关部门及时处理。

4. 带领旅游团（者）用好第一餐

旅游闭（者）第一餐安排在游客进房前还是进房后要根据游客入店时间和游客的要求来定。

（1）地陪应与旅游团（者）约定集中用餐的时间和地点。

（2）等全体成员到齐后，亲自带领游客进入餐厅，向餐厅领座服务员询问本团的餐桌号，然后引领旅游团（者）成员入座。

（3）等大家坐好后，应向游客介绍就餐的有关规定，如哪些饮料包括在费用之内、哪些不包括在内；若有超出规定的服务要求，费用是否是由游客自理等，以免产生误会。

（4）地陪还应向餐厅说明旅游团中有无食素游客、有无特殊要求或饮食忌讳者。

（5）将领队、全陪介绍给餐厅经理或主管服务员，以便直接联系。

（6）用餐过程中要巡视游客用餐情况一两次，征求游客的意见，解答游客提出的问题，监督、检查餐食质量标准并解决出现的问题。

（7）如果在饭店外用餐，用餐后，按实际用餐人数、标准和领用酒水数量，如实填写《餐饮费结算单》，并与供餐单位结账。

（8）如果所带旅游团（者）的第一餐是在下榻宾馆外面品尝风味或用便餐，地陪必须提前通知餐厅用餐的大概时间、团名、国籍、人数、标准、要求等。

5. 确定叫早时间

待一切安排妥当后，地陪应与领队、全陪一起商定第二天的叫早时间，并请领队通知全团成员。地陪还应将叫早时间通知饭店总服务台，办理叫早手续。

6. 重申当天或第二天的活动安排

地陪应向全体游客重申当天或第二天的日程安排，包括叫早时间、用餐时间和地点、用餐形式、集合地点、出发时间等；提醒游客做必要的游览准备。一般在第一天晚餐将要结束、游客还未离开之前重申。

2.3.4 核对商定日程

地陪应把旅行社有关部门已经安排好的活动日程与领队、全陪一起核对、商定，征求他们（包括游客）的意见。这样做，既可以表明对领队、全陪、游客的尊重，也使游客也有权审核活动计划并提出修改意见。同时，导游人员也可利用商谈机会了解游客的兴趣、要求。所以说，核对、商定日程是做好接待工作的重要环节，也是地陪和领队、全陪之间合作的序曲。活动日程一经商定，须及时通知每一位游客，并请他们给予配合。

1. 与旅游团核实、商定日程的时间、地点和对象

商定日程的时间宜在旅游团抵达的当天，最好是在游览开始之前。对一般观光旅游团，甚至可在首次沿途导游过程中，即在宣布本地游览节目时，用最短的时间确定日程安排，也可在旅游团进入饭店，待一切安排完毕后再进行。对重点团、记者团、专业团、考察团，则应较慎重地在旅游团到达饭店后进行。商谈日程的地点可因地而异，一般在饭店的大堂，有时也可在旅游车上，对重点团、记者团、专业团、考察团，必要时可租用饭店会议室。商谈日程的对象可视旅游团的性质而定，对一般旅游团可与领队商谈，也可由领队请团内有名望的人参加；如果旅游团没有领队，可与全团成员一起商谈。对重点团、记者团、专业团、考察团，除领队外，还应请团内有关负责人参加。

2. 与旅游团商谈日程的原则

商谈日程时必须遵循的原则：宾客至上、服务至上的原则；主随客便的原则；合理而可能的原则；平等协商的原则。日程安排既要符合大多数游客的意愿，又不能对已定的日程安排做大的变动。如果变动过大，就会影响其他部门的工作安排。

3. 对游客提出的不同意见应采取相应的措施

（1）如果游客提出修改意见或要求增加新的游览项目，地陪应及时向旅行社有关部门反映，对合理而可能的要求应尽力予以满足。

（2）对无法满足的要求，要详细解释、耐心说服。

（3）如需增收费用，地陪应事先向领队或游客讲明，并按规定的标准收取。

（4）领队、全陪或游客提出的要求与原日程不符且又涉及接待规格时，地陪一般应婉拒。

（5）领队（或全陪）手中的接待计划与地陪的接待计划有部分出入时，地陪应及时报告接待社查明原因，分清责任；若是接待社方面的责任，地陪应实事求是地说明情况，并赔礼道歉。

（6）重点项目时间的变动应及时向领导请示，不得擅自做主。

2.3.5 参观游览服务

参观游览活动是游客购买的旅游产品的核心内容，是游客出游的主要目的，也是导游服务工作的中心环节，地陪必须按照地陪规程提供优质服务。

1. 出发前的服务及准备工作

1）出发前地陪应提前10分钟到达集合地点

出发前，地陪应提前10分钟到达集合地点，准备好小旗、胸卡和其他必要的证件。提前到达不仅是为了在时间上留有余地，以身作则遵守时间；应付紧急突发的事件，也是为了礼貌地招呼早到的游客，询问游客的意见和建议，同时也可以在出发前完成一些工作。

2）督促司机做好出发前的各项准备工作

出发前，导游人员应该协助司机做好各项准备工作，如检查车况是否完好、车内是否已打扫干净、空调是否可以运转、话筒是否可以使用等。

3）提醒注意事项

地陪要向游客预报当日天气、游览点的地形、行走路线的长短等情况，必要时提醒游客带好衣服、雨具、鞋等。

4）集合登车、清点人数

游客陆续到达后，地陪应招呼游客上车，然后清点人数。只有当所有游客都到齐后才能示意司机开车。如果有游客没有赶到，地陪应向领队或者其他游客问明原因，设法及时将其找到；有的游客愿意留在酒店或不随团活动，地陪要问清情况并对其进行妥善安排，必要时要报告酒店有关部门。

2. 途中导游（下榻酒店至游览点）

1）重申当日活动安排

开车后，地陪要向游客重申当日的活动安排，包括吃、住、行、游、购、娱等内容，以便客人能对一天的行程心知肚明。

2）沿途风光风情介绍

途中要紧扣沿途景观，引出不同话题，对游客不了解的地方作出说明，使游客始终有一种求知的满足感和兴奋感。地陪应向游客介绍当地道路名称的演变和起名原则、道路的方位及特点，街道两旁标志性建筑、新旧居住地的变化、商业街布局、大型商店、闹市区、树木绿化及街景、当地习俗、语言、餐饮习惯、特产、名牌产品、旅游纪念物、当地趣闻逸事、城市发展前景等内容。

沿途导游讲解应注意以下几个问题：①翔实准确地指点说明，做到娴熟自如；②要有提前性，如要提示客人“在你们左前方会看见……”，而绝不应该说“刚过去的是……”；③选取内容要确定，不可刚讲左又讲右，弄得游客左盼右顾，莫衷一是；④当地景致的缺陷要“点到为止”，非但不可过分夸张，而且还要做一点掩饰；⑤沿途导游不可太虚，不要编故事；⑥“线”的导游一定要结合“面”的导游内容，即讲解要有主线，还要在主线基础上，对一些内容进行详细讲解，扩宽游客知识面。

3）活跃气氛

导游人员应学会调节客人的情绪，适时活跃团队气氛。从某种意义上说，活跃气氛的工作比景观讲解还要难。景观讲解是以“我”（导游）为主，“我”讲客听。而活跃气氛却要求导游人员与游客互动，共同营造轻松和谐的团队氛围。导游人员可讲讲笑话或内容健康的小故事，做做小游戏，组织娱乐节目，搞专题讨论（必须是客人感兴趣的话题），教外国客人简单的汉语（教外地客人简单的土语或少数民族语言）以达到活跃气氛的目的。这就要求导游人员具备节目主持人的基本素质，多才多艺，语言幽默，平时准备一些内容健康的小故事和谜语，学一些小魔术，适时开展团队互动活动，使枯燥的旅行变得轻松愉快甚至一路欢声笑语，既可以增进游客之间的友情，也可以拉近游客与导游人员之间的心理距离，为后面的参观游览活动营造良好的氛围。

4）介绍游览景点

在即将到达游览景点时，地陪应该对游览景点进行介绍，可以采取两种介绍方式：①对景点的总体情况作概括性介绍，如游览点名称的由来，其历史价值（意义）、成因、景观特征等，使游客对游览景点有个总体认识；②选择景点最吸引人的内容进行介绍，激发游客的游兴。地陪还可以有意制造点“悬念”，激发游客游览的好奇心。

实训项目 2-5

途中导游实训

实训要求：掌握所在地主要旅游线路途中的讲解内容和讲解方法。

实训材料：所在地旅游线路的导游图、风景图片、影像资料、学校交通车。

实训内容和步骤：

第一步，根据当地的旅游线路，把学生分成不同的小组，每个小组负责一条旅游线路的途中导游；

第二步，老师讲解途中导游词的写作方法，展示旅游线路的导游图、图片资料；

第三步，学生利用业余时间创作导游词；

第四步，正式开始模拟途中导游，每组安排一个同学来进行途中讲解，全班同学当评委，对该同学的讲解进行点评。

途中导游示范

成都到蜀南竹海途中讲解（途经自贡段的讲解）

各位游客：

大家好！我们今天游览的目的地是蜀南竹海。成都到蜀南竹海大约345公里，大约需要6个小时的车程。从成都出发，现已经过3个小时210公里的车程，沿途经过简阳、资阳、内江，马上就要到自贡了。我们现在位于自贡的大山铺，那我想先问下大家，你们都知道自贡三绝是哪三绝吗？对！是井盐、彩灯和恐龙！而恐龙的“龙窝”就位于我们现在行驶的地方——自贡市东北郊的大山铺。

我相信大家都看过曾一度刷新美国大片票房的大片《侏罗纪公园》，大家肯定对银幕上的食肉龙、霸王龙、长棘龙等恐龙都印象深刻。请大家望向右边窗外，路牌上写着“自贡恐龙博物馆”，很多自贡人都喜欢说“四川恐龙多，自贡是个窝”。是的，这一点都不假，自贡是世界著名的恐龙之乡，我们看到的自贡恐龙博物馆就是我国继半坡遗址和秦始皇兵马俑坑之后的又一大型现场博物馆。

美国《国家地理》杂志曾经宣称“自贡恐龙博物馆是世界上最好的恐龙博物馆”。从1989年起，自贡恐龙就开始走出国门，巡游天下，无论在国内国外，都备受欢迎，被外国友人誉为“一亿六千万年前的友好使者”。同时，它和美国、加拿大的两大恐龙化石埋葬现场的博物馆并存于世，是亚洲唯一一座恐龙埋葬遗址博物馆。那大家有没有想过自贡恐龙是怎么被发现的？为什么会是在这个普通的郊区小地方被发现呢？下面让小李为大家说说。

说起自贡恐龙的发现，最早应追溯到1915年8月30日。这天，美国地质学家劳德博克在荣县采集到了一段大腿骨和一颗残破不全的牙齿化石，经鉴定为巨型食肉龙化石，这是四川盆地最早发现的恐龙化石！

从那时起，自贡又陆续发现了一些恐龙化石。科学家在这里发现了举世罕见的恐龙动物群埋葬遗址。到了1981年，大山铺这个庞大的恐龙化石群遗址正式揭晓。在遗址中先后发现了上百具恐龙及其他脊椎动物的化石骨架，经鉴定被命名的恐龙化石就达12属12种，其中有9个新属、12个新种。从水生的软骨鱼类到陆生的爬行动物，其化石数量众多、种类丰富、保存完好，被誉为世界奇观。1987年，恐龙埋葬遗址博物馆正式建成并对外开放。而后，自贡恐龙博物馆被评为“中国旅游胜地四十佳”之一。

我们可以猜想一下，说不定一亿多年前的这个时刻，霸王龙和食肉龙就在我们汽车行驶的这块地上争地盘呢！这就是世界闻名的大山铺恐龙动物群——“恐龙之乡”！好了，自贡恐龙博物馆的介绍就暂时告一段落。大概再过十分钟我们就要进入自贡的市区了，大家想知道自贡三绝之一的“井盐”这个称呼是怎样来的吗？大家稍作休息，接下来小李将再为旅客们介绍。

谢谢！

（资料来源：四川某考生2011年导游口试的途中导游词）

相关链接

途中导游归纳

导游途中讲解主要包括致欢迎辞、沿途风光风情讲解、致欢送辞等内容，欢迎辞主要是在从机场（车站、码头）到酒店的途中讲解使用，欢送辞主要在酒店到机场（车站、码头）途中讲解使用，其余旅行转移途中一般都是进行沿途的风光风情讲解。

一、机场（车站、码头）——酒店的途中导游

多数情况下，导游带团过程中途中首站讲解是市容市貌。导游人员应向游客介绍本地马路名称的演变和起名原则，道路的方位及特点、街道两旁标志性建筑、新旧居住地的变化、商业街布局、大型商店、闹市区、树木绿化及街景、本地习俗、语言、餐饮习惯、特产、名牌产品、旅游纪念物、本地趣闻逸事、城市新发展的前景，当然也可以谈一下本地与先进地区相比存在的不足。总之，要紧扣沿途景观，引出不同话题，将游客去不了的地方作出说明，使游客始终有一种求知的满足感和兴奋感。机场（车站、码头）——酒店的途中导游的主要内容如下。

① 简要介绍本地市容市貌、沿途景观和城市概况，包括自然环境中的地理位置、气候、面积、海拔，生态和社会环境中的人口、民族、经济、文化、风俗、特产等。

② 简要介绍在本地旅游的行程安排。

③ 简要介绍在本地旅游的住宿、餐饮及安全卫生方面的注意事项。

二、酒店——景区的途中导游

酒店到景区途中的讲解内容要根据酒店到景区的距离长短而定。

长距离沿途讲解：地陪应伺机向游客介绍沿途的风土人情、自然景观，回答游客提出的问题，加深游客对旅游目的地的了解。长途旅行由于路途较长，可进行一些参与性的唱歌、讲故事、猜谜语、抢答问题、做游戏等娱乐活动。无论用什么方法活跃气氛，都要注意选择时机、对象和方式，还要注意劳逸结合、适当休息。

短程沿途讲解：地陪应伺机向游客介绍沿途的风土人情、自然景观等。抵达景点前，地陪应向游客介绍景点的简要情况，尤其是景点的历史价值和特色。抵达景点时，地陪应告知在景点停留的时间以及参观游览结束后集合的时间、地点；地陪还应向游客讲明游览过程中的有关注意事项。

三、景区——酒店返程沿途讲解

返程途中，地陪可向游客就游览后的景点，尤其是景点的历史价值和特色再作一些回顾和简单总结，回答游客提出的问题，一并作些探讨和交流。

四、酒店——机场（车站、码头）的途中讲解

酒店到机场途中主要是致欢送辞，对整个游览活动进行简单的总结，与游客作一些离别交流，表达依依不舍之情。

3. 抵达景点后的导游服务

1）交代游览注意事项

（1）抵达景点时，下车前地陪要讲清并提醒游客记住旅行车的型号、颜色、标志、车号和停车地点、开车的时间；遇到下车和上车不在同一地点的情况时，地陪更应提醒游客注意。

（2）在景点示意图前，地陪应向游客讲明游览路线、所需时间、集合时间、集合地点等。

（3）地陪还应向游客讲明游览参观过程中的有关注意事项（如不能采摘瓜果、寺庙殿堂里禁止拍照等）。

2）购票进入景区

到了景区大门前，导游人员要购买门票。例如，进入九寨沟景区前，如图 2.12 所示，导游人员要根据事先统计的购票人数进行购票。虽然团队人数是确定的，但在某些景区往往会出现下列情况：①部分游客选择不进入景点。②团队中有持证导游；③团队中有持老年证的人员或现役军人、革命伤残军人；④团队中有在校大、中、小学生。由于在许多景区景点，持证导游、持老年证人员、现役军人和革命伤残军人、学生可凭有效证件享受到门票减免的待遇，因此，地陪可合理利用这些优待条件，请客人出示相应证件，获得门票减免。

图 2.12　刘台桃花源景区大门

3）景点导游讲解

在讲解景点时，地陪应手举导游旗走在旅游队伍前面，一边引路，一边讲解。任何“游而不讲”或“放羊”的做法都是导游人员不负责任的表现。讲解时，地陪应面向游客，站在距游客约 1.2 米、与景点成约 60 度角的位置。

对景点的讲解，地陪应注意以下几个方面：①讲解内容要正确无误，尤其是讲解人文景观时要有根有据；②讲解要有针对性，要因人而异、因时而异；③内容安排要有艺术性，像讲一个生动的故事，要有开始、有发展、有高潮、有结局；④讲解语言要丰富生动；⑤讲解时别忘了引导游览，应让游客在计划的时间与费用内充分地游览和观赏；⑥对游客的拍照时机进行适当引导，尽量提前宣布照相时间，以免游客只顾照相而误了听讲解。

4）严格执行计划

在景点景区游览过程中，地陪应严格执行旅游合同，保证在计划的时间与费用内使游客充分地游览、观赏，不能擅自缩短时间或克扣门票费用。

5）注意游客安全

在游览过程中，地陪应把讲解与引导旅游相结合；适当集中与分散相结合；劳逸结合，并应特别关注老弱病残游客。在讲解时，地陪应眼观八方、耳听六路，注意游客的安全，要自始至终与游客一起活动。在景点，全陪、领队一般要跟在队伍后面关注旅游队伍的情况。地陪在前面讲解时也应时刻留心游客的动向，以免游客走失或发生安全事故。

4. 参观活动

参观活动也是旅游活动的重要组成部分，有助于游客对当地人民的生活方式进行了解，所以在进行参观活动时，地陪必须做好以下工作。

1）参观前的准备工作

若安排旅游团到工厂、农村、学校、社会福利机构等单位去参观，地陪一般都要事先做好联系落实工作：问清前往人数、弄清参观时间和内容。了解宾主之间是否有礼品互赠，若礼品为赠送给外宾的应税物品，则要提醒有关人员缴税，保存发票和证明，以备游客出关时海关检查之用。还要提前联络、落实接待人员。

2）参观时的导游翻译工作

到达参观地点后，地陪应及时联系接待人员，并向游客作介绍，提醒参观时的注意事项。参观时，一般先由主人介绍情况，然后再引导游客参观并回答游客的提问。这时，地陪的主要任务是翻译或传递语言信息。当然，这主要是针对国外旅游团而言的，国内旅游团通常不需要地陪做这方面的工作。

5. 返程途中的导游服务

返程导游服务指一天的游览活动即将结束，从最后一个参观游览点返回饭店途中的导游服务工作，主要包括以下几个方面。

1）回顾当天行程

返程途中地陪应回顾总结当天游览参观的内容，必要时可作一些补充讲解，并热情回答游客的问询。

2）沿途风光导游

有可能的话，返程应尽量不走原路。如果返程的路与原路不同，那么，导游人员还要进行沿途风光风情介绍；若返程走的是原路，导游人员可在原有介绍的基础上作补充介绍。

3）宣布次日行程安排

在即将到达下榻的饭店时，地陪要预报次日的活动日程，包括叫早时间、早餐时间和地点、出发集合时间和地点及其他有关事项；要提醒游客带好随身物品。地陪要先下车，照顾游客下车，再与他们告别。

2.3.6　其他活动服务

其他活动服务指在旅游过程中，游客所需要的除参观游览以外的购物服务、餐饮服务、娱乐服务等，是参观游览活动的继续和补充。地陪要根据游客的特点和旅游线路上的实际情况安排好文明、健康的各类活动。

1. 购物服务

购物是多数游客旅游过程中的一个重要组成部分。游客总是喜欢购买一些当地的名特产品、旅游商品。因此，提供购物服务也是地陪的一项重要工作。地陪应合理地安排好此项活动，恰到好处地宣传、推销本地的旅游商品，做到既符合游客的意愿，也符合导游工作的要求。地陪的购物服务程序主要包括以下几个方面。

1）介绍商品特色和注意事项

在车上地陪应事先向游客介绍本地商品的特色以及购买商品时应注意的事项，使大家事先有所准备。下车前，应讲清停车地点和停留时间。

2）严格按照旅行社的规定提供导游服务

地陪应严格按照旅游合同规定的时间和次数选好购买时机，并安排客人到定点购物店购物，遵循游客“需要购物，愿意购物”的原则，避免购物次数过多和强行推销。每次购物时间不能超过40分钟，两处购物点之间的车距不能超过120分钟。

3）当好游客购物顾问，热情介绍商品，不做误导性宣传

地陪应带海外游客到正规文物商店购买文物，并讲清我国文物出境的相关规定。地陪应带海外游客到质量可靠、信誉良好的大药店购买中成药、中药材，并告知其我国海关关于携带中药材、中成药出境的限额规定：前往国外的，总值限人民币300元；前往港、澳地区的，总值限人民币1500元，严禁携带麝香、犀牛角和虎骨出入境。

4）随时提供游客购物时所需的服务

导游人员应随时提供游客所需要的各种购物服务，如翻译、介绍托运手续等。游客买到假冒伪劣商品时，导游人员应主动协助游客退换并索赔。

2. 餐饮服务

1）计划内的团队便餐

地陪应提前落实本团当天的用餐，对午、晚餐的用餐地点、时间、人数、标准、特殊要求逐一核实并确认。用餐前，地陪应引导游客进入餐厅就座，介绍餐厅的设施、饭菜的特色、酒水的类别等，同时将用餐地点告知领队、全陪和司机，并向全团成员宣布用餐后的安排。用餐过程中，地陪要巡视旅游团用餐情况一两次，随时解答

游客在用餐过程中提出的问题。监督、检查餐厅是否严格按照标准提供服务，如遇到问题马上提出并督促餐厅尽快解决。用餐后，地陪要如实地填写《餐饮费结算单》，并和餐厅结账。

2）品尝风味

游客品尝风味有两种形式，一种是计划内的，而另一种则是计划外的。第二种情况是游客自费品尝风味，如果邀请导游人员参加，注意不要反客为主。无论是哪种情况，在品尝过程中，地陪都要向游客介绍风味名菜及其吃法并和游客进行交流。

3）宴会

宴会一般是旅游活动内有计划安排的，都比较正式。地陪应全程陪同，如果没有安排翻译，地陪还可充当翻译，特别要注意应准时且着装要整齐大方。

3. 文娱体育活动及社交方面的服务

1）观看文娱节目（体育比赛）

安排游客观看计划内的文娱节目或体育比赛，地陪应陪同前往，并向游客简要介绍节目的内容和特点。到达剧场（比赛场馆）后应引导游客就座，介绍剧场（比赛场馆）结构、设施、位置，解答游客提出的问题。在节目演出或比赛过程中，地陪要始终坚守岗位，不得擅自离开。

游客自己选择观看的计划外文娱节目（体育比赛），费用由游客自行负责，并不得与旅游计划冲突。地陪可以代为购买门票，但没有陪同前往的义务。

2）舞会

旅游活动过程中的舞会有两种：有关方面组织的社交性舞会和游客自己购票参与的娱乐性舞会。对于前者，地陪一般应当全程陪同，但没有陪舞义务；对于后者，地陪可以代为购票，但无陪同前往的义务。

3）会见

(1）安排游客（一般为专业旅游团）会见中国同行或负责人。必要时，导游人员可充当翻译；如有翻译，导游人员则应在一旁陪同静听。在会见前，地陪应向会见双方了解有无互赠礼物，礼物中是否涉及纳税事项，若有，应提醒双方办妥相关必要的手续。

(2）游客若需要会见旅游地的亲友，导游人员应当协助安排，但在一般情况下并无充当翻译及陪同的义务。

2.3.7 送站服务

送站服务是旅游团接待工作的最后阶段。导游人员必须善始善终，以饱满的工作热情和良好的精神状态做好最后阶段的工作，使游客顺利、安全地离开。

1. 送站前的准备工作

1）核实、确认交通票据

(1）在旅游团离开的前一天，地陪应核实本团离开的机（车、船）票，核对团名、代号、人数、全陪（领队）姓名、到站、班次、起飞（开车、起航）时间。要做到4核实：计划时间、时刻表时间、票面时间、问询时间。如果班次和时间有变更，应当向旅行社核实是否已通知下一站接待社，避免造成误接、漏接。

（2）若旅游团是乘飞机离境的，地陪应提醒或协助领队提前72小时确认机票，一般应在中午12：00以前确认。

2）商定出运送行李的时间和方法

（1）地陪应先与旅行社行李部进行联系，了解旅行社行李员与酒店行李员交接行李的时间（或按旅行社规定的时间），然后与酒店行李部商定地陪、全陪、领队与酒店行李员四方交接行李的时间。

（2）先与领队、全陪商定出运送行李的时间，商定后再通知游客，并向其讲清有关行李托运的具体规定和注意事项。

3）商定集合、出发的时间

一般由地陪与司机商定出发时间（因司机比较了解路况），但为了安排得更合理，还应及时与领队、全陪商议，确定后应及时通知游客。

4）商定叫早和早餐时间

地陪与领队、全陪商定叫早和早餐时间，并及时通知酒店有关部门和游客。如果该团是早航班或早班车船则需调整用餐时间、地点和方式（如带饭盒），地陪应及时作出有关安排。

5）协助酒店结清与游客有关的账目

（1）地陪应及时提醒、督促游客尽早与酒店结清与其有关的各种账目（如洗衣费、长途电话费、饮料费等）；若游客损坏了客房设备，地陪应协助酒店妥善处理赔偿事宜。

（2）地陪应及时通知酒店有关部门旅游团的离店时间，提醒其及时与游客结清账目，并监督结算过程。

6）及时归还证件

一般情况下，地陪不应保管旅行团的旅行证件，用完后应立即归还游客或领队。在离站前一天，地陪要检查自己的物品，看是否保留有游客的证件、票据等，若有应立即归还，当面点清。出境前要提醒领队准备好全部护照和申报表，以便交边防站和海关检查。

7）组织安排旅行社负责人送行

如有旅行社负责人要到场送行，要认真做好欢送的具体组织准备工作，特别是要确认具体时间和地点，但时间不宜过长。

2. 离店服务

1）集中交运行李

离开酒店前，地陪要按商定好的时间与酒店行李员办好行李交接手续。将游客的行李集中后，地陪应与领队、全陪共同确认托运行李的件数（包括全陪托运的行李），检查行李是否上锁、捆扎是否牢固、有无破损等，然后交付酒店行李员，填写行李运送卡。行李件数一定要当着行李员的面点清，同时告知领队和全陪。

2）办理退房手续

地陪一般应在中午12：00以前办理退房手续，如果地陪无法到酒店，可通知旅行社有关人员办理。

3）集合登车

（1）出发前，地陪应询问游客与酒店的账目是否已结清；提醒游客检查有无遗落物品；提醒游客将房间钥匙交回总台，也可由地陪收齐后一并交回总台。

（2）集合游客上车。等游客放好随身行李入座后，地陪要仔细清点实到人数。全体到齐后，提醒游客再检查清点一下随身携带物品，如无遗漏则可开车离开酒店。

3. 送行服务

1）致欢送辞

导游人员致欢送辞可以加深与游客之间的感情。致欢送辞时语气应真挚、富有感情，地点可选在行车途中，也可安排在机场（车站、码头）。欢送辞的内容应包括以下内容。

（1）回顾旅游活动过程。

（2）感谢大家对工作的支持和配合。

（3）若在旅游活动中出现不顺利或旅游服务有不尽如人意之处，导游人员应借此机会再次向游客赔礼道歉。

（4）诚恳征求游客对接待工作的意见和建议。

（5）表达友谊和惜别之情。

（6）表达美好的祝愿。

欢送辞示范

各位团友：

你们好！

时光飞逝，大家的九寨沟—黄龙之旅即将划上一个完满的句号，待会各位就要乘飞机离开成都了。这几天，我们游览了“童话世界”九寨沟，“人间瑶池”黄龙，体会了大自然的美，品尝了酥油茶、菌煲汤，感受了藏族人民的热情好客。总体而言，我们这次九寨沟—黄龙之旅取得了圆满成功。（大致回顾旅游活动）

这首先要感谢各位，正是你们的宽容和随和，使我们的旅途充满了欢乐，也使我的工作变得轻松；我还要感谢我们的全陪，没有她的支持和配合，我们的行程不会如此圆满和顺利；我也要感谢雷师傅，他保证了我们行程的安全和准时。（感谢大家对工作的支持和配合）

由于我能力有限，这几天的活动安排还存在令大家不太满意的地方，在此，我向各位表示歉意，请大家多多谅解。（为旅游服务中的不足之处表示歉意）

大家对我这几天的工作有什么意见和建议请及时提出来，我一定虚心接受，改进自己的工作方法，以便今后能更好地为大家服务。（诚恳征求游客对接待工

作的意见和建议）

五天的时间说起来并不长，但五天的同吃、同住、同游、同乐，使我们这个大家庭充满了友谊和理解，在这即将与大家分别的一刻，我心里真有点舍不得；但天下没有不散的筵席，尽管心里不愿意，但我还是不得不和大家说再见了。茫茫人海中，但愿我们能再次相逢，重温友谊的温暖和惬意。（表达友谊和惜别之情）

最后，我祝大家身体健康、工作顺利、心想事成！（表达美好的祝愿）

致完欢送辞以后，要把事先准备好的“游客意见表”交给领队或游客代表填写，然后再向游客介绍一些该团队没去过的、本地颇具特色或新开发的景点，欢迎游客下次再来此参观游览。

2）提前到达机场（车站、码头）

地陪带团到达机场（车站、码头）必须留出充裕的时间，具体要求：出境或去沿海及航程较远城市的航班，提前2小时；乘国内航程较近的航班提前90分钟；乘火车或轮船提前1小时。

旅行车到达机场（车站、码头），下车前，地陪应提醒游客带齐随身的行李物品。照顾全团游客下车后，要再检查一下车内有无游客遗漏的物品，如有，则应立即将其交还给游客。

3）移交交通票据和行李卡

如送国内航班（车、船），到达机场（车站、码头）后，地陪应尽快与行李员联系，取得交通票据和行李票，将交通票据和行李票交给全陪或领队，并一一清点核实。如送国际航班（车、船），地陪应请领队、全陪一起与行李员交接行李，清点检查后将行李交给每一位游客。

4）协助办理离站手续

进行完交通票据和行李卡移交工作后，地陪不能马上离开旅游团（者）。若系乘坐国内航班（车、船），地陪应协助游客办理离开手续（帮助游客交付机场税、领取登机牌，并请领队分发登机牌；帮助办理超规格行李托运手续）；若系乘坐国际航班（车、船），地陪应将旅游团送至隔离区，由领队帮助游客办理有关离境手续。

5）握手告别

若是送乘坐飞机离开的旅游团（者），当游客进入安检口或隔离区时（成都双流机场安检口如图2.13所示），导游人员应与游客握手告别，并祝他们一路平安。若是送乘坐火车、汽车、轮船离开的旅游团（者），导游人员应等交通工具起动后或游客出关后，方能离开。

6）结算事宜

与全陪进行结算。若接待国内旅游团，地陪应在旅游团（者）结束当地游览活动后、离开本地前，与全陪办理好拨款结算手续；若接待离境旅游团（者），地陪应在团队离开后，与全陪办理好财务拨款结算手续，并妥善保管好单据。

与司机结账。送走旅游团（者）后，地陪应与司机核实用车里程数，在用车单据上签字确认，并要保留好单据备查。

图 2.13　成都双流机场安检口

2.3.8　后续工作

送走旅游团并不意味着全部接待工作已经结束，地陪还必须做好善后总结工作。

1. 处理遗留问题

旅游结束后，地陪应妥善、认真处理好旅游团的遗留问题，应按有关规定和旅行社领导的指示，妥善处理好游客临行前的委托事宜，如委托代办托运、转交信件、转递物品等。

2. 结清账款、归还物品

按旅行社的具体要求并在规定的时间内填写清楚有关接待和财务结算表格，连同保留的各种单据、接待计划、活动日程表等按规定上交有关人员，并到财务部门结清账目，导游报账表见表 2－9。归还有关资料及物品。

表 2－9　XX 旅行社导游报账表

<table>
<tr><td colspan="2">团号</td><td colspan="2">人数</td><td colspan="2">导游</td></tr>
<tr><td>线路</td><td colspan="5">起止时间</td></tr>
<tr><td>房费</td><td colspan="5">小计：</td></tr>
<tr><td>餐费</td><td colspan="5">小计：</td></tr>
<tr><td>门票</td><td colspan="5">小计：</td></tr>
<tr><td>其他</td><td colspan="5">小计：</td></tr>
<tr><td>车费</td><td colspan="4"></td><td>实支合计：</td></tr>
<tr><td colspan="6">核实金额（大写）____万____仟____佰____拾____元____角____分</td></tr>
<tr><td colspan="2">预领费用：</td><td colspan="2">现收费用：</td><td colspan="2">签单金额：</td></tr>
<tr><td>扣款：</td><td colspan="3"></td><td colspan="2">应退（补）：</td></tr>
<tr><td>备注：</td><td colspan="5"></td></tr>
</table>

经理：　　　　　　　　财务：　　　计调：　　　导游：

3. 总结工作

地陪应认真作好陪同小结，实事求是地汇报接团情况。如果在旅游过程中发生过重大事故，要整理成书面材料向旅行社领导汇报。对旅游团的有关资料进行整理归档，具体而言，地陪应向旅行社提供发票、结算单、支票存根、签单、门票存根等资料；团队行程执行情况报告；团队额外旅游销售和购物情况报告；如果系外聘导游，还应交还相关证件，由旅行社保管。地陪还可根据接待过程中所存在的问题作自我批评，这样有助于自身提高。

2.4　景点景区导游服务规程

案例导入

案情介绍：小芳是某文化遗址的讲解导游人员，从业近两年，工作兢兢业业，尤受游客好评，不少旅游团队都点名邀请小芳讲解。小芳每天的工作时间比别的导游人员都长，但收入却处于中低水平，原因是景区导游人员收入的主体是带团提成（每团讲解费80元，景区提成50元，讲解导游人员得30元）。小芳对每团的讲解都很详细，还在介绍景区展品之外充实了大量佐证材料，同时还会不厌其烦地回答游客的问题，虽然满意度高，但全天带团数却很少，收入自然高不起来。相反，那些收入高的导游，往往只带客人走走主线，讲几个重要景点后就让客人自由观赏，带团量常常多出小芳一倍。客人不知内情，自然也不会投诉。

请问：该景区实行“带团提成”的薪酬制度，会给景区导游人员的工作和景区形象带来哪些消极影响？应该如何从制度上减少并杜绝这类现象的发生？

案例解析：导游人员为提高收入而减少参观内容，可能会引来游客投诉；导游人员减少对景区的讲解内容，难以真正、全面地宣传景区；导游人员与游客的交流减少，难以向景区反馈游客的意见和建议；导游人员不对景区进行研究，其水平就难以得到提高；减少游客在景区的游览时间，难以起到游客对景区的宣传作用。

实施合理的导游薪酬制度：可以对优秀的导游人员采取一定的奖励制度；建立游客监督机制，使游客明确参观内容、线路，监督导游人员按量完成工作；广泛参考游客反馈意见，对导游工作质量评定等级，实行等级提成；确定“基本工资＋等级工资＋质量工资”的薪酬制度。

景点景区导游是旅游行业中导游人员队伍中的一个重要组成部分。景点景区导游又称景区讲解员，是在规定景区从事翻译、讲解和向导服务的专业人员，是导游队伍的一个组成部分，包括旅游区、自然保护区、博物馆、纪念馆、名人故居等地的讲解员。景点景区导游服务程序虽然没有全陪和地陪导游服务程序那么烦琐，但同样也有相应的程序和规范，归纳起来可分为服务准备、接待服务、送别服务、善后工作4个阶段，如图2.14所示，每一阶段都有其相应的操作规范。

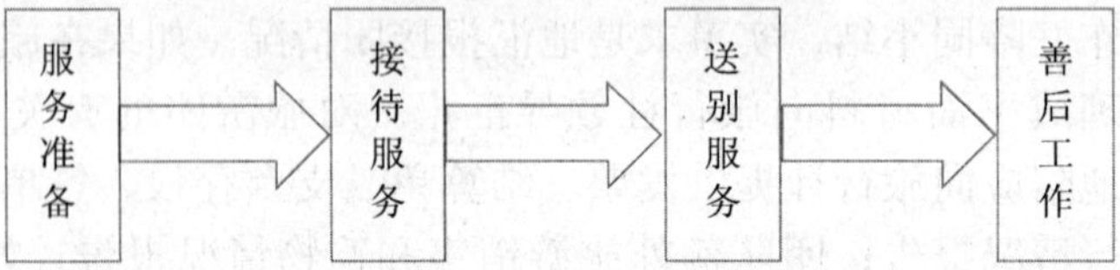

图2.14 景点景区导游服务规程

2.4.1 服务准备

与普通导游相比，景点景区导游服务的内容要简单很多，一般只有翻译、讲解、向导服务等内容，主要内容就是景区讲解服务。

1. 熟悉接待计划

在接待前，导游人员首先要了解所接待旅游团（者）的基本情况，要弄清旅游团（者）的人数、性质、身份和要求等。

2. 熟悉景区知识

（1）了解景区景点的名称、建筑特色和建筑风格、历史沿革、民间传说和景区基本概况。

（2）深入系统地掌握景区的背景知识及特色。购买并阅读与本景区有关的通史性或学术性书籍，更深入系统地了解所在景区、景点的背景知识，比较国内外同类景区的特色，丰富自己对景区的各种知识。

（3）进一步系统地学习和研究景区所涉及的相关学科知识，扩大自己的知识面，并能提出一些个人见解。

（4）掌握必要的环境保护和文物保护知识及安全知识。

3. 培养接团能力

1）熟练掌握各种讲解技巧

景点景区导游服务的核心是景点讲解，因此，导游人员应该掌握各种讲解技巧，根据游客文化水平、知识结构、游览时间的差异随时变更自己的讲解内容和讲解风格，提高的针对性和有效性。

2）培养丰富的应变能力

丰富的应变能力是景点景区导游人员应对和处理突发事件的基础，有助于减少事故损失，留给游客美好的旅游感受。导游人员应通过各种途径培养自己的应变能力，既可以从书本中获得，也可以通过自己平时的工作进行积累。

4. 做好物质准备

（1）准备好导游图册或有关资料。

（2）准备好导游讲解的工具或器材。

（3）按规定要求着装，佩戴标牌。

2.4.2　接待服务

1. 迎接旅游团

（1）接团。景点景区导游人员一般在景区大门迎接旅游团。海螺沟冰川森林公园大门口，如图2.15所示。

图2.15　海螺沟冰川森林公园大门口

（2）了解客人的基本情况。见到团队后应通过观察或向随团导游询问，简单了解旅游团的基本情况，如成员文化水平和职业背景、在景区停留时间和旅游线路，然后，将客人集中起来，正式开展景点景区导游工作。

2. 致欢迎词

（1）致欢迎辞的地点应在景区大门口。

（2）致欢迎辞的时间应是在景点景区导游人员第一次面对游客时。

（3）欢迎辞的内容包括向游客问好；介绍自己；表明热忱服务的态度；祝游客游览成功。

3. 交代游览线路及注意事项

（1）在景区大门口的导游图前交代。

（2）讲清景区的构成部分、游览线路、所需时间和游览注意事项。

4. 讲解景区概况

（1）讲解地点在景区大门导游图前或能俯瞰景区全景的观景台、游人中心，也可以在交代游览线路和注意事项时同步进行。

（2）讲解的内容包括景区名称的来历、历史沿革、主要特色、景区品位和主要景点概况。

5. 沿旅游线路带游客游览并提供讲解服务

（1）应将沿途景点详细、全面地介绍给客人。
（2）讲解时，应等游客稍事集中后再开始。
（3）讲解中，注意对语音、语速的控制，以每一位客人均能听清楚、听懂为原则。
（4）讲完每个景点后，都要给客人留下观赏和拍照的时间。
（5）要留意客人的动向，以免游客走失。

2.4.3 送别服务

1. 致欢送辞

送别服务中最重要的内容是致欢送辞。欢送辞包括以下内容：①对所游览的景点进行小结；②对游客在参观游览中的合作表示感谢，并诚恳征求客人对自己工作的意见和建议；③欢迎客人下次光临，祝客人一生平安。

2. 向游客赠送有关宣传资料或小纪念品

与游客离别时，可赠送一些宣传资料或小纪念品，给他们留下更美好、更深刻的印象。

3. 与游客告别

导游人员可用各种方式同游客告别，并将游客送上交通工具，等交通工具离开后，方可返回。

2.4.4 善后工作

（1）送走旅游团后，导游人员应按照本景区管理部门的要求，认真填写接待记录，并做好信息反馈工作。
（2）总结本次带团的成功之处和不足之处，便于今后更好地搞好景区服务。
（3）补充景区知识，便于今后提高讲解质量。

典型案例

如何处理接待计划有出入问题

刚参加工作的导游人员小陆把自己所接团队的游客从飞机场迎接到下榻的饭店后，就开始协助领队办理入住手续，照顾游客和拿行李进客房，又向游客们介绍了饭店的设施等。随后，他就与领队在饭店大堂里开始商定该团队在当地的日程安排。在商谈过程中，小陆发现领队手中的接待计划与自己的接待计划有出入。领队的接待计划比小陆手里的接待计划多了两个游览景点，而且领队坚持他计划上的内容是正确的。领队还向小陆提出，如果在当地停留的时间很充足，希望再游览一个公园，门票由他现付。为了让领队和游客满意，小陆答应按领队手中的计划安排，也愿意再安排一个公园游览。事后，领队和游客都很满意，还写了封表扬信。但小陆回到旅行社后却受到了经理的批评，并要小陆支付所有游客游览那两个景点所花费的费用。

（资料来源：王昆欣．全国导游人员资格考试模拟试题汇编．北京：旅游教育出版社，2007.）

问：小陆的做法是否正确？当接待计划有出入时应该如何处理？

案例分析：小陆的做法不正确。导游人员（地陪）手中的接待计划与全陪或领队的接待计划有出入时，一般会涉及费用问题。地陪应该马上报告自己所在的旅行社，查明原因，分清责任。如果是接待社方面的责任，地陪应该向领队或全陪实事求是地说明情况并赔礼道歉。如果责任在组团社，地陪也不能批评对方，而应要求对方作出必要的解释。如果游客要求增添的项目涉及费用，导游人员应该向旅行社汇报，按规定收取费用并开具发票。一般情况下，地陪应该采取尊重领队或全陪的意见，同时向自己的旅行社汇报，经旅行社同意后再作安排。

思考与练习

一、填空题

1. 带领旅游团参观游览出发前，地陪与司机应提前________分钟到达集合地点，做好出发前的各项准备工作。

2. 地陪带领游客购物时，每次购物时间不能超过________分钟，两处购物点之间的车距不能低于________分钟。

3. 在送行服务中，若系乘坐国际航班（车、船），地陪应将旅游团送至________，才能离开。

4. 参观游览活动是游客购买的旅游产品的________，是游客出游的主要目的，也是导游服务工作的________，地陪必须按照地陪规程提供优质服务。

5. 全陪应提前________分钟到达指定接站地点与地陪一起迎候旅游团，帮助地陪尽快找到旅游团。

6. 在核对商定日程时，全陪应坚持调整________可以，变动________慎重的办事原则。

7. 全陪结束旅游后，应认真、按时填写________。

8. 领队致欢迎辞的时间是________。

9. 领队应该提前________分钟到达事先通知的集合地点，及时清点旅游团人数，联络尚未到达的客人，催促其尽快赶到。

10. 景点景区导游人员致欢迎辞的地点是________。

二、单项选择题

1. 地陪在接团时应按飞机抵达的预定时间提前（　　）到达机场（车站、码头）。
   A. 20 分钟　　B. 30 分钟　　C. 60 分钟　　D. 10 分钟
2. 旅游团旅游计划的具体执行者、当地旅游活动的组织者和领导者是（　　）。
   A. 组团人员　　B. 全陪　　C. 地陪　　D. 领队
3. 旅游接待计划是组团社委托各地方接待社组织落实旅游团活动的（　　）。
   A. 法律性文件　　B. 契约性文件
   C. 指导性文件　　D. 参考性文件
4. 导游人员送乘坐国内航班出境的游客必须在飞机起飞前（　　）分钟到达机场。
   A. 120　　B. 90　　C. 60　　D. 45
5. 游客离开饭店前，地陪应在商定的时间与（　　）一起检查行李，共同清点，确认行李件数，并填好行李交运卡。
   A. 领队、全陪和行李员　　B. 行李员
   C. 全陪和行李员　　D. 领队和行李员
6. 当旅游团队无领队时，在入住的过程中应由（　　）分房。
   A. 地陪　　B. 前台人员　　C. 全陪　　D. 游客
7. 某旅行团定于当日晚乘 21：00 起飞的航班离开 H 市，晚餐后部分游客提出再看一下市容，全陪应（　　）。
   A. 与地陪分头陪同前往　　B. 提醒游客不要太晚回来，以免误机
   C. 劝阻游客不要前往　　D. 告诉游客如误机，责任自负
8. 全陪在接到旅游团的接待任务后，首先要（　　），以便提供针对性的服务。
   A. 认真地与领队核对、商定日程
   B. 制定出合理的活动日程
   C. 提前抵达旅游团入境口岸，同地接社取得联系，互通情况
   D. 认真查阅接待计划及相关资料和函件，全面掌握旅游团情况，研究旅游团成员的特点和特殊要求
9. 缺全陪住房时，全陪和同性领队是否可以同住一室？（　　）。
   A. 不可以
   B. 实在解决不了住房问题时可以
   C. 可以
   D. 全陪没有床位，受到领队邀请时，可以与其住在一起
10. 全陪在与地陪核对商定日程时应注意（　　）。
   A. 上、下站行程间的互补性　　B. 增加当地新推景点

C. 删减客人不感兴趣的景点　　　　D. 安排适合客人口味的风味餐

11. 以下哪项工作程序不符合全陪接团时的工作程序要求（　）。

A. 提前30分钟到达指定地点等候　B. 在出站口组织游客成团

C. 对大型团队贴出分组名单　　　D. 待客人到齐后，集合登车

12. 若在分房时团队出现单男单女现象，全陪不可采取的分房措施是（　　）。

A. 若客人愿意住单间，由其支付另一半费用

B. 考虑安排三人间进行调整

C. 安排标间加床，请客人入住

D. 请领队入住驾导房

13. 全陪在下列哪项工作中不符合工作规范要求（　　）。

A. 在赴机场途中向海外旅华团队致欢送辞

B. 在返回当地团队解散前向国内团队游客致欢送辞

C. 将海外团队客人送至机场停车场后与客人一一握手告别

D. 返回本地后与国内团队游客一一握手告别

14. 在团队接待过程中，全陪发现地接社有违背合同内容或降低服务标准的现象，不应采取的措施是（　　）。

A. 向地陪提出意见，督促对方改进并给予客人合理的补偿

B. 向组团社报告，请组团社与地接社协商解决

C. 告知游客，组织游客与地接社进行协商

D. 若地陪不愿改进，要求地接社更换导游人员

15. 全陪在陪同游客参观游览的过程中，可通过下列哪项措施行使其安全职责（　　）。

A. 在进入景区前向游客进行安全教育

B. 游览过程中多观察周围环境和动向，时刻提醒游客注意人身财产安全

C. 游览过程中全陪在前带队，号召大家跟紧团队

D. 督促地陪在游览过程中注意随时清点人数以防游客走失

16. 为了避免旅游团内部产生矛盾，分配住房和航班机位的工作一般由（　　）来做。

A. 地陪　　　B. 全陪　　　C. 领队　　　D. 团长

17. 通常为外宾团办理住宿登记手续的导游人员是（　　）。

A. 海外领队　B. 地陪　　　C. 全陪　　　D. 酒店前台接待员

18. 领队致欢迎辞最好是在（　　）。

A. 团队集合出发时　　　　　　　B. 召开出国说明会时

C. 到达目的地与全陪或地陪见面时　D. 前往目的地途中

19. 领队在出境时要准备的出境文件除客人和自己的护照、签证、机票，还需要准备好（　　）。

A. 身份证　　　　　　　　　　　B. 国际预防接种证明

C. 团队行程计划表　　　　　　　D. 团队报价表

20. 景点景区导游人员的优秀讲解应该是（　　）。
A. 敢于在游客面前进行讲解
B. 内容丰富全面的讲解
C. 对所有游客都不遗余力地进行讲解
D. 有针对性的个性化讲解

三、多项选择题

1. 地陪的准备工作主要包括（　　）等内容。
A. 业务准备　　B. 知识准备　　C. 物质准备
D. 心理准备　　E. 接待准备
2. 导游人员在交代游览注意事项时应讲明（　　）。
A. 游览路线　　B. 游览目的　　C. 景区特色
D. 游览时间　　E. 集合地点
3. 地陪接站时的迎接工作主要包括（　　）。
A. 认找旅游团　　B. 介绍下榻饭店　C. 核实人数
D. 集合登车　　E. 介绍自己和司机
4. 首次沿途导游的内容有（　　）。
A. 风光风情导游　　B. 饭店介绍
C. 宣布当地活动日程　　D. 宣布注意事项
E. 宣布集合时间、地点及停车位置
5. 参观游览出发前，地陪应（　　）。
A. 准时到达集合地，督促司机提前到达并做好各项准备工作
B. 恭候在车门一侧，热情地招呼客人
C. 带游客上车后，礼貌地清点人数
D. 做好提醒预报工作
E. 做好所参观景点的概况介绍
6. 在景点景区导游服务过程中，地陪应做到（　　）。
A. 动静结合　　B. 导和游结合　　C. 适当集中和分散相结合
D. 快慢结合　　E. 劳逸结合
7. 全陪在旅游团离站前应做（　　）服务工作。
A. 提醒地陪落实离站的交通票据，核实离站的准确时间
B. 协助领队和地陪办理离站事宜
C. 做好结算工作
D. 做好导游讲解及接待工作
E. 告别工作
8. 领队带领出境旅游团抵达机场后，应迅速办理（　　）等手续，通常被称为“过三关”。
A. 机票检查　　B. 卫生检查　　C. 证照检查

D. 海关检查　　E. 护照检查

9. 中国出境游客在境外购物时，海外领队应（　　）。

A. 鼓励大家在地接社导游人员带去的商店购物

B. 控制购物的次数和时间

C. 提醒游客注意货物的真伪和质量

D. 提醒游客注意货物的质量和价格

E. 告知客人货币兑换率和相关地区的海关出入境要求

10. 景点景区导游人员在讲解景区概况时，讲解地点可以选择在（　　）。

A. 景区大门导游图前　　B. 能俯瞰景区全景的观景台

C. 游人中心　　D. 景区大门口　　E. 到达景区前

四、简答题

1. 地陪应该从哪些方面来熟悉接待计划?
2. 简述地陪入住服务程序。
3. 从酒店至景区途中导游人员应该做好哪些工作?
4. 游览景点前，导游应该交代哪些注意事项?
5. 送站前地陪要做好哪些准备工作?
6. 在入住酒店时，全陪应该如何分配标间?
7. 领队服务准备工作应包括哪几个方面?
8. 在出国说明会上应该做好哪些工作?
9. 游客在境外购物时，领队需要为游客提供哪些服务?
10. 景点景区导游人员在游览讲解的过程中应该注意做好哪些方面的工作?

五、案例分析题

某旅行社地陪张某在机场接到自己的团队后，随即引导游客至乘车处，帮助大家安放行李。当全体游客都上车后，他便有礼貌地清点人数，并让司机启动车辆，然后热情地对大家说：“欢迎大家来到我们美丽的 X X 城市观光旅游。我是你们的导游小张。今天下榻的宾馆位于市中心城区，距机场约半小时车程，我现在给你们唱几首歌，打发一下时间。”他唱完几首流行歌曲后又讲了几个笑话，但是客人的反应并不强烈，小张不大高兴了，他对客人们说：“你们对我的服务不感兴趣，那就自己看风光片吧。”说完就播放车上的 VCD，然后自己戴上耳塞听起了 MP3。客人对此议论纷纷，面有愠色。请问：

1. 地陪张某的这一段工作主要属于地陪服务程序中的哪项服务?
2. 该项服务正确的程序和内容是什么?

3

散客导游服务规程

知识目标

1. 了解散客旅游的定义、特点、类型及散客旅游与团队旅游的区别。
2. 熟悉散客服务各环节的程序和服务质量要求，掌握散客的基本服务技巧。
3. 掌握散客团队的特点及接待方法。

能力目标

- 学生通过对散客旅游的学习，能够了解分散团和团队的区别。
- 学生通过对散客服务规程的学习，能胜任散客导游工作。
- 学生通过对散客团队知识的学习，能胜任散客团队的导游工作。

3.1　散客旅游概述

案例导入

海南黄金周旅游市场自驾游、散客游比例上升

案情介绍：

2011年春节黄金周接近尾声（2月2日），海南各大旅游景点都已迎来客流高峰。今年春节黄金周海南游的游客构成以自驾游、散客游为主，组团旅游的比例有所下降。海南省假日办统计数据显示，2月4日（大年初二）至6日（大年初四），该省抽样调查的21家酒店共接待旅游团队游客数分别为3613人、3795人、3693人，分别同比减少4.04%、7.44%、6.1%，而接待游客总数量却较去年同期有所增长，散客出游比例在不断增加。

据了解，近日海南主要航空港以及海口港、南港码头等主要进港通道都迎来了客流高峰。2月6日，海南全省进港人数66 090人次，同比增长6.69%。进港车辆3985辆，同比增长5.87%。海口港务秀英客运轮渡公司市场部经理唐洪波告诉记者，目前进港车辆以小型汽车为主，大部分都是外地游客自驾而来，占进港车辆的80%以上。近几日，在海南主要景区的停车场，省外车辆随处可见，主要来自邻近的广东和广西，还有部分来自浙江、山西、黑龙江等较远的省份。

（资料来源：http：//news. hangzhou. com. cn）

请问：什么是散客旅游？散客旅游比例为什么呈逐年上升趋势？

案例解析：该案例涉及散客旅游的基本知识。散客旅游又称自助或半自助旅游，是指由游客自行安排旅游行程、零星现付各项旅游费用的旅游形式。散客旅游迅速增长与游客自主旅游意识增强、旅游需求个性化、交通和通讯的快速发展有很大的关系。不仅海南散客旅游所占比例上升，全国、全世界都呈现了散客旅游所占比例逐渐增大的趋势。

3.1.1　散客旅游的概念

散客旅游又称自助或半自助旅游，是指由游客自行安排旅游行程、零星现付各项旅游费用的旅游形式。“散客”并非只是单个游客，也可以是一个家庭、几个朋友，或者是临时组织起来的散客旅游团，一般人数在9人以下。散客旅游一般只包住宿、早餐、机票和接送。散客游客活动灵活、选择性强，更能满足其个性和爱好。游客可以在不同的景点、路线、不同的价格中选择自己喜欢的旅游产品，甚至可以自己提出

旅游计划和路线、由旅行社负责安排，确认出行时间。散客旅游是当今旅游活动的主要形式。在欧美等旅游业发达地区，散客旅游的比例已超过80%。我国散客旅游人数的比例也达到了70%。从目前旅游业的发展情况看，散客旅游的比例有逐年递增的发展趋势。

3.1.2 散客旅游兴起的原因

从世界旅游发展趋势来考察，散客旅游兴起的原因可以概括为以下几点。

1. 游客自主旅游意识日渐成熟

随着经验的积累，游客对自身单独进行远距离旅行的能力越来越自信。他们不再将旅游视为畏途，而是作为日常生活的一个组成部分，用以调节身心、恢复疲惫和增长阅历。

2. 游客的心理需求进入更高层次

游客的旅游行为动机从传统的观光型向多主题型转变，探险、修学、科学考察、生态旅游等特种旅游蓬勃兴起，旅游的目标上升到体验人生、完善自我和实现自我价值的高度。

3. 传统的规范化的旅游模式难以满足个性化的要求

以往的旅行社包价组团旅游方式虽然具有许多优势，但也存在着包价过死，浏览项目、路线限制过多，游客缺乏活动自由的缺陷，个别旅行社还为了追逐经济利益，而将旅游项目安排过于集中，使游客对景点只能走马观花、浅尝辄止，处处赶时间，无法尽兴，从而使游客逐渐失去了对传统的包价方式的兴趣。

4. 现代交通和通讯的发展为散客旅游提供了便利条件

现代通讯、交通等科技手段的不断进步，管理、服务等的不断完善，增强了游客的便捷感，减弱了他们的依赖心理。旅游配套设施的完备和服务质量的提高，为旅游的散客化提供了有力的物质保障，使游客不依赖于旅行社而借助众多的旅游支持手段的帮助开展旅游成为可能。

3.1.3 散客旅游服务的类型

1. 单项委托服务

单项委托服务是指旅行社为散客提供的各种单项计价的可供选择的服务，主要包括受理散客游客来本地旅游的委托、办理散客游客赴外地旅游的委托和受理散客游客在本地的单项旅游委托业务。

1）受理散客游客来本地旅游的委托业务

游客在外地委托当地的旅行社办理前来本地旅游的业务，并要求本地的旅行社提供该游客在本地旅游活动的接待或其他旅游服务。旅行社散客部工作人员应在接到外地旅行社的委托通知后，立即按照通知的要求办理游客所委托的有关服务项目。如果游客要求旅行社提供导游接待服务，散客部应及时委派本部门的导游人员或通知接待部委派导游人员前往游客抵达的地点接站并提供相应的导游讲解服务和其他服务。

如果旅行社认为无法提供游客所委托的服务项目，应在接到外地旅行社委托后 24 小时内发出不能接受委托的通知。

2）办理散客游客赴外地旅游的委托业务

多数旅行社规定，散客游客应在离开本地前 3 天到旅行社办理赴外地旅游的委托申请手续。旅行社散客部在接到游客提出的委托申请后，必须耐心询问游客的旅游要求，认真检查游客的身份证件。如果游客委托他人代办委托手续，受托人必须在办理委托时出示委托人的委托信函及受托人的身份证件。

旅行社散客部人员在为游客办理赴外地旅游委托手续时，应根据游客的具体要求，逐项填写委托代办支付券。填好后，散客部人员将委托代办支付券的第一联和第二联交给游客，将第三联和第四联留下。

游客在旅行社办理旅游委托后又要求取消或变更旅游委托时，应至少在出发前一天到旅行社办理取消或变更手续，交纳加急长途通信费并承担可能由此造成的损失。对于取消旅游委托的游客，旅行社经办人员应收回委托代办支付券，并将其存档。

3）受理散客游客在本地的单项旅游委托业务

有的时候，散客游客在到达本地前并未办理任何旅游委托手续，只是当他到了本地后，由于某种需要才到旅行社申请办理在本地的单项旅游委托手续。旅行社散客部人员在接待这些游客时，应首先问清游客的委托要求，并讲明旅行社所能提供的各项旅游服务项目及其收费标准。然后，再根据游客的申请，向其提供相应的服务。如果游客委托旅行社提供导游服务，旅行社应在游客办妥委托手续并交纳费用后，及时通知接待部门委派导游人员或派遣本部门的导游人员为游客服务。

2. 旅游咨询服务

旅游咨询服务是旅行社散客部人员向游客提供各种与旅游有关的信息和建议的服务。这些信息和建议包括的范围很广，主要有旅游交通、饭店住宿、餐饮设施、旅游景点、各种旅游产品价格、旅行社产品种类等方面。虽然旅行社在提供旅游咨询服务时并不向游客收取费用，但是旅行社通过提供咨询服务往往可以引导游客购买本旅行社的产品，是旅行社扩大产品销售和经营收入的一条重要渠道。

旅游咨询服务分为电话咨询服务、信函咨询服务和人员咨询服务。电话咨询服务是指旅行社散客部人员通过电话回答游客关于旅行社产品及其他旅游服务方面的问题，并向其提供购买本旅行社有关产品的建议；信函咨询服务是指旅行社散客部人员以书信形式答复游客提出的关于旅游方面和旅行社产品方面的各种问题，并提供各种旅游建议的服务方式；人员咨询服务是指旅行社散客部人员接待前来旅行社门市柜台进行咨询的游客，回答他们提出的有关旅游方面的问题，向他们介绍旅行社散客旅游产品，并提供旅游建议的服务方式。

3. 选择性旅游

选择性旅游是指由旅行社为散客游客所组织的短期旅游活动，如小包价旅游的可选择部分，散客的市内游览，晚间文娱活动，风味品尝，到近郊及邻近城市旅游景点的“一日游”、“半日游”、“多日游”等项目。根据国际旅游市场的发展趋势和我国实行双休日制度后出现的周末远足、旅游的热潮，不少旅行社已将目光转移到散客旅游这一大有潜力的新市场，纷纷推出各种各样的散客旅游产品，以提高旅行社的经济效益和社会效益，扩大知名度。

3.1.4 散客旅游的特点

与团队旅游相比，散客旅游形式灵活、明码实价、自由度大、选择性强，它具有如下主要特点。

1. 批量小

由于散客旅游多为游客本人外出或其家人或朋友结伴而行，因此和团队旅游相比，其人数规模就会小得多，甚至可能只有1位游客。对旅行社而言，接待散客旅游的批量比接待团队旅游的批量要小得多。

2. 批次多

虽然散客旅游的批量较小，但由于散客旅游发展迅速，采用散客旅游形式的游客远远多于团队旅游，而且日趋增多，世界各地都在积极发展散客旅游业务，为其提供各种便利条件，散客旅游得到了长足的发展。这样，旅行社在向散客提供旅游服务时，由于其批量小但总人数多的特征形成了批次多的特点。由于散客要求旅行社提供的服务往往不是一次性的，有时同一散客会多次要求旅行社为其提供服务，更增加了旅行社的工作量。

3. 预定期短

和团队旅游相比，散客旅游的预定期较短。这是因为散客旅游要求旅行社提供的不是全套旅游服务，而是一项或几项服务，有时是在出发前临时想到的，有时是在旅游途中遇上的，但往往要求旅行社能够在较短时间内为其安排或办妥有关的旅行手续。

4. 要求多

散客中有大量的公务型或商务型游客，由于他们的旅行费用由其所在的单位或公司全部或部分承担，所以在旅游过程中的许多交际应酬及商务、公务活动，一般都要求旅行社为其安排。这种活动不仅消费水平较高，而且对服务水平的要求也较多、较高。

5. 变化多

散客往往由于旅游经验欠缺，在出游前对其旅游计划缺乏周密的安排，因而在旅游过程中可能随时变更其旅游计划，导致更改甚至全部取消出发前向旅行社预定的服务项目，而要求旅行社为其提供新的服务项目。由于散客游客变化多而且快，显得比较随意，就会增加旅行社服务的难度。

3.1.5　散客旅游与团队旅游的区别

散客旅游与团队旅游在制定行程的方式、付费方式、价格、人数、灵活度、预定周期等上有明显区别，见表3－1。

表3－1　团队旅游与散客旅游的区别

类别 项目	制定行程的方式	付费方式	价格	人数	灵活度	预定周期
团队旅游	旅行社	一次性预付	便宜	10人以上	小	长
散客旅游	游客	现买现付	昂贵	9人以下	大	短

1. 制定行程的方式不同

散客旅游是游客本人单独外出或与其家属亲友自愿结伴而行，自行安排行程；而团队是互不相识的游客因购买了同一旅游产品而被组织在一个旅游团内一起进行旅游，行程由旅行社或者旅游服务中介机构来安排。

2. 付费方式不同

散客旅游的付费方式是零星现付，即根据所需随时购买，购买多少都按零售价格当场支付；而团队旅游多采用包价形式，即全部或部分基本旅游服务费用由游客在出游前一次性支付。

3. 价格不同

由于付费方式上的差别，散客旅游的旅游项目的价格相对贵一些，因为每个旅游项目散客都按零售价格支付，而团队旅游在某些旅游项目上可享受折扣优惠，因而相对较为便宜。

4. 人数不同

团队旅游人数在一般在10人以上（含10人），而散客旅游在一般在9人以下（含9人），可以是一个人、一个家庭，也可以是几个同事或好朋友。

5. 灵活度不同

团队旅游的游客需要按照预定的行程随团活动，灵活度较小。而散客旅游的游客自主确定行程，随意性很强，灵活度很大。

6. 预定周期不同

团队旅游预定期一般都比较长，有时要提前一个月或多个月预定；散客旅游的预定期较短，有时是在出发前临时想到的，有时在旅游途中还在改变。

3.1.6 散客旅游对导游服务的要求

1. 接待服务效率高

散客旅游由于游客自主意识强，往往要求导游人员有较强的时间观念，能够在较短的时间内为其提供快速、高效的服务。在接站、送站时，散客不仅要求导游人员要准时抵达接、送现场，而且也急于了解行程的距离和所需的时间，希望能够尽快抵达目的地，所以要求导游人员能迅速办理好各种相关手续。在提供讲解服务时，游客希望导游人员能言简意赅地迅速切入主题，在最短的时间内引起游客的兴趣，并在有限的时间内讲解丰富的主题和内容，满足游客的需要。

2. 导游服务质量高

由于散客旅游人数较少，部分游客旅游经验较丰富，因此对导游人员的服务质量要求也较高。特别是在提供导游讲解服务时，游客不仅希望导游人员的讲解更能突出文化内涵和地方特色，而且还会提出各种各样的问题要求导游人员圆满回答。因此，导游人员在对散客进行服务时，不仅要有充分的思想准备和知识准备，更要有心理准备，要耐心细致地讲解并解答游客的各种问题，使其服务紧密围绕散客游客的各种需求展开。

3. 独立工作能力强

散客旅游没有领队和全陪，导游服务的各项工作均由导游人员一人承担，出现问题时，无论是哪方面的原因，导游人员都需要独自处理。所以，散客导游服务要求导游人员的独立工作能力强，能够独自处理导游活动中发生的一切问题。

4. 注重细节性安排

散客旅游和团队旅游最大的区别是散客导游除严格执行标准程序以外，还要作较多的细节安排，这就要求导游工作一定要做到有序、心细、周到和恰如其分。导游人员需要培养自身敏锐的观察能力和准确的判断能力，提前预测游客的需求变化并做好具有针对性的准备，从而提高自身的服务效果。

3.2　散客导游服务程序与服务质量

案例导入

案情介绍：某旅行社的导游人员小邹，在一次接待散客旅游的过程中发生了误机事故。情况是这样的，外籍游客来中国旅游，客人持有的联程机票一直是由客人保管着。在第一天接团时，小邹没有与客人核对行程和机票，接下来忙于带领客人旅游，竟然忘了确认机票的大事，游客也因缺少旅行经验而没有意识到这一问题。当他们第三天按行程规定的乘机时间到达机场办理登机手续时，被告知因机位没有再次确认而只能改签至次日离境，游客对此相当不满最终对导游人员小邹进行了投诉。

请问：在该案例中，造成误机事件的原因是什么？应该从该案例中吸取哪些教训？

案例解析：该案例中，导游人员小邹没有严格按照散客旅游的导游接待服务程序来开展工作，所以造成了误机事故。因此，作为导游人员，一定要熟练掌握散客旅游的接待服务规程，严格按散客导游服务规程来提供导游服务，避免各种事故的发生。

散客旅游与团队旅游在接待工作和接待程序上有许多相似的地方，但也有不同之处。地陪不能全盘照搬团队旅游的导游服务程序，而应掌握散客服务的特点。散客导游服务规程包括接站服务、导游服务和送站服务，如图3.1所示。

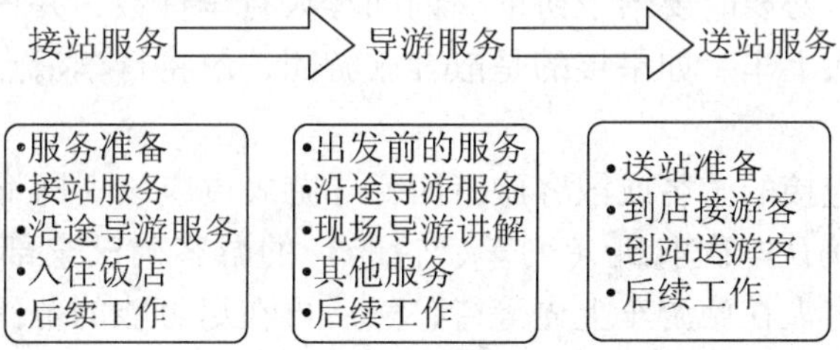

图3.1　散客导游服务规程

3.2.1　接站服务

1. 服务准备

导游人员领取出团通知书接受工作任务后，应认真做好迎接散客的准备工作。它是顺利开展工作的重要前提。

1）认真阅读接待计划

散客接待工作的复杂性要求导游人员必须做好充分的准备工作，这就要求导游人员不仅必须弄清具体的服务项目，如接待客人的具体日期、航班或车（船）次的抵达时间；游客人数、姓名、性别及下榻的饭店；有无航班、车（船）次以及人数的变更；游客需要提供哪些服务项目；游客是否与其他游客合乘一辆旅游车前往下榻饭店等。这些项目必须了解清楚，而且要逐一落实，做到心中有数。

2）做好出发前的准备工作

导游人员要准备好标有所迎接的游客姓名或者小包价旅游团团名的欢迎标志、接待计划、导游证、胸卡、导游旗、地图、接待牌、检查所需证件，如离港机（车）票、景点门票、旅行社与各旅游接待单位的签单协议和凭证等。

3）联系交通工具

导游人员要与计调部联系并落实接站车辆，确认接团司机姓名、联系方式、车型、车号、准载人数，约定出发时间、地点。

2. 接站服务

1）提前到站等候游客

如果迎接的是乘飞机而来的游客或散客旅游团，导游人员在出发之前最好事先向机场打电话询问飞机的准确降落时间，然后提前20分钟到达机场，在国际或国内进港隔离区外等候。若是迎接乘火车而来的游客或散客旅游团，导游人员应该提前30分钟到达车站，并进入车站站台等候。

2）迎接游客

在航班、列车或轮船抵达时，导游人员应该站在易于被游客发现的位置举牌迎候。接到客人或散客团后应首先对散客或散客团队进行确认，在核实无误后应介绍所代表的旅行社和自己的姓名，并对其表示欢迎。然后，询问客人是否还有在机场或车站需要办理的事情，必要时要给予协助。询问客人行李件数，并进行清点，帮助客人提取行李，引导客人上车。如果接的是散客旅游团，应将行李清点无误后交给行李员负责运送。

如果没有接到应接的游客或散客旅游团，导游人员应该立即询问机场（车站、码头）的工作人员，确认本次航班（列车、轮船）的游客确已全部出港（站）后，要首先安排已接到的客人在旅游车上先等待，然后再在尽可能的范围内与司机共同寻找至少20分钟。若确实找不到所接的游客，应该向旅行社计调人员请示汇报。核实游客或散客旅游团抵达的日期、航班（车次、船次）有无变化。在确证迎接无望时，经计调部门同意方可离开机场（车站）。

3. 沿途导游服务

在从机场（车站、码头）至下榻饭店的途中，导游人员对待散客或散客旅游团应该像对待包价旅游团队一样进行沿途导游，介绍城市概况、下榻饭店的地理位置和设备设施以及沿途景物和有关旅行游览的注意事项等。对单个散客，沿途导游可以采取对话的形式进行。沿途导游过程中，导游人员应确认游客的联系方式并将自己的联系方式告诉游客。

4. 入住饭店服务

1）协助办理入住手续

游客抵达饭店后，导游人员应该协助其办理饭店入住手续，向游客介绍饭店的主要服务项目及饭店的注意事项。按照接待计划向游客说明饭店将为其提供的服务项目，并告知客人离店时要现付的项目和费用，记下游客的房间号码。散客旅游团的行李抵达饭店后，导游人员要负责对其进行核对，并督促行李员将行李送到游客的房间。

2）确认日程安排

导游人员在帮助游客办完入住手续后，要与游客确认活动行程安排。日程经游客确认后，将填好的安排表、游览券及赴下一站的交通票据交与游客，并让其签字确认。如果游客要参加散客旅游团的游览，导游人员应详细说明各种票据的使用，集合时间、地点，以及离店的时间与送站安排。如果游客提出变更行程安排的要求，导游人员应立即和旅行社计调部门联系，听从计调人员的安排和指示。

3）确认机票

若散客将乘飞机去下一站，而又不需要旅行社为其提供机票时，导游人员应该提醒游客提前预定机票和确认座位。如果游客需要协助确认座位时，导游人员可以告诉其确认机票的电话号码。如果游客愿意将机票交与导游人员帮助确认，而计划上又未写明需协助确认机票时，导游人员可以向游客收取确认费，并开具证明。导游人员帮助游客确认了机票后，应该向旅行社散客部报告核实的航班号和离港时间。

4）推销旅游服务项目

很多游客是到本地之后才开始购买当地的旅游项目，所以导游人员在迎接游客的过程中，应该伺机询问游客在本地逗留期间还需要旅行社为其代办何种事务，并表示愿意竭诚为其提供服务。在推销旅游服务项目时，一定要推销质量好、有特色的项目。

5. 后续工作

客人入住后，导游人员应及时与旅行社沟通客人的情况，将同接待计划有出入的信息、游客的特殊要求反馈给旅行社散客部。

对于未在机场（车站、码头）接到游客的导游人员，回到市区后，应前往游客下榻的饭店确认游客是否已入住饭店。如果游客已入住饭店，必须主动与游客联系并表示歉意。要按上述要求安排游客停留期间的有关服务事宜，然后向散客部计调部门报告全过程。

3.2.2 导游服务

导游人员要想做好散客或散客旅游团的导游服务工作，就应该具备高度的工作责任感，多倾听游客的意见，做好组织协调工作。散客旅游团，由于其团员来自不同国度（地区），彼此互不相识，接待起来难度很大，因此，导游人员应该尽快记住散客的姓名、容貌特征，并设法了解他们的性格和习惯，同时让散客之间作自我介绍，这样便于相互帮助。带团过程中，导游人员应多做提醒工作，多提合理建议，努力使游客或散客旅游团的参观游览活动能够安全、顺利地进行。

1. 出发前的服务

出发前，导游人员应该做好有关的准备工作，如携带游览券、导游旗、宣传材料、游览图册、导游证、胸卡、名片等。与司机商定集合的时间、地点，并督促司机做好有关的准备工作。

导游人员应该提前15分钟到达集合地点，引导游客上车。如果是散客旅游团而游客又分别住在不同的饭店，导游人员应该协同司机驱车按时到各饭店接游客，游客到齐后，再驱车前往游览地点。根据接待计划的安排，导游人员必须按照规定的路线和景点带客（团）参观游览。

2. 沿途导游服务

为散客所做的沿途导游与为旅游团队所做的大同小异。如果导游人员接待的是临时组合起来的散客旅游团，初次见面时，应该代表旅行社、司机向游客表示热烈欢迎，表达竭诚为游客服务的愿望，希望大家予以合作并多提意见和建议，最后祝愿大家参观游览愉快、顺利。导游人员除了做好沿途导游外，还应该特别向游客强调在参观游览中注意人身和财物安全。如果人少，讲解时可以采取对话的方式进行。

3. 现场导游讲解

抵达游览景点下车前，导游人员应告知游客在景点停留的时间，游览完景点后的上车时间、地点和车型、车号，以及导游人员的联系方式。

客人下车游览景点时，导游人员应对景点的历史背景、特色等进行讲解，语言要生动、有声有色，引导游客观赏。相对而言，散客游客文化层次较高，有丰富的旅游经验，因此在导游服务中应该注重这点，满足游客的求知欲。如果散客人数相对较少，讲解时，除了必要的解说以外，可以进行对话式讲解、探讨式讲解。

对于游览路线的安排应该遵循游客的意见，但一定要对路线的安排提出合理化的建议，最后仍然应让游客作决定。反复提醒游客上车的时间、地点和车型、车号等。如果是散客旅游团，导游人员应该陪同游览，边走边作讲解，随时回答游客的提问，并注意观察周围的环境和游客的动向，以防游客走失或发生其他意外事故。游览完计划规定的景点后，导游人员应该将游客送回其所下榻的饭店。

4. 其他服务

回到饭店后，由于散客的自由活动较多，导游人员应该当好他们的顾问。应游客的要求，可协助其安排购物或晚间娱乐活动，把可观赏的文艺演出、体育比赛、宾馆饭店的活动推荐给游客，请其自由选择。提醒客人注意安全，引导他们去健康的娱乐场所。

5. 后续工作

接待任务完成后，导游人员应该及时将接待中的有关情况反馈给旅行社散客部，或填写《零散游客登记表》。

3.2.3 送站服务

游客结束在本地的参观游览活动后，导游人员应该使其顺利、安全地离站。

1. 送站准备

1）认真阅读送站计划

导游人员接受送站任务后，应该详细阅读送站计划，明确所送游客的姓名或散客旅游团的人数、下榻的饭店、离站日期、所乘交通工具的班次（车次、船次）、有无班次（车次、船次）与人数的变更、是否与其他游客合乘一辆旅游车去机场（车站、码头）等。

2）做好送站准备

（1）导游人员必须在送站前24小时与散客或散客旅游团确认送站时间和地点。若游客不在房间，应该留言并告知其再次联络的时间，然后再联系、确认。要提前准备好游客的机（车、船）票。

（2）向旅行社散客部或其他有关部门确认送站车的落实情况，并与司机商定会合的时间、地点，了解车型、车号等。如果游客分散在不同的宾馆，应提前和司机商量好接客的路线，并预留出足够的时间到达机场（车站、码头）。

（3）带领游客或散客旅游团提前到达机场（车站、码头）。若游客或散客旅游团乘国内航班离站，应该使游客提前90分钟到达机场；乘国际航班离站，必须使游客提前120分钟到达机场；如果游客乘火车、轮船离境，应该使游客提前40分钟到达车站、码头。

2. 到店接游客

1）提前20分钟到达酒店办理离店手续

按照与游客事先约定的时间，导游人员必须提前20分钟到达游客下榻的饭店，协助游客办理离店手续，交还房间钥匙、付清账款、清点行李，提醒游客带齐随身物品再离店上车。

2）组织客人登车

办理完离店手续后，就组织客人登车。若导游人员到达游客下榻的饭店后找不到游客，应该到饭店总台查询游客去向，并与司机共同寻找，超过约定时间20分钟仍找不到游客，应该向旅行社散客部报告，请其协助查询。当确认确实无法找到游客，经旅行社有关负责人同意后，导游人员与司机方可停止寻找，离开饭店。

3）按约定时间顺序抵达其他饭店接人

若导游人员送站的游客与住在其他饭店的游客同乘一辆旅游车去机场（车站、码头），要严格按约定的时间顺序抵达各饭店接客人。若开往各饭店途中遇到严重交通堵塞或其他特殊情况，需要调整原来约定的时间顺序和行车路线时，导游人员应该及时向旅行社散客部报告，重新约定到达各饭店的时间顺序，并请其将更改后的时间顺序通知下榻在其他饭店的游客。

3. 到站送游客

1）致欢送辞

在送游客去机场或火车站途中，导游人员应该向游客致欢送辞，欢送辞的内容包括征询游客在本地停留期间或旅游过程中的感受、意见和建议，并代表旅行社对其光临本地以及在旅途中给予的合作表示感谢。

2）协助游客办理相关手续

到达机场（车站、码头）后，导游人员应该协助游客办理相关手续，并提醒和帮助游客带好行李物品，准备登机（上车、上船）。

3）与游客告别

导游人员在同游客告别前，应向机场人员确认航班是否准时起飞。若航班推迟起飞，应主动为游客提供力所能及的服务和帮助；若确认航班准时起飞，游客乘飞机离站，导游人员应该将游客送至隔离区入口处同其告别，并热情欢迎游客再次光临。若游客乘火车离站，导游人员应协助游客上车，找到座位，安顿好行李物品后，与其道别，欢迎其下次再来。如果有游客再次返回本地，要同游客约好返回等候的地点。

4）后续工作

送别游客后，导游人员应该及时将有关接待的情况反馈给旅行社散客部，使散客部对游客的情况有详细的了解，便于今后更好地接待游客。

3.3 散客旅游团的接待

案例导入

案情介绍： 小李是西安某高校大三学生，于2010年考取了导游证。2010年5月正值旅游旺季，西安某旅行社委派导游人员小李接待一个由零星散客组成的旅游团。团队行程为华山一日游。该团共有30位游客，其中19位来自西安各家旅行社组织的散客，3位来自广西，2位来自四川，2位来自湖北，4位来自江苏。在整个旅游活动过程中，由于游客来自不同的地方，所交的钱不一样，享受的等级不一样，包含的内容不一样。小李是新导游，又是第一次带散客团，游客在时间安排、中午用餐等方面发生了一些分歧，游客对小李的接待服务也不满意。

请问：如果你是小李，你应该怎样接待这个散客旅游团？

案例解析：散客团队与一般的团队是不一样的。由于散客旅游团的客人是由散客组成的，各个旅行社对他们的服务承诺有差异，参团价格有差异，成员地位有差异，客人期望值也有差异，所以，在接待这种散客团时应该注意以下几点：①了解团队的基本情况，然后有针对性地提供服务；②为全团客人提供热情周到的讲解服务和照料服务，以服务主导游客；③对消费档次不同的情况，最好提前为客人作出书面说明，使客人心中有数；④尽快消除客人之间的隔膜，建设团队文化。

3.3.1　散客旅游团的特点

散客旅游团是通过旅行社组织并实行费用全包价的团体游客，是全部由散客组成的旅游团队。它与完全自主、不与旅行社发生任何业务联系的“自主游客”和大部分行程自主、只委托旅行社提供个别零星服务（又称单项服务，如代订机票、代订酒店、代办签证、代买保险等）的“自助游客”有本质的差别。散客由全国各地旅行社招徕，有些是由本地不同旅行社组织的零散客人拼凑而成，一般在离旅游地较近的大中型城市成团，旅游结束后也在这些城市散团（或送团）。由于各家旅行社客源结构、收费标准、行程安排和社会口碑不同，游客虽然同团旅游，但行程内容、接待标准和价格、客人素质以及客人的期望值都存在着或大或小的差异，这使散客旅游团队内部的问题更复杂，会比普通旅游团队呈现出更多甚至更尖锐的矛盾或冲突。散客团队成员复杂，接待标准不一，服务内容庞杂，而且没有领队、全陪陪同，地接导游一身兼有领队、全陪、地陪的职责，肩上的担子十分沉重。

1. 服务承诺的差异

散客团在成团前，各家旅行社已向其作过前期宣传，在日程安排、旅游项目、旅游线路、接待等级方面已向客人作出承诺，而各家旅行社的承诺可能不尽相同，这会给导游人员带好团队增加很多障碍。

2. 参团价格的差异

由于各地区间收入水平有差异、不同旅行社品牌有差异、客人购买时间早晚有差异，这均可能出现客人参团价格高低不同的情况。当不同参团价格的客人享受的却是同样的服务，或同样的价格享受的却是不同档次的服务时，就难免会引起团队内部的骚动。问题的源头虽然在组团社，但客人的矛头最终将会指向带团的导游人员。

3. 成员地位的差异

散客团的团员来自社会各阶层，个人兴趣爱好和生活习惯不同，工作性质和社会地位迥异，男女老幼参差不齐，往往一车客人中，很难找到两个以上持同一种看法的人。内部矛盾重重，导游工作的困难便可想而知了。

4. 客人期望值的差异

期望值的差异会影响客人对旅游服务的要求度，决定客人的满意度。不同的期望值往往造成客人要求的多样化和满意度的差异化，让导游人员无所适从。一般而言，散客旅游团客人的期望值受下述因素影响。

1）对组团社的认同度

散客旅游团客人的期望值受其对组团社的认同度的影响，即旅行社声誉越好，客人的期望值越高。例如，上海客人找的是上海最知名的旅行社参团，而山东客人来自当地一家小旅行社，上海客人的期望值可能就比山东客人高得多。

2）客人对参团费用的承受力

一般而言，客人将参团费与自己的收入以及与以往到其他地方旅游的费用对比，如果开支较高，那他对旅程寄予的期望就更大。由于散客团的客人来自不同社会阶层，收入差距较大，因此势必导致客人的期望值存在巨大差异；再加上散客团的复杂性和低效率，不尽如人意处比比皆是，散客团的满意度往往较低，容易形成高期望值与低满意度的矛盾。

不难想象，当导游人员手持散客团队名单，发现其中一部分是豪华等级，一部分是标 A 级，一部分是标 B 级，还有个别人不需要旅行社订餐，或者中途需要安排少数几人游览某些景点，而其他客人只能在车上静候，客人怨声载道时，导游人员该是多么为难！尤其当旅游车从早晨 7：00 开始沿着城市大街小巷将客人一个一个集中起来，到正式向景区出发时已是上午 10：00，车上又会是什么样的情景呢？第一个上车的客人肯定在抱怨他宝贵的时间被浪费了 3 个小时，而最后一个上车的客人可能对坐到最后一排位置感到不满，因为他付的是豪华级的费用。车内七嘴八舌，每个人都会对导游人员提出自己的要求和建议，此时的导游人员真是百口莫辩。

3.3.2 散客旅游团服务的原则

面对纷繁复杂、矛盾重重的散客旅游团，导游人员应坚持如下接待原则。

1. 精心化解矛盾的原则

散客团的导游人员应具有较强的工作责任心和细致的工作作风，善于预见各种矛盾出现的可能性，尽可能将矛盾化解于萌芽状态。例如，在团队出发前，导游人员应熟知客人的接送点，并预先编排座次，座次的优劣根据费用多少确定；在迎接客人的时候，除了考虑节约成本外，还应尽可能缩短迎接时间，如可以用 2 或 3 台微型车接送，或通知客人到统一地点集合，由旅行社支付出租车费用等；对团队中身份、职业、地位差异太大的成员，可以安排在不同区域；对于团费明显过高，有可能出现旅游纠纷的个别客人，可事先与旅行社联系，争取到给客人补偿或退还部分多余费用的权利，当行程中客人提出异议或情绪明显不满时，可以此化解矛盾。

2. 服务主导的原则

对于客人的质疑和不满，导游人员应该给予合理的解释和疏导，但不要过于纠缠。应在人数清点完毕之后，尽快进入讲解状态，以服务为主导，转移客人的注意力，以精彩的服务淡化矛盾。对于客人的问题，可在旅程中利用餐间或晚间等自由活动时间逐个与游客交谈，耐心细致地说明自己的实际困难，争取客人的理解，或者请示旅行社对利益明显受损的游客给予一定的补偿。时间是矛盾的消解器，客人诸多不快都会因时间的流逝而淡化，导游人员只要尊重游客，热情服务，尽量不激化矛盾，不出现新问题，大多数矛盾都可以逐步得到化解。

3. 服务多样性原则

散客团的导游人员面对的是不同消费层次的同一个群体，他们的游览、住宿、用餐时分时合，导游人员一定要注意工作的有序性，对各种消费档次的游客心中有数，进行合理安排，最好能提前为客人作出书面说明，让客人可以对导游人员的工作放心。可以说，散客团导游与普通团队导游最大的区别是散客导游除严格执行标准程序之外，还要作较多的细节性安排，要求有序、心细、周到、恰如其分，尤其要有承受各种抱怨的心理准备和化解各种矛盾的技巧，避免产生重大旅游投诉。

4. 以建设团队文化为先导的原则

散客旅游团的客人互不相识，容易形成客人之间、客人与导游人员之间的隔膜。尽快消除三方的陌生感，建立起和谐轻松的团队气氛，是带好散客团的关键所在。

一般情况下，旅游团遭遇到偶然的变故，可能会让团队同舟共济，很快凝聚成紧密的团体，但这些变故不一定总是好事。最好的方法是导游人员在途中有意组织一些活跃气氛的活动，如请客人介绍自己，然后讲述各自家乡的趣事、土语，探讨大家都感兴趣的热点话题（导游人员也可在客人讲述时间或提出一个个有趣的问题）；导游人员还可将客人分组，按组猜谜、做小游戏，胜者给予奖励，输者表演节目，借以消除客人之间的陌生感，改善团队的生冷气氛。只有当客人尽快熟识起来，团队意识和团队气氛浓郁起来，散客之间才能互相关心，形成自律，导游人员带团也会更加轻松。

3.3.3 散客旅游团服务注意事项

散客旅游团是没有领队和全陪，只有地陪全程陪同服务的团队。由于其团员的复杂性和来源地区的广泛性，服务正反两方面的影响都远比常规团队大。做好散客团导游服务工作，必须掌握下列方法和技巧。

1. 语言的规范化

由于客人来自五湖四海，为了使各地游客均能得到满意的服务，导游人员应坚持在团队中使用标准普通话，并提倡客人用普通话进行交流。

2. 服务的标准化和个性化

导游人员必须坚持服务的标准化和个性化，即首先必须做到规范化服务，同时针对不同地区客人的特点，提供适当的个性化服务。例如，在餐饮方面，南甜北咸，西辣东酸，北方人在吃饭时还喜欢添加一碟酱菜或泡菜。导游人员在安排餐饮时就要注意各地客人不同的口味，尽可能让每一位客人都能吃饱、吃好。

3. 强调团队纪律

加强团队自律，严格要求游客不在车内吸烟、不乱丢废弃物、就餐和游览不迟到等。导游人员应以身作则，在团队中树立起良好的风气。

4. 严格执行旅游合同

导游人员要想方设法让客人游好、游足，使每一位客人合同中规定的旅游项目都一个不落地完成；确因人力不可抗拒的因素必须取消或改变个别项目时，导游人员一定要向客人说明原因，并提出客人能够接受的补偿方案（更换其他项目或退还相关费用），求得客人谅解。

5. 自费项目必须具有优势

增加的自费项目必须要有特色，价格要有优势。办理自费项目时最好在游客中选一位代表一同办理。

6. 遇到问题多请示旅行社

出现任何自身不能解决的问题导游人员都必须马上与旅行社取得联系，费用方面的问题不许擅自做主。

总之，散客旅游团队是包价旅游团队中最难接待的团队之一，容易出现矛盾多、问题多、意见多、事故多和满意者少的“四多一少”现象，因而，其对导游人员的业务水平提出了更高的要求。导游人员应熟知散客旅游团的特点，掌握散客旅游团队的服务原则，灵活运用散客旅游团的服务技巧，善于调动游客的团队意识，化解矛盾，营造和谐的气氛，最终提高旅游团的满意度。

实训项目

散客导游服务流程实训

实训目的：掌握散客导游服务流程，体会其与团体旅游导游的不同。

实训步骤：

第一步，把班上的同学分成几个小组，每组5~8人，其中一人扮演导游人员，其余的同学扮演散客游客；

第二步，设计一个二日游的行程，制订接待计划，分析接待计划，联系相关部门与人员，准备好导游旗、导游证；

第三步，接站服务模拟实训；

第四步，导游服务模拟实训；

第五步，送站服务模拟实训。

典型案例

四川某旅行社委派导游人员小王接待一个由零星散客组成的旅游团。团队中有10位客人来自上海的3家旅行社，7位客人来自山西的两家旅行社，4位客人来自北京某旅行社。其中，北京客人为豪华等，上海、山西客人为标准等。团队行程为九寨沟—黄龙4日游（但上海客人行程中包含了都江堰水利工程，山西客人包含了烤羊晚会）。小王虽然接受了任务，但对于自己能否接好散客团队心里一点底都没有。

问：散客团队具有什么特点？小王接待散客团队应该坚持哪些原则？

案例分析：散客团队具有的特点包括：服务承诺有差异；参团价格有差异；成员地位有差异；客人期望值有差异。

小王接待散客团队时应该坚持的原则是精心准备团队情况，对北京豪华等客人优先安排前排座位；对上海客人的都江堰行程提前做好安排并对其他客人进行说明，也应对山西客人的烤羊晚会提前作好安排并对其他客人进行说明，若其他客人有兴趣，可协助其付费前往；对全团客人进行热情周到的讲解服务和照料服务，以服务主导游客；对消费档次不同的情况，最好提前给客人作出书面说明，使客人心中有数；尽快消除客人之间的隔膜，建设团队文化。

思考与练习

一、填空题

1. 散客旅游的人数一般在________人以下。

2. 散客旅游的行程是________自行安排，而团队旅游的行程由________来安排。

3. 散客旅游的付费方式是________，即根据所需随时购买，购买多少都按零售价格当场支付；而团队旅游多采用包价形式，即全部或部分基本旅游服务费用由游客在出游前________。

4. 导游人员若迎接的是乘飞机而来的游客或小包价旅游团，应提前________分钟到达机场；如果是迎接旅游团队，应该提前________分钟到达机场。

5. 在接待散客旅游团过程中，如果游客乘国内航班离站，导游人员应掌握好时间，使游客提前________分钟到达机场；如果游客乘国际航班离站，必须使游客提前________分钟到达机场；如果游客乘火车离站，应使游客提前________分钟到达车站。

二、单项选择题

1.（　　）是当今旅游活动的主要形式。

A. 团队旅游　　B. 散客旅游　　C. 选择性旅游　　D. 自助游

2. 如果旅行社无法提供游客所委托的服务项目，应在（　　）小时内通知外地委托旅行社。

A. 12　　B. 24　　C. 36　　D. 48

3. 如未接到应接的游客或小包价旅游团，导游人员要与司机配合，在尽可能的范围内寻找至少（　　）分钟。

A. 10　　B. 20　　C. 30　　D. 40

4. 导游人员要做好散客的导游服务工作，在出发前的服务过程中，导游人员应提前（　　）分钟抵达集合地点，引导游客上车。

A. 5　　B. 10　　C. 15　　D. 20

5. 导游人员必须在送站前（　　）小时与游客或散客小包价旅游团确认送站时间和地点。

A. 12　　B. 24　　C. 36　　D. 48

三、多项选择题

1. 单项服务的类型有（　　）。

A. 受理散客游客来本地旅游的委托

B. 办理散客游客赴外地旅游的委托

C. 受理散客游客在本地的单项旅游委托业务

D. 旅游咨询服务

E. 选择性旅游服务

2. 散客旅游与团队旅游的主要区别是（　　）。

A. 旅游人数不同　　B. 价格不同

C. 灵活度大小不同　　D. 预定期时间不同

E. 付费方式不同

3. 旅游咨询服务包括（　　）。

A. 电话咨询服务　　B. 随时咨询服务

C. 信函咨询服务　　D. 人员咨询服务

E. 网上咨询

4. 散客旅游的特点有（　　）。

A. 批量小　　B. 变化多　　C. 要求多

D. 批次多　　E. 预定期短

5. 散客导游服务规范要求导游人员在入住饭店服务这一环节中，应做好（　　）工作。

A. 帮助办理入住手续　　B. 确认日程安排

C. 确认机票　　D. 推销旅游服务项目

E. 后续工作

6. 散客旅游团队的特点（　　）。

A. 服务承诺基本相同　　B. 参团价格有差异

C. 成员地位有差异　　D. 客人期望值有差异

E. 导游服务的差异

四、简答题

1. 简述散客旅游兴起的原因。
2. 散客旅游团队服务应该遵循哪些原则？
3. 在接待散客旅游团队服务时应该注意哪些事项？

五、案例分析题

某旅行社亚太部的英语导游人员小李作为地陪负责接待一个由9名散客组成的散客旅游团队，其中6人讲英语，3人讲中文。在旅游车上，小李用两种语言交替为游客讲解。到了游览点时，小李考虑到游客中讲英语的占多数，便先用英语进行了讲解，没想到他用英语讲解完毕，想用中文作再次讲解时，讲中文的游客已全部走开了，因而他就没用中文再次讲解。事后，小李所在旅行社接到两位讲中文游客的投诉，他们认为地陪小李崇洋媚外，不平等对待游客。

请问：

1. 请分析游客投诉小李的原因。
2. 请思考避免投诉的方法。

4

导游讲解技巧

知识目标

1. 了解导游语言的种类、艺术及交际语言的使用方法。
2. 掌握导游讲解的原则和方法。
3. 掌握导游词的构成及其创作方法。

能力目标

- 学生通过对导游语言的学习，能正确地使用导游语言。
- 学生通过对导游讲解方法的学习，能较好地为游客进行讲解服务。
- 学生通过对导游词创作的学习，能自己创作一些优秀的导游词。

4.1　导游语言的种类和艺术

案例导入

案情分析：昆明的早晨，一切都显得格外秀丽。导游人员小王兴致勃勃地带领着一批游客在滇池边游览。谁知，湖边的路上沾着许多海鸥的粪便和杂毛，有位客人不小心滑倒，弄脏了衣服，游客显得非常狼狈。小王灵机一动，计上心来。她赶紧上前对那位客人说道："真棒呀！看来您是对我们昆明滇池的美景陶醉了，是不是想留在这了？就像这些远方来的海鸥一样。现在您沾上海鸥的羽毛，可以像它们一样，年年都可以飞到昆明了。"一句话，说得大家都笑了，那位摔倒的游客也高兴地说："看来连海鸥都看上我了，希望我沾沾它们的光。"

（资料来源：陈巍．导游实务．北京：北京理工大学出版社．2010.）

请问：导游人员小王能把旅游中不尽如意的事情转危为安的成功点是什么？

案例解析：从该案例可以看出，导游人员运用风趣幽默的语言艺术较为婉转地对团队旅游过程中那些不尽如人意的方面进行补救，从而取得了游客的谅解，化解了消极和不良的情绪。因此，导游人员的语言艺术在一定程度上影响了导游的服务效果。

4.1.1　导游语言的种类

导游语言是导游人员对游客进行导游讲解、传播文化，与游客交流思想、实现沟通的富有表达能力的生动形象的口头语言、态势语言和书面语言等信息符号。导游语言按其语言表达的形式，可以分为口头语言、书面语言、态势语言和副语言4类。在导游服务工作中，导游人员运用最多的是口头语言与态势语言，他们是导游人员用来表情达意、实现导游服务目的的主要手段。

1. 口头语言

口头语言是导游人员在为游客提供服务中主要运用的语言形式。在导游人员为游客提供导游服务的过程中，主要通过声音来表达要讲述的内容和情感。口语表达形式可以分为独白式和对话式两种。

1）独白式

独白式即导游人员讲、游客听的语言表达与信息传递方式。在导游工作中，这也是运用最多的方式，导游人员从见到游客的第一面开始，便开始进行讲解，而且是一种主动式地介绍，在整个旅游过程中，导游人员都居于主导地位。因此，独白式的语言表达方式也是在整个旅游过程中使用频率最高的方式。

独白式导游语言具有较强的目的性和明确的讲解对象。在进行讲解前，通常要进行预先准备，即根据接待团队及游览景点的基本情况，有针对性地查阅资料、选择内容，在独白的时间里，把自己所要传递的主要信息完整地、有层次地表述出来，因此，独白式导游语言具有目的性强、对象明确及表述充分的特点。

导游讲解范例

各位团友，大家好！

我是大家这次哈尔滨之行的导游，我姓马，老马识途的马，各位就叫我小马吧！坐在我们车前方的是司机张师傅，张师傅有多年的驾驶经验，驾驶技术高超，所以大家在行车过程中可以完全放心。我们都说到了吉林是吉（急）开，到了蒙古是蒙（猛）开，到了上海是沪（胡）开，那到了哈尔滨就是黑白两道都能开。因为在夏天我们的马路是黑色的，到了冬天我们的马路是白色的，所以我们的师傅是黑白两道混得都熟的，大家尽可以放心。大家在哈尔滨的这几天将由我和张师傅陪同大家一同渡过。哈尔滨是寒冷的，但哈尔滨人是热情的，大家有什么问题尽管和我说，我会尽我最大的努力让大家满意。现在我们的车窗外是寒冷的，希望大家把过去的一年中不快乐的事和工作上的压力都抛到窗外，让我们的寒冷把它暂时冰冻起来，随着春天的来临悄悄地融化，流入我们的松花江，那留下的就只有开心和一年的好运气了。那小马先在这里预祝大家哈尔滨之行愉快，希望大家带着对哈尔滨市的期待和憧憬而来，也带着对哈尔滨的满意和留恋而归！

点评：独白式导游讲解，诙谐中带有诚挚的热情，使游客感到一种亲切与信任感。

2）对话式

对话式是导游人员和游客之间进行双向语言传递的方式，是导游人员与一位或多位游客之间进行的问答、商讨等交谈。导游人员通过与游客之间进行对话，往往可以起到调动游客情绪、活跃气氛的作用。

对话式导游语言表达对环境有较强的依赖性，因为对话双方只有共处同一语境，双方对谈话背景有共识，才能实现有效的交流，达到信息传递的目的，并且在对话时应以手势、表情做补充。导游人员使用对话式语言表达，也能使及时向游客反馈信息，由于对话式属于双向语言传递，因而信息传递明确、及时。导游人员可以根据游客的反馈情况调整说话时间长短、内容的深浅以及话题。

2. 态势语言

态势语言是以人的表情、姿态和动作等来表示一定语义、进行信息传递的一种伴随性语言，又可被称为体态语言、人体语言或动作语言。在导游人员的语言表达中，它是一个不可或缺的组成部分，有时还会起到口头语言不可替代的作用，对于导游人员与游客之间的信息传递和情感交流大有帮助。一个善意的眼神和微笑有时可以收到语言无法达到的效果，而在不愿说或不便说的时候，一个抱歉的眼神亦能巧妙地传递语言无法传递的信息。体态语主要包括表情语、姿态语、手势语等。

1）表情语

表情语是通过人的面部表情和姿态来表现思想、传递信息的态势语言。导游人员的面部表情应该具有亲和力，给游客留下一种亲近、平和的感觉。导游活动中常用的表情语主要是目光语和微笑语两种。

（1）目光语。目光语是通过视线接触所传递的信息。人们常说“眼睛是心灵的窗户”，通过一个人的眼神可以观察到其内心的思想感情。在导游服务中，导游人员的目光要坦然、亲切、友好。要注意目光注视的方式和时间：一般以视线平行接触的平视和环视为宜，切忌长时间连续注视某一导游对象，以免引起客人的反感或误解；与个别游客交谈时应正视对方，表示对他说话的关注；面对全团成员致辞或讲解时要用正视与环视相结合的方式，目光要照顾到前排、后排、左侧、右侧的所有人，让处在每个位置上的游客都感到受重视，营造一种友好和谐、服务周到的良好气氛。

特别需要注意的是，除非夏季阳光照射特别强烈，导游人员一般不要戴墨镜，视力不好需要戴眼镜者也不宜选择有色、变色的眼镜，否则游客看不到导游人员的眼神，会心里没底，而且从礼仪角度讲，这样也不利于双方的交流。

（2）微笑语。微笑传递的是友好的信息。导游人员的微笑要给游客带来一种亲切自然的美感，快速拉近导游人员与游客之间的距离。微笑时要做到嘴角含笑，发自内心的真诚微笑才是最美的微笑。

2）姿态语

姿态语是以身体姿势来反映人们的心理状态和传递信息的一种态势语言。导游人员不同的姿态会传递出不同的信息，导游工作主要涉及的姿态语有坐姿与站姿。

（1）坐姿。导游人员的坐姿要表现出对游客的尊重，同时又要表现出自身温文尔雅的素质。坐时应该保持上身自然挺直，男性双腿可稍微分开，以显示其豁达、稳重；女性在坐时一般应保持双膝并拢，显示其庄重、矜持。坐时翘起二郎腿，尤其是呈4字型是坐姿的大忌，歪七扭八的坐姿传递的是粗俗无礼的信息。

（2）站姿。导游人员在景点参观游览的过程中，尤其是在进行讲解时要特别注意自身的站姿。导游人员的站姿应给客人一种谦虚、彬彬有礼的感觉。站姿要优美，就必须将身体重心置于双脚，上身挺直，立腰收腹，不做手势时两手相握置于身前或身后，男士可双膝并拢或分开与肩同宽，女士应保持双膝并拢呈小八字或丁字步。切忌站立时不停晃动，双手叉腰或双手抱于胸前，因其传递的是傲慢无礼、漫不经心或倦怠的信息。

3）手势语

手势语是通过手的挥动和手指动作来表达语义和传递信息的一种态势语言。它也是一种重要的信息传递方式，有强化口语的作用，有时还能表达口语中难以表述的内容。

在导游服务和日常生活中最常用的手势语就是握手。握手时需注意：一定要用右手，握手的力度与时间要恰当，同时还需要注意握手时的先后顺序。另外，导游人员在同游客熟悉之后，如当游客向导游人员问好时，导游人员即可口头回答，也可招手致意，但招手时应面带微笑，在人多的场合或双方距离较远时，也可目光接触后再招手致意。

手势语还具有一定的地域性，不同国家和地区的人们有不同特色的手势语，同一种手势在不同的地区又会有不同的含义。因此，导游人员要多学习总结，做到灵活运用。

相关链接

不同国家手指语简介

在用手势表示数字时，中国伸出食指表示“1”，欧美人则伸出大拇指表示“1”；中国人伸出食指和中指表示“2”，欧美人伸出大拇指和食指表示“2”，并依次伸出中指、无名指和小拇指表示“3”、“4”、“5”。中国人用一只手的5个指头还可以表示6～10的数字，而欧美人表示6～10要用两只手，如展开一只手的五指，再加另一只手的拇指为“6”，以此类推。在中国，伸出食指指节前屈表示“9”，日本人却用这个手势表示“偷窃”。一些中国人表示“10”的手势是将食指与中指交叉，在英美等国则表示“祝好运”，或示意与某人的关系密切。

伸出一只手，将食指和大拇指搭成圆圈，美国人用这个手势表示“OK”，是“赞扬和允诺”之意；在印度，这一手势表示“正确”；在泰国，这一手势表示“没问题”；在日本、缅甸、韩国，这一手势表示“金钱”；在法国，这一手势表示“微不足道”或“一钱不值”；斯里兰卡的佛教徒用右手做同样的姿势，放在颌下胸前，同时微微欠身颔首，以此表示希望对方“多多保重”；在巴西、希腊和意大利的撒丁岛，这是一种令人厌恶的污秽手势；在马耳他，则是一句无声而恶毒的骂人语。

中国人表示赞赏之意，常常翘直大拇指，其余四指蜷曲；翘起小拇指则表示蔑视。日本人则用大拇指表示“老爷子”，用小拇指表示“情人”。在英国，翘起大拇指是拦路要求搭车的意思。在英美等国，以“V”字形手势表示“胜利”、“成功”；在亚非国家，“V”字形手势一般表示两件事或两个东西。

在欧洲，人们相遇时习惯用手打招呼。正规的方式是伸出胳膊，手心向外，用手指上下摆动。美国人打招呼是整只手摆动。如果在欧洲，整只手摆动表示“不”或“没有”之意。在希腊，一个人摆动整只手就是对旁人的污辱，那将会造成不必要的麻烦。

4.1.2 导游语言的艺术

良好的语言表达能力是导游人员最重要的基本功之一。导游人员通过语言讲解可以建立起与游客间的了解和信任，也可以引导游客跨越文化和社会障碍，提高游客的游兴，增加旅途的生机和活力。因此，作为一名导游人员，一定要练好语言基本功，不断提高导游语言的艺术水平。

1. 语音、语调适度优美

1）语音

导游人员的语音即音量与音色。导游人员在导游讲解或同游客讲话时，要善于控制自己声音的强弱，既不能过高，也不能过低，有时需要高一些，而另一些时候则需要低一些。导游人员可以根据游客人数的多少和导游地点周边的环境来调节音量。原则上，游客数量在16人以下，可以不用话筒，但音量应比平时讲话声音大一倍左右；超过16人，就应该使用话筒，音量应控制在最远的游客能听清楚、最贴近的游客不觉吵闹为宜。

导游工作主要是利用有声语言进行交际，因此，明亮、柔和、充满热情的音色才能够充分展示自己的个性，才能吸引游客，胜任导游工作。导游讲解的音色太过尖利，会使游客神经紧张，影响讲解气氛；音色中鼻音太重，又会给游客以无精打采的感觉，甚至会使游客厌烦；而明亮、柔和的音色则会使游客感到亲切自然、轻松融洽，容易创造和谐的交际气氛。

2）语调

导游讲解的语调应该优美自然，抑扬顿挫。导游人员在讲解时，既要注意吐字清楚，发音准确，还应避免舞台上朗诵的痕迹，让自己的讲解自然流畅、声情并茂，毫无矫揉造作之感。因为语调在停顿、重音、速度、升降上的丰富变化能够表达各种委婉、复杂、细致、微妙的思想感情，因此，导游人员在与游客交往的过程中、在导游讲解中要十分注意语调的运用，尤其是在实际工作中必须注意不能用烦躁的语调和嘲讽的语调，反问和命令语气也不可以在导游语言中出现。

2. 语言节奏把握得当

1）语速

导游语言应多采用短句，多采用谈话式，因为导游语言的最大特点是口语化，因此，要尽可能做到通俗易懂。导游人员在讲解过程中尤其要注意控制语言的速度，快慢要适宜，要让游客听起来不觉得费力。欲速过快，会使游客听起来吃力，甚至听不懂、跟不上；语速过慢，会使游客注意力分散，感到厌烦也浪费时间，导游讲解也不流畅。同时，导游人员也应避免一直保持一种语速，给人一种背书的感觉，听起来使人感到乏味，令人昏昏欲睡。

2）停顿

停顿是指讲话时的间歇或语流的暂时中断。导游人员讲解中的停顿不仅是自然的换气，更是语句、层次间的有意间歇，目的是使游客集中注意力，增强导游语言的节奏感。忽然的停顿会出其不意地抓住游客的心，导游人员可以适度采用。

（1）语意停顿是指根据句中语意的含义而作的停顿。通常情况下，一句话说完会有较短的停顿，一个意思表达完会有较长的停顿。例如，“我们纵观攀枝花，这里有四季明媚的阳光，/全年日照时间2300～2700小时，/相当于全年300天都有太阳，/年平均温度在20度左右，//是我国同纬度地区唯一的亚热带季风气候区，冬暖夏凉，特别是冬天，非常适合来这里晒着太阳，泡着温泉，过个温暖的冬天；//中间就是大家看到的群山，细心的朋友可能会发现攀枝花的山与别处的山不太一样，看起似乎都是荒山，因为上面很难看到茂盛的树林，都是一些低矮的灌木。"//有了长短不一的停顿，才能让游客清晰地感受到导游讲解中的层次性，也才能对讲解中的有特色之处留下深刻的印象。

（2）暗示省略停顿，即导游人员不直接表示肯定或否定，而是用停顿来暗示，让游客自己去判断。例如，"大家请看，江对面的那座山像不像一只巨龟？//黄鹤楼所在的这座山像不像一条长蛇？//这就是'龟蛇锁大江'的自然奇观。"通过停顿可以让游客在观景的过程中有时间去自己观察、思考、判断，从而使游客产生深刻的感受。

（3）等待反应的停顿，即导游人员在讲解时先抛出令人感兴趣的话题，然后故意停顿以激起游客的反应。例如，在成都武侯祠大门前，导游人员说："今天将要带领大家参观的是武侯祠，可是请大家抬头看看，大门上写的却是'汉昭烈庙'，难不成是带大家走错地方了？"导游人员在这里故意停顿下来，看到游客疑惑不解的表情后，再接着向大家介绍汉昭烈庙又被称作武侯祠的原因。

（4）强调语气的停顿，即导游人员在讲解的过程中，需要加强游客内心对于重点内容的印象而采取的停顿。

4.1.3 导游的交际语言

导游人员在工作过程中将会面临各种情况，需要面对各种各样的游客，而在与游客的接触中，语言是最基本、最重要的工具，这种导游人员在与游客交往过程中采用的语言形式就是导游人员的交际语言。语言表达方式、方法和技巧都会在与游客的接触中产生不同的效果影响，因此，导游人员应不断提高自己的语言交际技能。

1. 称谓

1）尊称型

尊称在各种场合都比较适用，是对各个阶层、各种身份的人的社交通称，如"女士们、先生们"，"各位女士、各位先生"等。这类称谓尊称的意味比较浓，适用范围广泛。但在旅游活动中，一般更适用于外国游客团队，在内宾团队中使用则显得太过正式，仅在政务接待的团队中会较常使用"各位领导"这样的尊称。

2）交际型

交际型主要是强调游客与导游人员在旅游活动中的角色关系，如"各位游客"、"各位团友"、"诸位嘉宾"等。这类称谓角色定位准确，显得大方平和，其中的"各位游客"是在目前的导游语言中出现频率最高的一种，但这种称谓太过普通平和，难于拉近导游人员与游客之间的距离，缺乏亲和感。

3）亲密型

亲密型交际语言用于比较密切的人际关系之间，如"朋友们"、"亲爱的朋友们"等。这类称谓亲和力强，强调平等亲密的关系，能够尽快消除游客对导游人员的陌生感，拉近双方之间的距离。但这类称谓大多在导游人员与游客比较熟悉后使用。

2. 道歉

在导游工作中，因为内在或外在因素的影响，导游人员难免会因为工作失误或意想不到的困难造成游客的不满，道歉工作也成为导游人员经常面临的问题。不管造成不快的原因是什么，导游人员都应该妥善处理，通过自身的努力工作，尽快消除游客的误会和不满，缓和与游客间的紧张关系。

1）微笑式道歉

在道歉时通过微笑这种润滑剂表达出导游人员对游客的友善和真诚，因为微笑不仅可以对导游人员和游客之间产生的紧张气氛起到缓和作用，而且微笑也是向游客传递歉意信息的载体。例如，某导游人员在回答游客关于长城的提问时，将长城说成建于秦朝，其他游客纠正后，导游人员觉察到这样简单的回答是错误的，于是对这位游客抱歉地一笑，便会使游客不再计较了。

2）迂回式道歉

迂回式道歉是指导游人员在不便于直接、公开地向游客致歉时，而采用其他的方式求得游客谅解的方式。例如，某导游人员在导游服务中过多地接触和关照部分游客，引起了另一些游客的不悦，导游人员觉察后，便主动地多接触这些游客，并给予关照和帮助，逐渐与这部分游客冰释前嫌。在这里，导游人员运用体态语言表示了歉意。又如，某旅游团就下榻饭店早餐的品种单调问题向导游人员表示了不满，提出要换住其他饭店。导游人员经与该饭店协商后，增加了早餐的品种，得到了游客的谅解。

导游人员除了采用迂回道歉方式改进导游服务外，还可请示旅行社或同相关接待单位协商后，采用向游客赠送纪念品、加菜或免费提供其他服务项目等方式向游客道歉。

3）自责式道歉

因旅游供给方的过错而使游客的利益受到较大损害而引起游客强烈不满时，即使不是导游人员自身的过错，导游人员也要勇于自责，以缓和游客的不满情绪。例如，某导游人员接待了一个法国旅游团，该团从北京至武汉，17：00入住饭店后发现团长夫人的一只行李箱不见了，团长夫人非常气愤，连18：30法国驻华大使的宴请也没有参加。至次日零时，该行李还未被找到，所以有团员均未睡觉，都在静静地等着。在这种情况下，陪同的导游人员一面劝游客早点休息，一面自责地对团长和团长夫人说："十分对不起，这件事发生在我们国家是一件很不光彩的事，对此我心里也很不安，不过还是请你们早点休息，我们当地的工作人员还在继续寻找，我们一定会尽力的。"不管这位团长夫人的行李最终能否被找到，但导游人员这种勇于自责的道歉，一方面体现了导游人员帮助客人解决问题的诚意，另一方面也是对客人的一种慰藉。

导游人员在带团的过程中，代表的不仅仅是自己，同时也是旅行社及旅游活动中所涉及的一次接待方。作为直接为游客提供服务的人员，一旦有意外、麻烦、隔阂产生，导游人员就应该：首先，做好道歉和解释的工作，而不管采用何种道歉方式，道歉首先必须是诚恳的；其次，道歉必须是及时的，即知错必改，这样才能赢得游客的信赖；再次，道歉要把握好分寸，不能因为游客某些不快就道歉，要分清深感遗憾与道歉的界限。

3. 答问

游客参加旅游活动的动机之一便是希望能够获得更多的知识，因此，来自不同国家和地区的游客往往会在旅游过程中提出各种各样、甚至稀奇古怪的问题，需要导游人员能够认真解答。导游人员回答问题可以采取以下四种方法：是非分明、以问为答、曲语回避、诱导否定。

（1）是非分明，是指在游客提问时，能够给予明确回答的就要是非分明、毫不隐晦地予以回答，以澄清对方的误解和模糊的认识。

（2）以问为答，是指不直接对客人的问题给予肯定或否定的回答，而是以反问的形式，使对方从中得到答案。

（3）曲语回避，是指当遇到游客提出的刁钻古怪的问题时，导游人员回答后很容易陷入两难境地，无论肯定或否定，都能被抓住把柄，就只能以含蓄曲折的语言予以回避，不正面回答。

（4）诱导否定，是在对方提出问题后，不马上回答，先提出一些条件，讲一点理由或反问一个问题，诱使对方自我否定，从而放弃原来提出的问题。

4. 劝说

在导游服务过程中，导游人员常常会面临各种问题，需要对游客进行劝服，如旅游活动日程被迫改变需要劝服游客接受；对游客的某些越轨行为需要进行劝说等。劝服，一要以事实为基础，即根据事实讲明道理；二要讲究方式、方法，使游客易于接受。

1）诱导式劝服

诱导式劝服即循循善诱，通过有意识、有步骤的引导，澄清事实，讲清利弊得失，使游客逐渐信服。例如，某旅游团原计划自武汉飞往深圳，因未订上机票只能改乘火车，游客对此意见很大。这时，导游人员首先要十分诚恳地向游客致歉，然后耐心地向游客说明原委并分析利弊。导游人员说："没有买上机票延误了大家的旅游行程，我很抱歉，对于大家急于赴深圳的心情我很理解。但是如果乘飞机去深圳还得等两天以后，这样你们在深圳只能停留一天，甚至一天还不到；如果现在乘火车，大家可在深圳停留两天，可以游览深圳的一些主要景点。另外，大家一路旅途都非常辛苦，乘火车一方面可以观赏沿途的自然风光，另一方面也可以得到较好的休息。"导游人员的这席话使游客激动的情绪开始平静了下来，一些游客表示愿意乘坐火车，另一些游客在他们的影响下也表示认可。

对这类问题的劝服，导游人员一是要态度诚恳，使游客感到导游人员是站在游客的立场上在帮助他们考虑问题；二是要善于引导，巧妙地使用语言分析其利弊得失，使游客感到上策不行取其次也是最好的选择。

2）迂回式劝服

迂回式劝服是指不对游客进行正面、直接的说服，而采用间接或旁敲侧击的方式进行劝说，即通常所说的“兜圈子”。这种劝服方式的好处是可以不伤害游客的自尊心，而又使游客较易接受。例如，某旅游团有一位游客常常喜欢在游览中离团独自活动，出于安全和旅游团活动的整体性考虑，导游人员走过去对他说：“××先生，大家现在休息一会儿，很希望您过来给大家讲讲您在这个景点游览中的新发现，以作为我导游讲解的补充。”这位游客听了会心一笑，自动地走了过来。

在这里，导游人员没有直接把该游客喊过来，因为那样多少会带有命令的口气。他采用间接的、含蓄的方式，用巧妙的语言使游客领悟到了导游人员话中的含意，游客的自尊心也没有受到伤害。

3）暗示式劝服

暗示式劝服是指导游人员不明确表示自己的意思，而采用含蓄的语言或示意的举动使人领悟的劝说。例如，有一位游客在旅游车内抽烟，使得车内空气混浊。导游人员不想当着其他游客的面伤了这位游客的自尊，在其面向导游人员又欲抽烟时，导游人员向他摇了摇头（或捂着鼻子轻轻咳嗽两声），使游客熄灭了香烟。

这里导游人员运用了副语言——摇头、捂鼻子咳嗽，暗示在车内“请勿吸烟”，使游客产生了自觉的反应。

总之，劝服的方式要因人而异、因事而异，要根据游客的不同性格、不同心理或事情的性质和程度分别采用不同的方法。

5. 回绝

回绝即对别人的意见、要求予以拒绝。在导游服务中，导游人员常常会碰到游客提出的各种各样的问题和要求，除了一些通常的问题和一些合理的、且经过努力可以办到的要求可予以解释或满足外，也有一些问题和要求是不合理的或不可能办到的，对这类问题或要求导游人员需要回绝。但是，由于受导游人员同游客之间主客关系的束缚，导游人员不便于直接回答“不”，这时导游人员必须运用回绝的语言表达方式和技巧。

1）柔和式回绝

柔和式回绝是导游人员采用温和的语言进行推托的回绝方式。采取这种方式回绝游客的要求，不会使游客感到太失望，可以避免导游人员与游客之间形成对立状态。例如，某领队向导游人员提出是否可把日程安排得紧一些，以便增加一二个旅游项目。导游人员明知道这是计划外的要求不可能予以满足，于采取了委婉的拒绝方式，“您的意见很好，大家希望在有限的时间内多看看的心情我也理解，如果有时间能安排的话我会尽力的。”这位导游人员没有明确回绝领队的要求，而是借助客观原因（时间），采用模糊的语言暗示了拒绝之意。又如，一位美国游客邀请某导游人员到其公司里去工作，这位导游人员回答说：“谢谢您的一片好意，我还没有这种思想准备，也许我的根扎在中国的土地上太深了，一时拔不出来啊！”这位导游人员虽未明确表示同意与否，事实上却是委婉地谢绝了游客的提议。

上述这类回绝在方式上是柔和的、谦恭的，采用的是拖延策略，可以取得较好的效果。

2）迂回式回绝

迂回式回绝是指导游人员对游客的发问或要求不正面表示意见，而是绕过问题从侧面予以回应或回绝。例如，某导游人员在同游客交谈时谈到了西藏，这时，一位美国游客突然发问："你们1959年进攻西藏是否合法?"该导游人员想了想说："你认为你们在19世纪60年代初期派兵进攻密西西比河南方的奴隶主是否合法?"美国游客一时语塞。

对这类政治性很强的问题，尤其是西文游客长期受资本主义宣传的影响，一时难以和他们讲清楚，采取这种迂回式的反问方式予以回绝也是一种选择。

3）引申式回绝

引申式回绝是导游人员根据游客话语中的某些词语加以引申而产生新意的回绝方式。例如，某游客在离别之前把吃剩的半瓶药送给导游人员并说："这种药很贵重，对治疗我的病很管用，现送给你作个纪念。"导游人员谢绝地说："既然这种药这么贵重，又对您很管用，送给我这没病的人太可惜了，还是您自己带回去慢慢用更好些。"

这里导游人员用客人的话语进行的引申十分自然，既维护了自己的尊严，又达到了拒绝的目的。

4）诱导式回绝

诱导式回绝是指导游人员针对游客提出的问题进行逐层剖析，引导游客对自己的问题进行自我否定的回应方式。例如，有位法国游客问导游人员："有人说，西藏应该是一个独立的国家，对此你是怎样看的?"这位导游人员反问他："您知道西藏宗教领袖班禅、达赖喇嘛的封号是怎么来的吗?"该游客摇摇头说："不知道。"导游人员接着说："我告诉您吧，他们的封号是清朝皇帝册封的，可见西藏早就是中国的一部分。正如布列塔尼是法国的一部分一样，您能因为那里的居民有许多自己的风俗就说它是一个独立的国家吗?"这位法国游客摇摇头笑了。

总之，导游人员无论用哪种回绝方式，其关键都在于尽量减少游客的不快。导游人员应根据游客的情况、问题的性质、要求的合理与否，分别采用不同的回绝方式和语言表达技巧。

6. 提醒

在导游服务中，导游人员经常会碰到少数游客由于个性或生活习惯的原因表现出群体意识较差或丢三落四的行为，如迟到、离团独自活动、走失、遗忘物品等。对这类游客，导游人员应从关心游客安全和旅游团集体活动的要求出发给予特别关照，在语言上要适时地予以提醒。

提醒的语言方式很多，除了直截了当的命令式（这种方式切忌使用）之外，还有其他的委婉方式。由于导游人员处在为游客服务的位置，导游人员对游客首先应予以尊重，其次要有服务意识，对游客的安全负责，游客的某些行为需要被提醒时，应使用委婉的语言。导游人员提醒的语言应富有情感，要体现对游客的关心，使提醒能在愉悦的气氛中被游客所接受。提醒的语言方式具体有以下几种。

1）敬语式提醒

敬语式提醒是导游人员使用恭敬口吻的词语，对游客直接进行的提醒方式，如"请"、"对不起"等。导游人员在对游客的某些行为进行提醒时应多使用敬语，这样会使游客易于接受，如"请大家安静一下"、"对不起，您又迟到了"。这样的提醒比"喂，你们安静一下"、"以后不能再迟到了"等命令式语言要好得多。

2）协商式提醒

协商式提醒是导游人员以商量的口气间接地对游客进行、以取得游客的认同的提醒方式。协商将导游人员与游客置于平等的位置上，导游人员主动同游客进行协商，是对游客尊重的表现。一般而言，在协商的情况下，游客是会主动配合的。例如，某游客常常迟到，导游人员和蔼地说："您看，大家已在车上等您一会儿了，以后是不是可以提前做好出发的准备？"

3）幽默式提醒

幽默式提醒是导游人员用有趣、可笑而意味深长的语言对游客进行提醒的方式。导游人员运用幽默的语言进行提醒，既可使游客获得精神上的快感，又可使游客在欢愉的气氛中受到启示或警觉。例如，导游人员在带领游客游览长城，提醒游客注意安全并按时返回时说："长城地势陡峭，请大家注意，防止摔倒。另外，也不要头也不回地往前走，一直走下去就是丝绸之路了，有人走了两年才走到，特别辛苦。"又如，几位年轻游客在浏览时，纷纷爬到一尊大石象的背上照相，导游人员见了连忙上前提醒他们："希望大家不要欺负这头忠厚老实的大象！"这比一脸严肃地说："你们这样做是损坏文物，是要罚款的。"的效果要好得多。

4.2　导游讲解的原则与方法

案例导入

案情介绍：某年夏天，北京的导游人员钟小姐接待了一个台湾旅游团。在导游接待过程中，她按照接待西方人的方式，讲解了中国的历史、对外政策、改革开放和人民生活水平的变化等。虽然她讲得很认真，但游客反应却不热烈。

钟小姐征求了领队的意见，领队告诉她要多讲一些轻松话题，如老百姓的吃、穿、住、行、收入、工作和生活情况，不必讲太多政治形势。因为游客到北京来是来散心的，不是来上课的。听了领队的意见，钟小姐注意改变讲解内容，果然得到了游客的回应。在讲解故宫时，她把溥仪皇帝从3岁登基到成为普通公民的历史讲了一遍。她虽然讲得十分紧凑，但是客人却常常打断她，让她讲一下皇帝日常的起居生活和三宫六院的趣事，于是她又改变了讲解内容，开始讲皇帝大婚、用膳、宗教活动……游客们被她的讲解所吸引，越听越感兴趣，再也不打断她的讲解了。

（资料来源：黄明亮，导游业务实训教程．北京：科学出版社，2007。）

请问：钟小姐是怎样逐渐让她的讲解引起游客的兴趣的？

案例解析：导游人员在接待过程中，应根据游客的爱好及不同特点不断调整讲解内容，做到因人而异、因景而异。钟小姐用接待外宾的方式去给台湾客人作讲解，效果自然欠佳。之后，根据客人要求改变了策略，因而收到了很好的成效。在对外宣传方面，导游人员应该讲解得自然诚恳，最好用个人感想方式来表达，否则，有的游客会认为你在搞政治宣传，说的都是千篇一律的东西。导游人员在讲解过程中，最好不要完全按照书上的导游词来背，那样会显得非常机械和死板。例如，很多导游人员接团之后，就开始讲自己所在省或城市的地名、面积、人口、民族，也不管游客是否听得哈欠连天，这都是不合适的。

4.2.1 导游讲解的原则

导游人员的工作中有相当大一部分时间是在与游客进行语言交流，无论是进行导游讲解还是与游客进行交谈、回答游客的问题，在表达前导游人员都会对自己的所讲所谈的语言进行组织，然后再将信息传递给游客。导游工作的复杂性与传播性要求导游人员针对不同游客的语言表达应该遵循正确、清楚、生动、灵活的原则。

1. 正确性原则

正确是最基本的原则。在导游活动中，导游人员扮演着宣传员、讲解员的角色，通过导游讲解向游客传递中华文明，传递审美信息，因而导游语言的正确性起着非常重要的作用。若导游人员信口开河、张冠李戴、杜撰史实，极有可能会使游客也以讹传讹，或者一旦被发现，游客就会产生极大的反感，会产生一种被蒙蔽、被欺骗的感觉，“一伪灭千真”，使得游客会怀疑导游人员所有讲解的真实性，会对旅游目的地产生不良影响。

例 4－1

有一位导游人员在为游客介绍川菜的特点时说到：“川菜是中国四大名菜之一，其特点是麻、辣、烫，所以大家看到四川的城市乡间、大街小巷都在吃火锅。”这种介绍就是不正确的。其实，麻、辣、烫只是川菜中火锅（如图 4.1 所示）的特点，并不代表整个川菜的特色，川菜特色应该是一菜一格、百菜百味。这里由于导游人员向客人传递的信息有误，不仅会使客人对川菜产生误解，以为川菜就是麻辣味，使客人失去品尝川菜多滋多味特色的兴趣，也会授人以柄，使内行对导游人员的能力和水平产生怀疑甚至对其进行攻击，给导游人员的形象带来负面影响。所以，正确性是导游讲解中最不应忽视的问题。

图4.1　四川鸳鸯火锅

2. 针对性原则

导游人员在每次工作的过程中接触的都是不同的游客对象，客人的兴趣爱好不同，就要求导游人员在讲解时应有不同的侧重点，以千篇一律的导游词面对不同客人的要求是行不通的。导游人员要根据不同游客的具体情况合理安排导游内容，恰当运用导游讲解方式来对游客进行有针对性的讲解。一般而言，客人的水平不同，尤其是客人对景点熟悉的程度不同，导游讲解的内容应该有所区别。例如，对专家学者讲解时要注意语言的品位，要谨慎、规范；对年老体弱的游客讲解时应力求简洁从容；对青年应活泼流畅；对文化水平低的游客语言要力求通俗；再如，对于第一次到景点的客人，应以主要景点的讲解为主，而对于多次到景点观光的客人，应着重介绍景点的细部、景区最新变化及今后工作的打算等令他们感兴趣的问题。

例4－2

以对北京故宫的讲解为例。对于一般西方游客，导游人员进行一般性讲解就可以了，也可根据不同国家的游客，结合他们自己国家的一些宫殿进行对比讲解；对海外侨胞，就可以结合所游览的内容介绍一些典故、轶事、传说等知识；对于研究中国历史、文物、古建筑的学者专家，就需要根据他们的兴趣和爱好来进行深入的讲解；对于一般的青年学生更应该从爱国主义的角度进行讲解，激发他们的爱国热情；对于一般的游客，只需要对故宫的基本知识进行讲解就可以了。故宫全景图如图4.2所示。

图4.2　故宫全景图

3. 清楚性原则

导游语言的清楚性原则要求导游人员在讲解和交谈时要口齿清楚、简洁明了、确切达意、措辞恰当、组合相宜、层次分明、逻辑性强。导游讲解要有条有理，像剥蒜一样，一层层一瓣瓣地剥，逐条逐理地进行辨析，将信息完整正确地传递给游客。

例 4-3

以对乐山凌云寺十八罗汉的讲解为例（乐山凌云寺如图 4.3 所示）。有一位导游人员先解释罗汉，再讲全国的十八罗汉，再讲凌云寺十八罗汉的特点，最后讲每一尊具体的罗汉，有条有理，层次清楚，可以说这才真正讲清了十八罗汉这个概念。

图 4.3 乐山凌云寺

4. 灵活性原则

导游讲解之所以能引人入胜，是因为其贵在灵活、妙在变化。导游人员的讲解要因人而异、因时制宜、因地制宜。我们所讲的最佳时间、最佳路线、最佳旅游点等都是相对的，客观上的最佳条件若缺少主观完满的导游艺术的运用和发挥，就不可能达到预期的导游效果。这是因为游客的审美情趣各不相同，不同景点的美学特征千差万别，而大自然又千变万化、阴晴不定，游览时的气氛、游客的情绪也可能发生变化。所以，即使游览同一景点，导游人员也要根据季节的变化，时间、对象的不同，灵活地运用导游知识，运用切合实际的方式和内容进行导游讲解。总之，导游讲解的内容可深可浅，能长能短，可断可续，一切视具体对象和当时的时空条件而定，切忌千篇一律、墨守成规。

5. 生动性原则

生动形象是导游语言艺术性的具体体现。导游人员利用生动形象的语言能起到引人入胜、情景交融的作用。导游人员的讲解语言要流畅，切忌平铺直叙，要适当运用比喻、拟人、设问、排比等修辞手法，恰当使用各种谚语、俗语、歇后语等，使游客印象深刻。

1）表情生动，善于模仿

导游人员既要有表演的天赋，一颦一笑、举手投足都具幽默感，又要善于烘托气氛，营造不同的视觉效果和声音效果，使导游讲解惟妙惟肖、活灵活现，具有引人入胜的临场感。

2）语言生动，为客人所喜闻乐见

导游人员在讲解时应绘声绘色，并且带有故事性与趣味性，以吸引游客的注意力，取得良好的讲解效果。

例4-4

某导游人员介绍熊猫的名称。“大熊猫在外形上更接近于熊而非猫，当地居民也叫它‘白熊’、‘花熊’，它的英文名称叫‘猫熊’，德文、俄文名称是‘竹熊’，所以它的正确中文名称似乎应该叫‘大猫熊’。那么，为什么人们都习惯叫它‘熊猫’呢？这里有一段有趣的故事。大熊猫刚被发现时曾在重庆展出，它的名字是按照现代汉语的写法，从左到右写的，而当时人们大多还只习惯古汉语，就从右向左读，所以将‘猫熊’误读为‘熊猫’，以至于以讹传讹，流传开来。这样，游客就很容易记住大熊猫名字“误读”的由来了。成都大熊猫繁育基地的大熊猫如图4.4所示。

图4.4 成都大熊猫繁育基地的大熊猫

3）适度夸大

适度的夸大比刻板的陈述更能引起客人的注意。例如，导游人员带团购买工艺品途中，风趣地对客人说：“那里有许多古代美人的画。如果哪位先生看中了西施、杨贵妃或林黛玉，就大胆地说，不要不好意思，她们会毫不犹豫地‘嫁’给你。不过，已经有夫人的可要谨慎一点哟。”

例4-5

导游人员在九黄机场送团时说：“各位客人，当你们离开九寨沟的时候，热情似火的九寨沟给你们每人都送上了一份难忘的礼物。（客人很惊诧）它不在你们的行李中，而是写在你们的脸上。（客人恍然大悟，原因是强烈的阳光晒黑了他们的皮肤）你们留下了友情，也带走了九寨沟灿烂的阳光，带走了人生最美好的回忆！”话音刚落，车上立刻响起了欢快的笑声和热烈的掌声。九寨黄龙机场如图4.5所示。

图4.5　九寨黄龙机场

4）善于使用幽默有趣的段子

幽默有趣的段子可以调节气氛、增强讲解的主动性。不过，导游人员在使用故事时一定要杜绝低级庸俗、哗众取宠。低级庸俗、哗众取宠的故事是导游界常见的一种“旅游污染”，尽管各级旅游主管部门不断取缔限制，却始终没有绝迹，个别导游人员为博得客人一次哄堂大笑或一片廉价掌声，不惜迎合少数游客的低级情趣，大讲庸俗下流的“荤段子”的现象仍很普遍，这严重败坏了导游人员的声誉。

旅游是一种社会活动，导游人员是公众人物，应该顾及自己在公众面前的形象。一位有责任感的导游人员应该自觉维护自己的形象，坚持用理性的知识和生动的讲解打动客人，用真诚的服务回报客人，万不可陷入俗套，为大多数正直的客人所鄙视、唾弃。

4.2.2　导游讲解的方法

导游员在进行讲解时，要想牢牢抓住游客的注意力，就必须采用多种行之有效的导游讲解方法，通过科学实用的讲解技巧提高讲解的效果。在面对不同的游客，进行到旅游活动的不同阶段时，导游人员都应当有针对性地选择恰当的讲解方法，结合游览活动的内容，解惑释义，创造悬念，引人入胜，通过导游讲解将游客导入意境，使各种不同类型的游客都能得到最大限度的旅游满足感，使其旅游活动轻松愉快。

1. 概述法

概述法是用直截了当的语言，对一个参观游览项目作一次性的介绍。该方法一般用于到达景区后、开始游览前，在景区进门处的“导游图”或“景区示意图”前进行讲解。讲解的内容包括景区的历史沿革、位置、布局、规模、游览线路、游览时间等。

例4-6

游览成都杜甫草堂。导游人员带领游客进入景区大门后，在导游图前开始讲解。

杜甫草堂位于成都西郊风景如画的浣花溪畔，青华路38号。公元759年冬天，杜甫为避“安史之乱”，携家由陇右入蜀；于公元765年春天离开成都，草堂便毁损颓败。北宋元丰年间（11世纪），成都知府吕大防再次重修，并把杜甫像画在墙壁上，使草堂具有了纪念祠堂的性质。明代弘治十三年（公元1500年），蜀献王朱椿耗巨资重建草堂。清代嘉庆十六年（公元1811年），杜甫草堂再次翻修，基本上奠定了今日草堂的规模和布局。现在占地近271亩，在原来主体为人文景观的周围又营造了一个较大规模的川西园林，其间花草树木均有四川特色。游览线路为正门—大廨—史诗堂—水槛与柴门—工部祠—碑亭—茅屋—唐代遗址—大雅堂—南门出，游览大约需要两个小时，如图4.6所示。

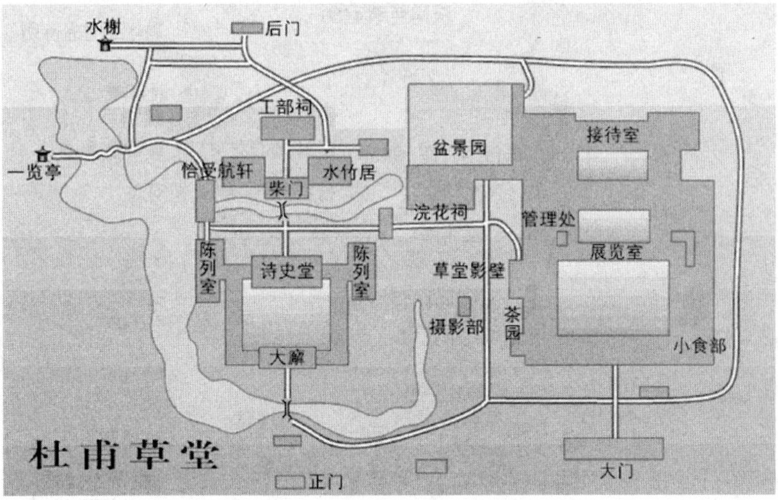

图4.6　成都杜甫草堂导游图

2. 分段讲解法

所谓“分段讲解法”，就是将一处大景点分为前后衔接的若干部分来分段讲解，就是导游人员根据参观景点的布局，按参观线路的顺序进行分段导游的讲解。它是景点导游中常见的一种导游方法，适用于一些较大的旅游景区，如游九寨沟、长江三峡等就需要采用分段讲解法。在带领游客进行逐项参观分解讲解前，导游人员应对整体景点的背景及参观的线路、停留的时间进行概括性的介绍，既照顾到个别需要单独活动的游客，又能使全团的客人对景点的轮廓和内容有大体的了解。

例4-7

游览九寨沟。首先简单介绍九寨沟的情况。九寨沟位于中国四川省阿坝藏族羌族自治州境内的九寨沟县的中南部，巍峨的岷山山脉深处，距成都约435公里。九寨沟纵深40多公里，总面积6万多公顷，是长江水系嘉陵江白水河的一条支流，3条主沟形成Y形分布，总长度达60余公里，九寨沟导游如图4.7所示，可以分成3段来讲。

第一段：树正沟景区段。此段全长13.8公里，共有各种湖泊（海子）40余个，约占九寨沟景区全部湖泊的40%。40多个湖泊犹如40多面晶莹的宝镜，顺沟叠延五六公里。

第二段：则查洼沟景区段。此段全长18公里，从诺日朗直到长海，是九寨沟内4条游览路线中距离最长、海拔最高的一条游览路线。

第三段：日则沟景区段。此段全长18公里，在诺日朗瀑布和原始森林之间，是九寨沟风景线中的精华部分，风光绝美，变化多端。

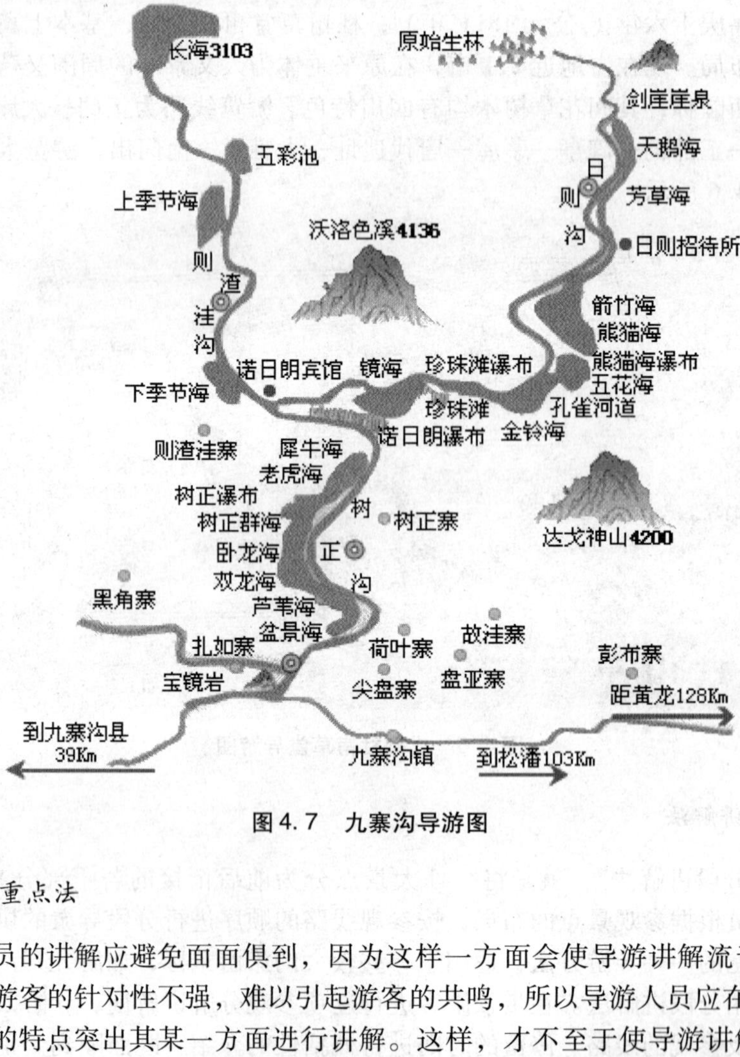

图4.7　九寨沟导游图

3. 突出重点法

导游人员的讲解应避免面面俱到，因为这样一方面会使导游讲解流于说教形式，另一方面对游客的针对性不强，难以引起游客的共鸣，所以导游人员应在讲解中针对景观或游客的特点突出其某一方面进行讲解。这样，才不至于使导游讲解过于模糊，没有重点，在游览结束后，游客难以留下深刻的印象。导游讲解时应突出下述4方面内容。

1）突出景观的代表性

在游览大景点时，导游人员应当作好周密的计划，确定要重点带游客观赏的重点景观。这些景观既要有自己的特征，又要能概括景区全貌。在现场游览时，导游人员主要讲解的就是这些具有代表性的景观。

2）突出景观的独特性

旅游资源的吸引力主要来源于其独特性。导游讲解应侧重于本景观的与众不同之处，以有效地吸引游客的注意力，同时又可以避免游客对景观产生雷同感。例如，众多名胜古迹中的佛教寺院，虽同为佛教寺院，但其历史、宗派、规模、结构、艺术等各不相同，导游人员在讲解时就应突出其不同之处，以示区别，避免让游客产生雷同的感觉。

3）突出景观的重要地位

导游讲解要突出景观最值得关注的地方，可以依据实际情况用“……之最”、“最……”、“第一……”等字词对景观进行描述，以此吸引游客，激发其游兴。例如，位于四川省攀枝花市的二滩水电站是我国在上个世纪建成投产的最大的水电站。但在使用时一定要注意划定的范围，不可弄巧成拙。

4）突出游客感兴趣的内容

游客的背景、兴趣爱好各不相同，对于同一景点，不同的游客有不同的感受；即便是同一游客，在不同时段、不同的心情之下观赏同一景观，感受也会不同。导游人员在准备时应认真研究游客的背景资料，找出旅游团内大多数成员感兴趣的内容，因人而异，千万不能以不变应万变，把一篇解说词用于对所有团队的讲解。

例4－8

同为龙门石窟，对历史学家重点要讲其背景、地位、作用；对一般消遣性游客，应介绍其价值，较多穿插与其相关的历史故事。对前者，讲解时应严谨一些；而对后者，要活泼一点。龙门石窟如图4.8所示。

图4.8　龙门石窟

4. 虚实结合法

导游人员的讲解应尽可能艺术生动。在大多数景观的讲解中，导游人员都可以通过将导游讲解故事化来产生艺术感染力，从而使导游讲解生动有趣、引人入胜。虚实结合法是指在导游讲解中将典故、传说与景物介绍有机结合，即编织故事情节的导游方法。“实”就是实景、实物、史实、艺术价值等。“虚”就是与实景、实物有关的民间传说、神话故事、轶闻趣事等，如三清山名的来历、司春女神的故事、巨蟒出山的故事、观音听琵琶的故事等。

虚实结合法在讲解自然景观时运用得相当普遍，是丰富讲解内容、活跃游览气氛、提高欣赏美感的有效方法。许多导游人员在讲解普通的山水景观时痛感讲解内容不多，对景物的描绘缺乏生动性，就可以采用虚实结合法，通过讲故事、侃大山等方式来使景观形象、丰满起来。

例 4－9

江西上饶三清山风景区，总面积有 229 平方公里，它由 10 个大的风景区组成，其中有 4 个风景区尤为著名，即三清宫景区、玉京峰景区、西海岸景区和南清园景区。三清山全山山体由花岗岩构成，山上石峰千姿百态，景观类似黄山，又因为毗邻黄山，所以有黄山的姐妹山之称。十四亿年的地质演化和风化侵蚀，造就了三清山举世无双的花岗岩峰林地貌。透过三清山的地质文化感受地质演化的沧桑变幻，十四亿年前地球留下的痕迹便清晰地展现在了我们眼前。又如，1600 多年的道教文化熏陶，给三清山留下了丰富的道教文化遗存与浑厚的人文底蕴。230 多处道教宫、观、府、殿、亭、台、坊、塔、桥、池、泉、井以及山门、华表、石像、石雕、石刻等古代建筑，遍布各处的摩崖石刻，独特的布局方式，随处可见的道教文化遗迹，不仅给了三清山“露天道教博物馆”的美名，更塑造了三清山清绝尘嚣的品性。三清山如图 4.9 所示。

图 4.9　江西上饶三清山

5. 画龙点睛法

画龙点睛法即用凝炼的词句概括所游览景点的独特之处，使游客领略其中的奥妙，留下鲜明的印象。画龙点睛法可用于总结语，也可用于引导语，贵在突出景观的精髓。例如，上海的导游人员曾用“大、洋、挤、全”4 个字作为浏览上海的点睛之笔；云南的导游人员用“美丽、富饶、古老、神奇”来概括云南的美丽风光；河南总结出“山、古、河、拳、根、花”的旅游特色，这几个字可以说是河南旅游资源的点睛之笔。“山”是指五岳之中的嵩山；“古”是指河南的悠久文化历史，在中国 5000 年的文明史中，中国的政治、经济、文化、军事重心有 4000 多年时间基本上都在中原地区；“河”是指黄河，它被称为中华民族的母亲河；“拳”是指少林拳和太极拳，它们是中华武术的两个最有影响力的流派，是河南得天独厚的旅游产品；“根”是指河南是中华姓氏的主要发源地，在全国 100 个大姓中，有 73 姓源于河南或部分源头在河南；“花”主要指洛阳牡丹和开封菊花，每年一度的牡丹花会和菊花花会越来越多地吸引着四方宾朋。

6. 问答法

在导游讲解中，导游人员应根据不同的情况，有意识地创造一些情景，提出一些问题，引起游客的注意，激发其强烈的求知欲望，使游客由被动地听变成主动地问，使游客对讲解的内容留下深刻的印象。问答法不仅可以避免导游人员在讲解领域中一统天下的局面，而且能使旅游团队内的气氛活跃、关系融洽，更可满足各种游客的求知欲及解答他们的疑难问题，从而给人难以忘怀的回味。问答法主要有以下 4 种形式。

（1）自问自答。导游人员自己提问，不急于回答，作适当停顿，让游客自己猜想，但停顿时间不能太长也不能太短。这样是为了吸引游客的注意力，促使游客思考，激起游客的兴趣，然后导游人员再对问题进行回答或进行生动形象的介绍，使游客有种恍然大悟的感觉，从而留下深刻的印象。一般这种方法讲解的问题难度较大，接下来要讲解的内容是比较关键或比较重要的。

（2）我问客答。导游人员在提问时从实际出发，因人、因地、因时提问，一般所问的问题不会太难，游客可能知道大概，但回答却可能会各种各样，这时导游人员可以加以引导，或者利用回答引出更多问题，如三清山为什么叫三清山？三清山因何成为道教名山？这时，游客的回答不论对错，导游人员都不应打断，而要给予鼓励，最后再由导游人员进行讲解。例如，在中国的园林旅游景点中，我们时常会看见各种砖雕、木雕以及各种花纹图案，导游人员除了讲解这些所见物的年代、历史和典故外，还可以向游客提问它们的寓意，如蝙蝠、桃子和灵芝三种图案合在一起为何寓意？导游人员这么一问，游客定会兴趣大增、七嘴八舌地回答问题。导游人员采用我问客答法时，所提问题必须是在游客似懂非懂的基础上，或者是难度不大、但要动脑筋才能回答。导游人员提出问题后，一般要停顿数秒钟，若游客实在回答不出，应立即给予答案，否则时间过长会陷入尴尬的场面。这时，导游人员将蝙蝠、桃子和灵芝在中国古代的身价和象征细说一番后，说：“三者合而为一，寓意为福寿如意!”此后，周围定会响起一阵掌声。

（3）客问我答。这是回答游客提出的种种问题，导游人员依据一定的事实基础和原则思想进行合适的表达。在整个旅游过程中，游客的问题涉及面很广，其难度也有深有浅，同时也具有随时性。导游人员首先应该是不厌其烦，对实在回答不出的问题也应谦虚，想尽办法做到既不失面子，也使游客得到心理上的满足。

在整个旅游活动过程中，导游人员使用客问我答法时要顺其自然，尤其是从事导游职业时间不长的人员，不要有意或提倡让客人提问，当然，经验丰富、知识渊博的老导游就另当别论了。因为导游界有句行话，叫做“导游不怕说，就怕问。”如果导游人员有意让游客提问，而导游人员又回答不出，他（她）不就处于尴尬和不利的处境上了吗？若早知如此，那何必使用。再说，游客的提问是五花八门的，导游人员也不一定能回答提问的内容，俗话说：“万宝全书缺只角。”导游人员最好不要自找麻烦。在面对客人提问时，还要注意既不能因为游客提问而打乱自己的导游安排，也不可以完全不顾游客提出的问题。

（4）客问客答。有时，当游客提出某一问题时，导游人员不一定要自己马上回答，可以把这个问题再转给其他游客，由其他游客来回答，这样也能调动游客的积极性。导游人员应鼓励游客参与讨论，活跃气氛，而此时导游人员则扮演着导演的角色。

7. 制造悬念法

制造悬念法是导游人员在讲解时提出令人感兴趣的话题，但又故意引而不发，激起游客急于知道答案的欲望，使其产生悬念，也就是俗称的“卖关子”。卖关子必须找到恰当的关口，即时机。悬念制造以前应有铺垫，即先有引人入胜的讲解，足以引发游客强烈的兴趣和愿望。

制造悬念的方法很多，如问答法、引而不发法、分段讲解法等都可能激起游客对某一事物的兴趣，引起遐想，急于知道结果，从而收到制造悬念的良好效果。但要注意的是，制造悬念法不能过度运用，用多后反而会过犹不及。

例 4－10

少林寺的导游人员在介绍少林寺塔林时说：“当年乾隆皇帝游历少林寺时带了500名侍从，也没能查清楚少林寺到底有多少座塔!”说到这里，停下来，给游客留下一个问号，大家在想：“到底多少塔呢？为什么500人也没有数清楚呢？”塔林游览完毕后，导游人员问：“大家数清楚了吗？现在塔林有255座塔。当年乾隆皇帝来时这里古木参天、野草丛生，皇帝让一人抱一塔，有的两三人抱的是同一座塔而不知道，所以贵为天子也没弄清楚有多少座塔。”导游人员用制造悬念来吸引游客的注意力，最后才把悬念揭开，使游客由衷地发出“原来如此”的感叹。少林寺塔林如图4.10所示。

图4.10　少林寺塔林

8. 类比法

类比法就是以熟喻生，达到类比旁通的导游手法。导游人员在讲解中将游客熟悉的事物与眼前的景物进行比较，可以使游客感到更加亲切和便于理解，有助于导游人员取得较好的导游效果。因比较的对象不同类比法可以分为以下 4 种。

（1）同类相似相比，即将相似的两物进行比较。例如，将成都的春熙路比作北京的王府井大街；把上海的城隍庙比作日本东京的浅草。

（2）同类相异类比，即比较出同类的两种风物其规模、质量、风格、水平、价值等方面的不同，如中国长城与英国哈德良长城之比，中国故宫和日本天皇宫之比等。但是，此法使用时要谨慎，绝不能伤害游客的民族自尊心。这种类比法还可以比出两种风物在风格上的差异。

例 4－11

陪法国旅游团参观故宫时，可将其与巴黎附近的凡尔赛宫进行比较；游览颐和园时，可将其与凡尔赛宫的花园进行比较。这种东西方宫殿建筑和皇家园林风格及艺术之比，西方游客听了不仅能欣赏到中国宫殿建筑和皇家园林的艺术美，也会对东西方文化传统的差异有进一步的认识。巴黎凡尔赛宫如图 4.11 所示。

图 4.11　巴黎凡尔赛宫

（3）时代之比。在游览故宫时，导游人员若说故宫建成于明永乐十八年，不会有几个外国游客知道这究竟是哪一年；而如果说故宫建成于公元 1420 年，就会给人以历史久远的印象。但是，如果说在哥伦布发现新大陆前 72 年、莎士比亚诞生前 144 年中国人就建成了面前的宏伟宫殿建筑群，这不仅便于游客记住中国故宫的修建年代，给他们留下深刻印象，还会使外国游客产生中国人了不起、中华文明历史悠久的感觉。又如，导游故宫，导游人员一般都会讲到康熙皇帝，但游客大都不知道他是哪个时代的中国皇帝，如果导游人员对法国人说康熙与路易十四同一时代，对俄国人说他与彼得大帝同一时代，还可加上一句，他们在本国历史上都是很有作为的君主。这样介绍便于游客认识康熙，也会使他们感到很高兴。

（4）换算，就是将某些景观中抽象枯燥的数字换算成具体的事物，这样更方便游客的理解。例如，导游人员在讲解北京市概况时，可以说："北京市行政区的面积非常大，共占地 16 808 平方公里，约合 6487 平方英里，相当于 25 个新加坡，比以色列略大，比美国的新泽西州略小。"

9. 触景生情法

“触景生情法”就是见物生情、借题发挥的导游讲解方法，它有两层含义。它的第一层含义是在进行导游讲解时，导游人员不能就事论事地介绍景物，而是要借题发挥，利用所见景物制造意境、引人入胜，使游客产生联想，从而领略其中之妙趣。例如，外国游客刚下飞机，从机场高速公路经四元立交桥进北京时，导游人员可趁机介绍北京市政府为了改善城市交通，在全市修建了50多座立交桥和大量的过街天桥、地下通道的业绩。又如，旅游团经过昆明市东站交叉路口，看到风格独特的白水泥雕塑时，导游人员可以介绍这组圆环形雕塑由6个少数民族组成，并顺势讲解云南省少数民族的概况，起到以点带面的作用。

触景生情法的第二层含义是，导游讲解的内容要与所见景物和谐统一，使其情景交融，让游客感到景中有情、情中有景。例如，当旅游团参观宽广的太和门广场、高大巍峨的太和殿时，导游人员可适当描述皇帝登基时的壮观场面：金銮殿香烟缭绕，殿前鼓乐喧天，广场上气氛庄严肃穆；皇帝升殿，文武百官三跪九叩，高呼万岁、万万岁。还可以讲一点末代皇帝溥仪三岁登基时被隆重的场面吓得直哭，闹着回家，而他的父亲连说“快完了，快完了”哄他的历史趣闻。游客望着宏伟的太和殿，听着风趣的讲解，定会发出欢快的笑声。

触景生情贵在发挥，要自然、正确、切题地发挥。导游人员要通过生动形象的讲解、有趣而感人的语言，赋予死的景物以生命，注入情感，引导游客进入审美对象的特定意境，从而使他们获得更多的知识和美的享受。

4.3 导游词撰写艺术

案例导入

案情介绍：小李是某师范院校中文系的学生，毕业之后到某景区从事景点讲解工作。小李工作很认真，而且很喜欢这份工作。认真的撰写导游词，撰写导游词时使用了很多华丽的词语、整篇导游词非常优美，但是游客的反应是他们在听演讲，不是在旅游。

（资料来源：叶娅丽．导游业务，上海：上海交通大学出版社，2011.）

请问：小李这样撰写导游词正确吗？

分析提示：小李对导游词的理解有误。创作优秀的导游词是景区导游的一项基本功。旅游景观中蕴含着丰富的历史文化、民族风俗及自然知识，这就要求导游人员博学好问，掌握丰富的专业知识、写出优秀的导游词，让游客在追溯和联想中充分享受各地各民族源远流长的历史和文化魅力。导游词要朴实，恰当应用一些华丽的词语，这样才能引起游客的共鸣。忌写成抒情诗或散文，更不能是演讲稿。小李创作的导游词从文字功底或者从优美感来说都是很优秀的，但导游讲解的对象是游客，而非文学爱好者。

导游人员在引领游客观光时，一段优秀的导游讲解能使游客在游览过程中获得更生动的体验，旅游景观中蕴含着丰富的历史文化、民族风俗及自然知识。要想写出一篇优秀的导游词，就要求导游人员博学好问，掌握丰富的专业知识，让游客在导游讲解的追溯和联想中充分享受各地、各民族源远流长的历史和文化魅力。

4.3.1 收集撰写资料

导游因其工作的复杂性，在面对不同游客时需要提供不同的讲解内容，因此，其语言效果在很大程度上取决于导游人员的知识水平，包括导游人员所掌握知识的广度与深度。随着时代的发展，游客对导游讲解的水平要求也越来越高，因此，导游人员的知识要做到常用常新，需要不断去充实完善，因此，导游人员对各种资料的搜集就显得尤为重要，而常用的资料收集方法有以下几种。

1. 专业书籍

与旅游地相关的书籍是导游人员获取旅游地信息的最直接的渠道。导游人员多读书，读好书不仅能使自身获取旅游地的相关信息，更能从书籍对旅游地的描述中汲取艺术的语言，丰富自己的导游语言，正所谓“腹有诗书气自华”。导游人员在讲解时也能利用书籍中的知识旁征博引，举一反三，给游客带来大量的信息。

2. 杂志、报纸

导游人员要保证自己的讲解内容与景观的实际情况相一致，因此，对于已有的或收集的资料要保证其时效性，保证自己的资料常用常新。杂志和报纸是导游人员搜集最新讲解资料的重要途径，尤其是旅游专业杂志和报纸，大都包含着导游常用的专题知识和业界的最新动态，导游人员可以通过它们花较少的时间，获得更集中、更丰富、更准确的知识。

3. 旅游网站

网络的出现使人们获取信息的渠道产生了极大的变革，足不出户便可通过网络知晓天下形势，查找最新的旅游信息资料，而且既有官方发布的各项统计数据，又有业界同仁的旅游感受与经验分享，还可以借鉴许多优秀的导游词，极大地拓展了导游人员的视野。

4. 视频信息

各种正式出版的音像制品、专业或综合电视台制作的旅游节目都能更加直观地、图文并茂地介绍各地的旅游资源，而且专业的解说比查阅纸质文献更快捷、更方便。

5. 随时随地搜集资料

导游人员可以在自己平时的生活和工作中处处留心，注意收集能为己所用的有用信息，内容不一定局限在景区景点、历史文化、民风民俗方面，只要是能在导游讲解中出现的、能为讲解增光添彩的内容，都可以注意收集。而且搜集资料的方式也不一定局限与上文所述的种种。例如，在与朋友的闲谈、与游客的交流中，都可能会获得宝贵的导游讲解素材。总之，导游应在平时的生活中处处留心，善于捕捉各种有用信息，做到“处处留心皆学问”。

4.3.2 导游词的结构

在景点旅游中，游客绝大多数时间是在景点中度过的：景点是文化的具体表现，不同的景点又代表着不同的文化内涵。因此，景点景区导游就成为导游中最大量、最核心的工作。边游边导，讲深讲透，又讲得游客爱听想听，方能显出优秀的导游水平。一篇优秀的导游词由前言、总述、分述和结尾 4 部分组成。

1. 前言

前言部分一般写导游人员在陪同游客参观、游览前表示问候、欢迎，自我介绍，交代注意事项和对游客的希望，实质上是一个开头。

2. 总述

总述部分主要向游客讲述景区（点）的导向性知识和说明性知识。导向性知识主要应该向游客交代清楚景区的地理位置、游览注意事项、游览线路、游览时间等知识。说明性知识主要应该向游客说明景区的历史沿革、文化特色、重要地位、旅游价值、名人评价等，使游客对该景区有一个基本的了解，而且深切感受到参观游览的重要意义。

1）导向性知识

导向性知识主要是向游客交代清楚景区的地理位置、游览注意事项、游览线路、游览时间等知识。例如，对成都武侯祠的导向性知识介绍。武侯祠位于成都南郊武侯祠大街 231 号。游览时请大家注意安全，注意保护文物，不要乱丢垃圾。我们的游览线路为大门—二门—刘备殿—文丞武将廊—诸葛亮殿—三义庙—刘备陵—侧门出。游览时间大约需要两个小时。武侯祠导游图如图 4.12 所示。

2）说明性知识

说明性知识主要是向游客说明景区的历史沿革、文化特色、重要地位、旅游价值、名人评价等，使游客对该景区有一个基本的了解，而且深切感受到参观游览的重要意义。

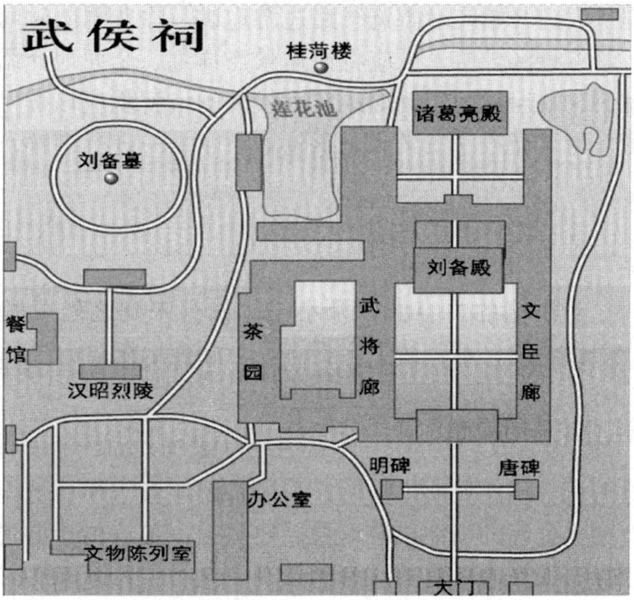

图 4.12 武侯祠导游图

（1）景区的历史沿革。要介绍景点产生的由来和历史沿革，景点与相关历史事件和历史人物的关系。例如，武侯祠的历史沿革。武侯祠始建于何时已经没有资料可考了。但从杜甫《蜀相》诗的描写“丞相祠堂何处寻，锦官城外柏森森”来推断，早在唐代以前，就已经建有武侯祠了。在唐、宋时代，这里分别有武侯祠和刘备庙；明朝初年重建时，将武侯祠搬进汉昭烈庙内，以前后两大殿分祀刘备与诸葛亮，形成了君臣合庙的特有格局。明末，祠庙毁于战乱。今天看到的武侯祠，是清代康熙十一年（公元1672年）在旧址上重建的。1961年，此景点被列为全国重点文物保护单位。

（2）景点的主要特色。景区建筑结构布局有何特点，风光有何奇趣？武侯祠的主要特色：成都武侯祠是中国最有名的纪念三国蜀汉丞相诸葛亮的祠堂；融刘备庙、武侯祠及刘备惠陵为一体，形成祠庙合一、君臣合祀的祭祀风格。又如，都江堰水利工程的主要特色：自动分水、自动排沙、自动灌溉、无坝引水。

（3）景点用途。该景区是为何而建，是为纪念名人还是欣赏风光，是为保护文物还是为教育后代？杜甫草堂就是为纪念著名诗人杜甫而建的，九寨沟就是为人们欣赏美丽的自然风光而建的。

（4）景点地位。该景点在世界上或在国内、省内、市内处于何种地位，是何级文物保护单位。例如，乐山大佛是唐朝开凿的世界上最大的一尊石刻弥勒佛，号称“山是一尊佛，佛是一座山”。

（5）名人评价。历史名人、国家领导人、世界名人、著名文人，参观后有何评论，采用“名人效应法”，介绍景点受人称颂的情况。

3. 分述

分述部分是对游客游览的每个景观进行分别讲述。按照游览的先后顺序，对景观一一进行解说，即从大门开始应沿游览线路边游边讲。除非团队时间有限不得不选择重点景点讲解外，景点景区导游人员应将沿途景点详细、全面地介绍给客人，否则就是服务上的偷工减料、缺斤短两。例如，对武侯祠的讲解就应该按照大门—二门—刘备殿—文臣武将廊—诸葛亮殿—三义庙—惠陵等顺序一一进行讲解，使游客对每个景点都有所掌握。

4. 结尾

在游览结束后，对游览的内容作一个小结，如有未到之处可做一简要说明，最后，对游客的合作表示感谢，请其留下宝贵意见，并表示祝福与告别。

4.3.3 优秀导游词应具备的要素

一篇优秀的导游词不仅能反映出导游人员的带团服务水平，更能传递出一个地区的旅游资源信息，树立良好的当地旅游形象。要写出一篇好的导游词，使人有身临其境的感受，就要求导游人员既要对其讲解的景观有全方位的认知，又要有所取舍，精于提炼，做到结构严谨、层次清晰、主次分明、文字流畅。一篇优秀的导游词应该具备以下八大要素。

1. 层次感

导游词要传递给游客的是景区景点的既有信息，这些内容可能是多方面的，这就要求导游词要按一定的规律或顺序依次介绍景点概况，达到逻辑清晰、思路敏捷、容易理解的目的。例如，向游客介绍一座古建筑，就可以按照始建时间、历史沿革、地理位置、地位与品位、宏观布局和具体景点这样的一条主线去讲，使景点的情况一层一层在游客面前铺开，才能教给游客完整的、系统的、条理清晰的景点知识，使游客加深对景点的了解。

2. 方位感

导游人员在讲解的过程中，需要通过各种态势语言的辅助将景点信息传递给游客，因此，导游人员必须站在一个特定的位置，引导游客观赏景物。在进行导游讲解的过程中会使用大量的方位指示词来向游客指明景观的方位，如“请大家看我们正前方的这个……”“请大家看左前方的……”“大家顺着我的手看过去，是不是可以看见……”等，在向游客指明方向后，才能进一步讲解。

3. 口语化

导游词的基本资料虽然大多来源于书面资料，但书面资料的表达方式却并不适合在导游讲解中出现，因为导游人员面对面地与游客进行交流的，过于书面化的表达方式不利于拉近导游人员与游客的距离，也不利于游客更好地理解导游人员对景观的介绍，因此，在进行导游讲解的过程中，应该将书面资料中的信息用口语形式表达出来，这就要求导游人员要多用短句，多用通俗易懂的词语。例如，“这件距今3000多年的青铜面具是1986年8月三星堆农民在取土烧砖时发现的两个祭祀坑中的二号坑出土的50多件精美青铜面具中最大的一件。”这样的书面长句不仅不适合导游讲解，也不利于游客的理解记忆，可以将其改为：“这是三星堆出土的50多件精美青铜面具中最大的一件，在1986年8月被取土烧砖的三星堆农民发现，当时发现了两个坑，它就埋葬在二号坑中，距今已经有3000多年的历史了。”通过这些短小的口语化的句子，导游人员可以很清楚地向游客进行介绍，游客也更容易听懂。

4. 找好切入点

一个景区可供讲解的内容很多，但导游人员却不能见山说山、面面俱到，必须选择讲解的重点，体现出导游词的主题和中心思想。选准导游词的主题，在后面的介绍中围绕这一主题展开讲解，导游词就基本成功了。但要想讲好主体，就必须有一个较好的切入点，善于将每个景点的特点与主题串联起来，围绕主题展开讲解。例如，在讲四川的青城山与峨眉山时，景区的自然地理、生态环境、建筑风貌、历史传说等都可以作为导游讲解的内容，但导游人员不能只是简单地就景讲景，而必须把所有内容与宗教文化联系起来进行讲解，才能使客人能全方位地了解这两座蜀中名山在中国文化史上的地位。

5. 体现针对性

导游词必须从实际出发，根据不同游客的需要及当时的情绪和周围的环境随机而动，不能是千篇一律的讲解词。在游览过程中，不同的游客对景观的观赏和理解的角度是不同的。例如，对青少年游客，在讲解中，充满趣味的内容更能被其接受；而对成年人游客，注重景观的成因、构造等科学知识丰富的讲解内容则是他们所希望听到的。导游人员在编写导游词时，最好能将凡是能将涉及的内容都写到自己的导游词中，虽然不一定每次导游讲解都全部用到，但是遇到不同的游客就可以有针对性地从中选取一部分进行讲解。

6. 突出趣味性

为了突出导游词的趣味性，导游人员应该加强5个方面的训练。

(1) 会编织故事情节。在讲解中，导游人员要不失时机地穿插一些充满趣味的民间故事或传说，以激发游客的兴趣和好奇心。

(2) 语言生动形象，用词富于变化。生动形象的语言能给游客带来身临其境的感受，让他们留下深刻的印象。

(3) 恰当地运用修辞手法，通过比喻、比拟、夸张、象征等修辞，使静止的景观升华为生动鲜活的画面，揭示出事物的内在美，使游客沉醉其中。

(4) 增加幽默风趣的韵味。幽默风趣是导游词艺术性的重要体现，可使其锦上添花，气氛轻松。

(5) 情感亲切。导游词语言应文明友好、富有人情味，应言之有情，让游客赏心悦目，倍感亲切温暖。

7. 彰显品位

导游词不仅是导游人员的工作语言，更是一个景区或一个地区甚至国家的宣传语言，因此，导游词既要体现出一定的文学品位，更要体现出其思想品位。通过规范的语言、准确的表达、严谨的结构与分明的层次展示出的导游词，最好还能引经据典，恰当地运用名人名言或名言警句来提高导游词的文学品位，从而更好地发挥导游词的宣传作用，增强民族自豪感，提高导游词的思想品位，弘扬爱国主义精神。

4.3.4 导游词的禁忌

1. 忌写成抒情诗或散文，更不能写成演讲稿

有些导游词从文字功底或者从优美感来说都是很优秀的，但导游讲解的对象是游客，而非文学爱好者。导游词要朴实，恰当应用一些华丽的词语，这样才能引起游客的共鸣。还要注意口语的表达和运用，不能堆砌辞藻，惯用的“欢迎辞”“欢送辞”要朴实亲切，富含真情实感，切忌矫揉造作。

2. 忌导游词段与段之间没有任何关联

导游词写作要注意承上启下，段与段之间要自然衔接，而不是感觉两段之间找不出任何关联；同时，还要避免某部分内容非常突兀的情况，这是很多导游词经常出现的弊病。

3. 忌导游词与自己工作时的位置分开

导游是移步工作，因此，写导游词的时候，要注意和自己工作时的位置相吻合。例如，导游讲解的一些内容是在车上讲的，那么有些习惯用语，即“请大家往左手边看”“在我们正前方是”等，注意方向不能搞反；如果是在景点游览途中的导游词，则常用语是“请大家随我来”“矗立在我们面前的建筑物就是……”“请大家看这尊塑像”等。

4. 忌导游词太长

要把握导游词的时间，要留出时间与游客互动。曾经有调查表明，当持续讲解超过45分钟，人就比较容易产生疲惫感。这也是为什么很多学校的讲课时间设定为45~50分钟的原因，导游讲解也是一样的。

5. 忌导游词的弱智化

导游词的弱智化是指导游词的层次偏低，没有什么科学内容和学术价值。例如，在很多景区，常会听到导游人员问游客：“这座山像什么”“这棵树是不是像条龙”“熊猫饿了想吃什么”等问题，导游人员是想引起游客兴趣，激发游客的参与热情，可实际上内容低俗幼稚。

6. 忌导游词的神秘化和迷信化

自然文化的地域差异越大，未知感越强，其神秘色彩就越浓，对游客的吸引力也越大。导游词创作应该满足客人的好奇心，但不能神秘化、迷信化。对一些自然文化现象，可以讲解民间传说，但要给出科学的解释，不能以神仙点化、佛祖神功等稀奇古怪的内容来故弄玄虚，甚至宣传封建迷信、制造精神垃圾。

7. 忌导游词的雷同化

由于滥用神话和传说的现象普遍存在，游客在完全不同的旅游区常常听到内容大致相似的导游讲解，什么“某某仙女的腰带落到人间，就形成了某条河”、“某某湖是某位仙人的马蹄印所致”等，让游客感觉牵强附会、似曾相识，会有损导游人员的形象。

实训项目

导游词创作

实训项目：景点导游词创作方法。

实训学时：2 学时。

实训要求：熟练掌握景点导游词的创作方法。

实训材料：多媒体教室、相关图片资料、导游图。

实训地点：学校。

实训步骤：

第一步，教师讲解景点导游词的创作方法；

第二步，学生分组讨论，每个小组选择一个景点，大家研究讲解的具体内容；

第三步，开始创作导游词。

4.3.5 景点导游词的创作示范

景点讲解是导游人员工作的重头戏，也是游客最为关注的导游讲解部分。在景区的每一个主要景点前导游人员都会给游客一定的停留时间，这时导游人员结合具体景点进行的讲解是详细的、有侧重点的，目的是要让游客将所见所闻结合起来感受，留下深刻的印象。因此，景点的导游讲解词创作要注意在控制时间的前提下，有效地运用各种导游技巧，突出重点，讲出新意。

导游词范例

故宫博物院导游词（节选）

女士们、先生们：

今天能够陪同大家一道参观，我感到很高兴。这里就是世界闻名的故宫博物馆，一般大家都简称它为故宫，顾名思义，就是昔日的皇家宫殿。自1911年清朝末代皇帝爱新觉罗·溥仪被迫宣告退位上溯至1420年明朝第三代永乐皇帝朱棣迁都于此，先后有明朝的14位，清朝的10位，共24位皇帝在这座金碧辉煌的宫城里统治中国长达5个世纪之久。帝王之家自然规模宏大、气势磅礴。时至今日，这里不仅是中国，也是世界上规模最大、保存最完整的古代皇家宫殿建筑群。由于这座宫城集中体现了我国古代建筑艺术的优秀传统和独特风格，所以在建筑史上具有十分重要的地位，是建筑艺术的经典之作，1987年已被联合国教科文组织评定为世界文化遗产。

故宫又称紫禁城，究其由来，是天文学说和民间传说的相互交融。中国古代天文学家将天上所有的星宿分为三垣、二十八宿、三十一天区。其中的三垣是指太微垣、紫微垣和天市垣。紫微垣在三垣的中央，正符合“紫微居中”的说法。因此，古人认为紫微垣是天帝之座，故被称为紫宫。皇帝是天帝之子、人间至尊，因此，他们也要模仿天帝，在自己宫殿的名字上冠其紫字，以表现其位居中央，环视天下的帝王气概。还有一个说法就是指“紫气东来”。传说老子出函谷关，关令尹喜见有紫气从东来，知道将有圣人过关。果然，老子骑了青牛前来，喜便请他写下了《道德经》。后人因此以“紫气东来”表示祥瑞。帝王之家当然希望出现祥瑞天象，那么用“紫”字来命名也就顺理成章了。“禁”字的意思就比较明显了，那就是皇宫禁地，戒备森严，万民莫近。此话决无半个虚字，在1924年末代皇帝被逐出宫、这里正式开放以前平民百姓别想踏近半步，大家可以想象紫禁城过去是多么崇高威严，神圣不可侵犯啊！

紫禁城建在北京，是有其历史依据的，当然也是因为这里是一块风水宝地，这说来话长。故宫从明永乐四年（1406）开始修建，用了14年的时间才基本建成，到今天已有570多年的历史了。大家看到了，故宫是一级红墙黄瓦的建筑群，为什么会是这样呢？道家阴阳五行学说认为，五行包括金、木、水、火、土，其中土占中央方位，因为华夏民族世代生息在黄土高原上，所以对黄色就产生了一种崇敬和依恋的感情，于是从唐朝起，黄色就成了代表皇家的色彩，其他人不得在服饰和建筑上使用。而红色，则寓意着美满、吉祥和富贵，正是这些原因，故宫建筑的基本色调便采用了红、黄两种颜色。

故宫占地72万多平方米，有宫殿楼阁9900多间，建筑面积约15万平方米。四周有高9.9米、号称10米的城墙，墙外一周是52米宽的护城河，俗称筒子河。城南北长约960米，东西宽约760米，城上四角各有一座结构奇异、和谐美观的角楼，呈八角形，人称九梁十八柱，七十二条脊。城四周各设一门，南面的正门是午门，北门叫神武门，东门叫东华门，西门叫西华门。故宫在施工中共征集了全国著名的工匠23万人，民夫100万人。故宫所用的建筑材料来自全国各地，如汉白玉石料来自北京房山县，五色虎皮石来自河北蓟县的盘山，花岗石采自河北曲阳县；宫殿内墁地的方砖是在苏州烧制的，砌墙用砖是在山东临清烧制的；宫殿墙壁上所用的红漆，原料产自山东宣化（今高青县）的烟筒山；木料则主要来自湖广、江西、山西等省。由此也可以看出当时工程之浩大。

我们眼前的建筑叫午门。午门是紫禁城的正门，俗称五凤楼。明代，每年正月十五，午门都要悬灯赐食百官。到了清代这项活动就被取消了。每年农历十月初一都要在这里举行颁布次年年历仪式，清代乾隆年间因避乾隆帝“弘历”的名字，故将“颁历”改称“颁朔”。清代，皇帝举行朝会或大祀，以及元旦、冬至、万寿、大婚等重大节日，都要在这里陈设卤簿、仪仗。此外，国家凡有征战凯旋时，皇帝都要在午门接受献俘典礼；如果皇帝亲征也从午门出驾。

关于“推出午门斩首”的说法，可能是从戏剧舞台上及野史小说敷衍而来的。实际上，明代朝廷命官犯罪，有的在午门廷杖，当然严重的可能也有被当场打死的。

（进午门后金水桥前）

现在，我们已经到了故宫里面，在正式游览之前，我先介绍一下故宫的布局和参观路线。故宫占地72万多平方米，在这样大的面积上，集各种建筑手法建造一组规模如此宏大的建筑群，不但没有纷杂现象，反而给人以结构严谨、色彩辉煌和布局规整的感觉，最主要的手段是建造中突出了一条极为明显的中轴线，这条中轴线和整座北京城有机地结为一体，北从钟楼，南至永定门，总长度约8公里，皇家禁区苑内的部分约占1/3。宫内重要建筑都在这条中轴线上，其他建筑分东西对称分布。整个宫殿的设计和布局都表现了封建君主的“尊严”和封建等级制度的森严。

故宫分外朝、内廷。现在我们在外朝的最南端，正前面是太和门。太和门前有一对威严、凶悍的青铜狮子，是门前桥头的守卫者，象征着权力与尊严。皇帝贵为天子，门前的狮子自然最精美、最高大了。东边立的为雄狮，前爪下有一只幼狮，象征皇权永存、千秋万代。我们眼前的这条小河叫金水河，起装饰和防水作用。河上五座桥象征孔子所提倡的五德：仁、义、礼、智、信。整条河外观像支弓，中轴线就是箭，这表明皇帝受命于天，代天帝治理国家。

（资料来源：http：//www.zhlzw.com）

4.3.6　途中导游词的创作示范

由于途中游客处于动态之中，因此，在途中导游词的创作中，要尽量把握好在不同的行进时段中路线讲解的重点。对途中的重要景点进行特色鲜明的介绍，再由此引发出地方概况、民风民俗等内容，做到点、线、面的结合。

导游词范例

成都至乐山途中导游词

各位朋友，我们现在乘车经成乐高速公路前往今天的目的地乐山。

乐山位于成都西南。我们要途经双流、新津、彭山、眉山、夹江5县市，全程约160公里，行车约2小时。

各位，我们现在正行驶在双流县境内。请留意看一下，远处半裹着薄雾轻纱的竹丛人家、田埂上的桑麻、四季稻谷飘香……（展开：桑蚕的传说、“天府”的来源等）。这里没有北方农村那种凝重、厚实之感，也比不上江南水乡的灵秀，却是十分淳朴和闲适。双流县古称广都，在巴蜀古文化里与成都、樊都（广汉）并称“三都”。据史料记载，其境内曾是古蜀国建都的地方，因为此地处于成都市外围，又是下方，地理位置不甚优越，常受水患（展开：成都水文化），故民谚有：“金温江、银郫县、叫花子出在双流县。”斗转星移，特别是改革开放20多年来，双流县一跃成为全国首批年产值超亿元的先进县，为成都市属各县首位。往昔的“泥腿子”、“叫花子”今天已被看作是建筑行业的“龙头老大”。还有风靡全国乃至东欧、北美的“洁尔阴”恩威集团，也发端于此。“城阙辅三秦，风烟望五津。与君离别意，同是宦游人。海内存知己，天涯若比邻。无为在歧路，儿女共沾巾。”

这首诗是“初唐四杰”之一的王勃在得知自己的好友杜少府（少府是唐朝一官职名称）要离京城去四川蜀州（今崇州市）做官时作的送别诗。诗中的绝唱已为众多海外游子熟知。但诗中两处地名大家知道吗？“三秦”是指今天的关中地区，其由来是“楚汉相争”时，得势的项羽把秦地（今陕西）分成了3个管辖区（雍、塞、翟）；“五津”是指岷江在川西河段上的5个著名的渡口，其中之一就是我们现在经过的新津。新津是成都门户之一。三国时期，诸葛亮“七擒七纵”孟获的故事可谓是妇孺皆知。相传，孟获乘诸葛亮北伐中原之机，频频侵扰，欲夺成都，当时就在此屯兵。20世纪90年代中期，成都平原发现了长江中、上游古文明的大量遗址（展开：长江文明之源），其中之一的宝墩遗址，即是当地老百姓所说的“孟获村”。新津有很多名胜古迹，素负盛名的当推九莲山观音寺，里面有7幅至今保存完好的明代壁画，其最大特点是突破了传统绘画所采用的颜料，而使用天然矿物质为颜料，配以珍珠粉、生漆等，并使用了沥粉贴金技法，使画面富丽堂皇，经久不坏，很值得观赏。

我们现在已进入浅丘陵地区的彭山县。大家知道，“四川盆地”是全国著名的五大粮仓之一，它的东面为大巴山，北面为秦岭山脉，西面为岷山、邛崃山、大雪山，南面为大凉山。因其群山环抱，天公造出一块相对平缓的绿洲，习惯上称它为“盆地”。要说“盆地”，其实也是以丘陵为主的地带。连绵起伏的丘陵都有一个共同的特点，即除了一些植被外，更多的是套种的农作物，那都是因为人均耕地少的缘故嘛（展开：四川人口构成）。但我们现在看到的却满目青山，想必大家都猜到了，这是因当地政府积极落实了中央政府坚决保护长江中上游防护林带，下大力退耕还林，防止水土流失的政策。看看这青山绿水，这紫烟升腾的仙山（遥指彭祖山）！对了，是因为当地出了个中国老寿星——彭祖。传说彭祖长寿800多岁，历经夏、商、周三代，晚年回到这里。彭山县的江口镇茶场村是彭祖的故里和墓地。史料记载，彭祖学识渊博、一身正气凛然，不屑官场阿谀奉承，告老还乡，修身养性。在中国原始哲学里“师法自然”、“天人合一”、“返璞归真”等观点都不同程度告诉我们这样一个道理，即人的行为一定要合乎自然规律。你可以认识它、改造它，可以有“人定胜天”的精神，但不能违背它的规律（展开：地球变暖、各类自然灾害）。从养生角度讲也是这样，传说中的彭祖讲究的是“调理”、“纳气”、“导引”，用今天的话讲，是要遵循自己的“生物钟”与自然界的和谐呢。至于说他“炼丹”追求长生不老，以至于后来的帝王将相争相效仿，并影响到民间的那股荒诞之风，当然是不可取的。但中国人传统“养身”中的价值取向“先天不足后天补”的学说是值得肯定的。虽称彭祖活了800岁，其实不过是说他命长和人们对“生”的渴望。直到今天，这个命题也还是各方专家孜孜求索的课题。据说，这里正在建设一个能反映中国传统养身之道的博物馆。

（进入眉山县境）“一家三父子，都是大文豪”。在座的各位知道这是指谁吗？对，是指苏东坡父子三个。我们现在正经过他们的家——眉山，古称眉州。这是四川的一个农业大县，除了其传统的农耕文化，应该说它是因苏东坡而闻名全国的。有人说，四川藏龙卧虎之地，“在川是条虫、走出是条龙”。从历史上看，身处四川盆地的人受外面世界的干扰很少。不少时候，外面诸侯割据、战乱纷争，四川倒是成了避风港，加之这里有丰饶的土地、优越的自然环境，因而形成了四川人的一种不思进取、小富即安的农耕意识。但这种意识并没有侵入到所有四川人心中，事实上，外面的世界总是精彩的，当一些志向高远、胸怀大志的人，或是因种种原因外出谋生的人，离开了家乡，因客观环境的促成，往往能成就大业（相对而言）。昨天走出了个苏东坡，今天又一个李东华（展开：古往今来）。苏轼，号东坡居士，他出身于一个较清寒的知识分子家庭，父亲苏洵早有文名，母亲也能教他读《汉书》。由于环境的熏陶，天资又聪颖，青年时期的苏东坡就具有了广博的历史文化知识和多方面的艺术才能。北宋时期，中国“城市经济”空前繁荣，但是政治局势“积贫积弱”，因此，时代呼唤出了一大批政治改革家（展开：范仲淹、欧阳修、王安石等）。苏东坡“少有抱负”，他积极参与是“任人”还是“法制”的争论，后因作诗讽刺“新法”被捕下狱，出狱后被贬黄州（湖北），先后贬官惠州、琼州。政治上的失意，使他有较多的机会接近下层人民，关心人民的疾苦，并在兴修水利、改进农业生产方面做了不少有利于人民的事情。我们认识苏东坡，更多的还在于他的诗词方面，如：

“大江东去，浪淘尽，千古风流人物。”《念奴娇》

“明月几时有，把酒问青天。”《水调歌头》

“不识庐山真面目，只缘身在此山中。”《题西林壁》

“我家江水初发源，宦游直送江入海。”《游金山寺》（展开：词人创作对后世的影响）

我们从乐山回来时会去参观“三苏祠”，进而能对苏氏三父子有进一步的了解。

李东华，大家可能很陌生。中国体操界有一大批如李宁、李小双、楼云等驰骋世界体坛的名手，而他们的大师兄李东华却老是出不了头，“无奈”客走他乡，在瑞士饱经磨难，居然一跃成为瑞士国有史以来第一位荣获世界体操冠军的外籍选手，并因此获得终身“瑞士公民”的称号。这，就是四川人民那种特有的“韧”劲，你或许会说这是千百年来“盆地意识”积淀的一次喷发，但我却不敢苟同。四川也是一个人才辈出的地方，常言道“不鸣则已，一鸣惊人”，你们可别小视四川人哦！

现在经过夹江县，夹江是著名的书画纸产地。中国是个文明古国，它与巴比伦、古希腊并称人类文明三大策源地，如常让我们引以自豪的礼教、历法、天文、地理、医学、饮食、服饰、建筑等，专家们如是说。而我们常人没有不知道“四大发明”的，其中的活字印刷术据专家考证，就起始于四川。话说北宋时期，中央集权制度得到进一步巩固和加强，人民相对生活在一个比较繁荣的和平环境里，“城市经济”的繁荣带动了农业、手工业的发展。据记载，当时四川的茶、丝、粮、棉等大宗商品占全国总产量的1/6。以往那种靠铁钱、铜钱进行商品交换的方式已不能满足社会发展的需要。精明的商人开始以“字号汇票”的方式来取代沉重的金属钱，后逐步演变为“交子”，即今天的纸币。今天成都市内还有一处记叙当年官方印“交子”的场所——椒子街（因讹传，实为交子街）。印刷业正是在这样的背景下飞速发展起来的。按照中国传统的“五行说”原理，天下任何事都是相辅相成的。印刷术依赖的正是纸。世界上有很多国家都或这或那发明了纸，但唯独我们国家发明的“蔡伦纸”才是真正意义上的、具有可书写特性的纸。从东汉时期蔡伦发明纸到明朝我国造纸业的繁荣，中国的经济向来都是居于世界领先地位的。虽说是纸，但所体现的正是中国人民的智慧。“宣纸”是我国的一张名片，凡从事书法、绘画艺术的人都对其爱不释手。你们可知“大千纸”吗？别忘了，能与“宣纸”相提并论的正是产在夹江的“大千纸”。传说，张大千年轻的时候，也和历史上的文人墨客一样喜欢畅游名山大川。当他游完峨眉山后，慕名来到这儿的造纸作坊，深深被这儿的每一道精湛的工序所折服，出于对家乡的热爱，画家亲自指导改进纸的品质，并从此专用这里产的纸，夹江书画纸的发展因此而经久不衰，这就是“名人效应”。

好了，现在我们已进入乐山境内。乐山市是一座历史文化名城，风光秀丽，文物古迹甚多，著名的有乐山大佛、麻浩岩墓、乌尤寺、郭沫若旧居等，我们将在游览中再作详细介绍。

（资料来源：http：//www. examda. com.）

典型案例

数字北京

各位朋友，我们现在即将进入北京市区。北京市区是亚洲面积最大的市区之一，即使站在北京最高的建筑物上，你也很难看到它的边界。事实上，北京市行政区的面积也非常大，共占地16 808平方公里，约合6487平方英里，相当于25个新加坡，比以色列略大，比美国的新泽西州略小。

北京处于整个中国的中心偏北，离海岸线很近，只有125英里左右，离蒙古沙漠的边缘也只有200英里左右。北京周边的铁路体系非常完善，火车四通八达，从这里前往各个重要城市都很方便，去距离600英里的西安需要8小时，去距离750英里的上海需要11个小时，去距离1500英里的香港需要22个小时，而前往距离2500英里外的拉萨则需要48小时的旅程。当然，去西藏的火车会很奇妙，因为它将带你穿越超过16 000英尺高的唐古拉山口，到达海拔为12 000英尺的日光城——拉萨。

北京位于北半球的北纬39度，与美国的纽约、芝加哥，西班牙的马德里在同一地区，但由于地理原因要比前两者暖，比马德里冷。北京年平均气温为华氏53度，春季大约为华氏55度，但干燥多风，气候更与美国亚利桑那州的Phoenix更为相似；夏季大约为华氏80度，白天气温甚至会超过华氏90度，而且气候湿热，潮气很重，类似美国的德州的Houston；秋天的北京是最舒适的，大约华氏60度，接近于美国西海岸的城市Portland；冬季很寒冷，会有几次降雪，大约有两个月的结冰期，气温也很低，约为华氏25度左右，类似于美国的首都Washington D. C。

北京的人口数字也很庞大，约有1700万，相当于半个加州或者半个加拿大，接近整个纽约州的人口。现在中国经济发展很快，北京也因为首都效应及奥运会的原因在迅速成长。在过去的岁月里，北京被称作“自行车王国”，拥有超过1000万辆自行车，几乎达到人手一辆，但随着市民逐渐富裕，很多人开始放弃自行车，转而开始购买汽车。现在，城市里共有约300万辆机动车，每天都会有1000辆新车出现在城市里，目前，在北京平均每两个家庭就会有一辆机动车，数量的快速增加和国际油价的走高使得北京的汽油价格已经和美国的很多州基本持平，大约每加仑3美元。但是，北京并不同于美国的很多城市，很多人买车并不是真正需要，而只是想体验一下拥有私家车的感受。事实上，北京的公共交通网络是全国最好的，甚至超过了美国的纽约。算上目前正在建设的，北京的地铁总长度接近350英里，我们有25 000辆公交巴士，800多条公交线路，城市里还跑着67 000多辆出租车。

下面再介绍一下我们的行程。中国是一个地理资源丰富、历史厚重的国家，联合国教科文组织为我们评选出了35处世界文化遗产，接近于美国的一倍（18个）。其中，比较有名的有秦始皇陵兵马俑、苏州园林、敦煌莫高窟和布达拉宫等。我们在北京的游览行程中将会访问到5处世界文化遗产，分别为故宫、颐和园、天坛、明陵和长城。其中，只有颐和园是建于清朝中期的，大约是在250年前，确切年代为1750年，大约比美国宣布独立早26年，比法国大革命早39年，它的面积足有716英亩。其他四处遗产都是建于明朝初年的15世纪，确切的年代应为1420年，比哥伦布发现美洲新大陆要早72年。天坛的面积和颐和园差不多，约有674英亩；而故宫则只有177英亩；明陵的建筑形式虽一样，可不同的陵实际面积区别很大，但把所有的陵区面积加起来相当于秦始皇陵的大概面积（10 000英亩）。长城的确很长，我们所看到的明长城就长达4000英里，而早在2000年前修建的汉长城更是超过了6000英里。有两个著名人士曾经给长城作过免费广告，一个是我们的毛主席，另外一个就是美国的宇航员阿姆斯特朗。

好了，就先讲到这里，太多的数字可能会让你混乱，但它们的确可以帮助你记住我们这个美丽的城市——北京。

请问：导游人员为什么要使用数字法进行讲解？

案例分析：在旅游过程中，游客大多希望能对旅游目的地有更全面、更深入的了解，而许多目的地的确切情况又需要有详实的数据加以佐证。通过数据，游客能增加对导游讲解的信服度，但单纯地将数据告诉游客却往往会显得枯燥无趣，许多数据游客理解起来也很困难，而导游人员通过类比、换算等方法将抽象的数据用游客熟悉的内容讲解出来，既能提高导游词内容准确性，又能吸引游客的注意力。因此，导游人员应掌握多种讲解方法并能灵活运用，这样才能使自己的导游讲解更生动、内容更详实，才能更吸引游客，取得游客的信任。

思考与练习

一、填空题

1. 导游语言按其语言表达的形式，可以分为口头语言、书面语言、________和________4类。

2. 导游人员在同游客熟悉之后，如当游客向导游人员问好时，导游人员即可________，也可________。

3. 导游讲解要讲好主体，必须要有一个较好的__________，善于将每个景点的__________与__________串联起来，围绕主题展开讲解。

4. 导游人员可以根据__________和__________来调节音量。

5. 导游人员在前往景区的途中或在景区入口的示意图前，一般进行的讲解是__________。

6. 导游讲解运用突出重点法时，应注意突出__________、__________、__________、__________。

7. 一篇完整的导游词，其结构一般包括__________、__________、__________、__________4个部分。

8. 导游词的“庸俗化”现象通常表现在__________、__________、__________、__________等4个方面。

二、单项选择题

1. 用“古、大、重、绿”四字来描绘一地风光特色的导游手法是（　　）。
   A. 画龙点睛法　　B. 突出重点法
   C. 触景生情法　　D. 引人入胜法

2. 导游人员在讲解过程中将典故、传说和景物介绍有机结合的导游方法叫做（　　）。
   A. 虚实结合法　　B. 制造悬念法
   C. 触景生情法　　D. 引人入胜法

3. 在撰写导游词时应注意，要按一定的规律或顺序依次介绍景点，以体现导游词的（　　）。
   A. 趣味性　　B. 层次感　　C. 方位感　　D. 针对性

4. 导游人员在途中讲解时，对喜欢算命的客人讲了些关于算命先生信口开河带来不良后果的段子。在这里，导游人员使用段子达到的效果是（　　）。
   A. 调节情绪，融洽关系　　C. 提醒警示，寓教于乐
   B. 加深讲解效果　　D. 展示导游风采

5. 导游人员小张在前往武侯祠时对游客介绍到：“武侯祠的大门匾额上题名并非武侯祠，而是‘汉昭烈庙’，至于原因为何，到了武侯祠再给大家介绍。”这一讲解方法叫做（　　）。
   A. 虚实结合法　　B. 制造悬念法
   C. 触景生情法　　D. 引人入胜法

6. 导游人员在拒绝游客提出因太累想安排点额外的夜间游乐活动时，说道“您的意见很好，客人也都比较累，但许多人还有其他的计划，最好还是让大家自行安排，而且明天还有很长的行程要走。”导游人员的这种拒绝方法属于（　　）。
   A. 先是后非法　　B. 微笑不语法
   C. 避实就虚法　　D. 顺水推舟法

7. 导游人员在陪法国旅游团参观故宫时，将其与巴黎附近的凡尔赛宫作比较；游览

颐和园时与凡尔赛宫的花园进行比较讲解，使游客对故宫的地位价值有了清楚的认识，也对导游人员的讲解留下了深刻的印象。这种导游讲解方法是（　　）。

A. 同类相似比较法　　B. 分析说明法
C. 同类相异比较法　　D. 概括法

8. 导游讲解会使用大量的方位指示词来向游客指明景观的方位，这是为了体现导游词的（　　）。

A. 趣味性　　B. 层次感　　C. 方位感　　D. 口语化

9. “各位游客”这一称谓是在目前的导游语言中出现频率最高的一种，属于称谓中的（　　）。

A. 尊称型　　B. 交际型　　C. 亲密型　　D. 客套型

10. 导游人员在讲解的过程中，要根据不同游客的不同需要来安排讲解内容，这体现了讲解原则中的（　　）。

A. 清楚性　　B. 针对性　　C. 灵活性　　D. 逻辑性

三、多项选择题

1. 导游人员的态势语言主要包括（　　）。

A. 表情语　　B. 手势语　　C. 姿态语
D. 口头语　　E. 微笑语

2. 出于不同的目的，导游讲解中的停顿主要可分为（　　）。

A. 语意停顿　　B. 暗示省略停顿
C. 等待反应的停顿　　D. 强调语气的停顿
E. 故意停顿

3. 导游人员讲解的灵活性原则体现在（　　）。

A. 因人而异　　B. 因景而谈　　C. 因地制宜
D. 因时制宜　　E. 因事而异

4. 导游人员的讲解既要传递丰富的信息，又要能吸引游客，因此，导游人员常采用趣味讲解法进行讲解，具体的做法有（　　）。

A. 幽默讲解法　　B. 画龙点睛法
C. 触景生情法　　D. 虚实结合法
E. 夸张讲解法

5. 创作一篇优秀的导游词往往需要进行线路考察，考察前可以进行的准备工作有（　　）。

A. 了解行程、线路　　B. 讲解对象的情况准备
C. 讲解资料的准备　　D. 心理上的准备
E. 物质上的准备

四、简答题

1. 导游人员在回答游客提出的问题时，可以采取哪些方法？

2. 导游人员在讲解的过程中如何体现导游词的清楚性原则？
3. 什么是导游讲解技巧的触景生情法？
4. 在创作导游讲解词时，可以通过哪些途径收集讲解资料？
5. 途中导游词的创作应注意哪些方面？

五、案例分析题

站在楼台的敞廊上远看都江堰水利工程，可以看见岷江从山里滚滚而来，在拐弯处被一条像鱼头的长坝一分为二，堤坝这边的江水顺玉垒山脚流到一座孤立的山头前，堤坎矮下去了，而水流都靠着山这边走向远方，这就是都江堰的渠首工程。长堤的头部叫鱼嘴，堤尾矮下去那段叫飞沙堰，孤立的山头和玉垒山之间的水道叫宝瓶口。鱼嘴、飞沙堰、宝瓶口是都江堰的三大主体工程，鱼嘴用于分水，让灌溉的水进内江，多余的水走外江；飞沙堰用于溢洪排沙；宝瓶口用于引流入渠。就是这 3 部分工程的巧妙配合，奠定了都江堰千古长存的“不坏金身”。今天我们看起来，它们是那样简单，甚至会觉得平凡，但其实正印证了一句“伟大出于平凡”的格言。都江堰渠首工程蕴涵着极大的科学性，其设计和建造所体现的认识自然和利用自然的水平非常高，即使是2000 多年后的今天，都江堰仍然可以被称为最高水平的水利成就。等一会儿我们到了现场再作详细介绍，指物说理可能比较容易说明白一些。请问：

1. 这段导游讲解词中运用了哪些讲解技巧？
2. 这段导游词中体现了哪些导游讲解的原则？

5 导游人员带团的技巧

知识目标

1. 了解导游人员自我调节的方法，掌握树立良好印象的方法。
2. 熟悉导游服务集体共事的原则和方法。
3. 掌握导游人员提供心理服务的技巧。
4. 掌握特殊团队的特点和接待技巧。

能力目标

- 学生通过对导游人员自我管理知识的学习，在带团时能够进行自我管理。
- 学生通过对导游服务集体知识的学习，能够正确处理好各种关系。
- 学生通过对导游心理服务知识的学习，能够为不同的游客提供具有针对性的心理服务。
- 学生通过对特殊团队知识的学习，能够胜任特殊旅游团队的导游工作。

5.1 导游人员自我管理的技巧

案例导入

案情介绍：小宋2011年7月毕业于四川某高校旅游专业，进入了四川某旅行社从事导游工作。由于小宋身材不高，长相稚嫩，给人的感觉就是一个刚参加工作的导游人员。2011年7月正值旅游旺季，公司安排她接待约40人的大团，游客到机场出站口看到小宋，都用怀疑的眼光望着她，那些猜疑型的游客更是交头接耳，议论纷纷。小宋望着这情景，灵机一动，她一改常用的欢迎辞，自我介绍后便说："爹妈给我生了一张娃娃脸，但我却是旅游管理专业的毕业生，导游水平不高，可我的态度是端正的、服务是周到的。我会尽我最大努力使各位高兴而来、满意而归。"说完，她就开始了自己的导游工作。随后，由于小宋严格按照旅游计划进行旅游活动，说话算数，态度热情诚恳，真诚地为大家服务，得到了全体游客的一致好评，那些猜疑型的游客也佩服地说："小宋是可信赖的，服务很周到"。

请问：小宋为什么能够得到游客的认可？

案例解析：该案例说明，导游服务是要讲究技巧的，需要随时进行自我调节。由于小宋身材不高、长相稚嫩，使游客都用怀疑的眼光望着她，但她并没有自卑，而是灵机一动，马上改变了策略，把自己的真实情况和服务态度给游客作了交代，然后真诚地为游客提供各项服务，最终获得了游客的好感。

5.1.1 导游人员的身体调节

导游工作的强度是非常大的，不仅要在旅游活动过程中对游客进行讲解、照料，在许多旅游目的地，特殊的地形对导游人员的体能要求也高，因此，导游人员平时应注意加强体育锻炼，以应对工作中的挑战。南京中山陵的392级台阶要求导游人员能爬善走；川、滇、渝等地的登山旅游对导游人员的身体提出了更高的要求。中山陵如图5.1所示。

为了能适应这种高强度的工作，导游人员应该在每次接团时都将自己的身体调整到最佳状态。导游人员应注意忙中有闲，适当休息，全陪时应把酒店作为家的延伸，留出自我调整的时间，以便能正常地为游客提供服务。在旅游结束后，要保持良好的生活习惯，不要酗酒，不要通宵达旦地娱乐。对于因长年带团造成的身体疾患，如胃病、风湿性关节炎、肌肉劳损等，要予以重视、积极治疗。

图5.1　中山陵

5.1.2　导游人员的心理调节

导游人员的心理调节是一种自我调节，是指通过对自己心态的调整，使自己的情绪状态达到一定的要求。情绪是一种主观体验，通过意志的努力，不良情绪是完全可以控制的。实践也证明，情绪是可以“传染”的，导游人员的情绪不仅会影响导游人员自己及服务，其情绪的变化也会直接影响到游客的心情，进而影响游客对导游服务质量的印象，因此，导游人员无论是为了导游服务工作，还是为了维护自己的身心健康，都必须学会进行情绪状态的自我调节。

古人早已说过：“情，波也。”既然是“波”，就会有“高峰”和“低谷”的交替，不可能总是处于同一种状态。导游人员不能要求自己只有紧张的时候，没有松弛的时候；也不能要求自己只有“受气”的时候，而没有“出气”的时候。重要的是，导游人员必须懂得自己该在什么样的场合扮演什么样的角色，什么时候该“进入角色”，什么时候可以“退出角色”；还必须训练自己，在需要“进入角色”的时候，能够通过自觉的调节使自己的情绪状态与自己所处的场合和自己所扮演的角色相符。

1. 角色控制法

导游人员在为游客提供服务时，要随时提醒自己，在游客面前自己所扮演的角色是“导游”。而面对不同的游客，“导游角色”还应该有延伸变化。如果接到一份难度较大的出团任务书时信心不足，就应该让自己的脑海里生动地浮现出过去带团或一些优秀导游人员带团做得非常出色的情景。我们的潜意识会根据这些情景，迅速地使我们进入一种充满信心的情绪状态。至于潜意识是怎样“工作”的不必理会，只要专心让自己的头脑里浮现出与所需要的那种情绪状态相应的情景就行了。

2. 转移注意法

导游人员在情绪激动或情绪低落时，可以通过意志的努力，迫使自己的注意力转移到现实中来，这种方法可以使导游人员在很短的时间内减轻外界刺激对自己在心理上造成的压力。

3. 自我安慰法

真正的情绪只有自己清楚，因此，导游人员在情绪不稳定时，可以采取适当的自我安慰，通过自我安慰调整自己的心理状态。现实工作中的导游人员常常面临各种压力，身心疲惫，工作又常常得不到理解，如果将这种种消极情绪累积起来，对导游人员的身心都会产生不良影响。当工作中遇到挫折或者失败时，更需要对自己的情绪进行有效控制，这时就应当分析一下自己遭遇的挫折或失败，查找真正的原因，发现自己的成绩时，告诉自己：自己并不是一无是处，要肯定成绩；是自己的原因导致失败的，也要冷静对待，不要夸大，要坦然面对。

4. 延缓反应法

延缓反应法是通过有意识地延缓自己的反应来增强自控能力的一种方法。一个人在即将作出冲动的反应时，若能延缓自己的反应，就能赢得思考的时间，而经过思考，哪怕只是很短时间的思考，常常也能改变原来凭直觉对情境所做的不正确的评价和估量，使人从惊慌和气恼等常常导致举措失当的情绪状态中解脱出来，避免由此而招致的不良后果。独立带团在外，导游人员常常会遇到一些意想不到的人和事，一旦举措失当就会造成严重的后果，所以增强自控能力就显得特别重要。运用延缓反应法，在感情冲动时，有意识地反复训练自己，延缓自己的反应或“替换”自己的反应，在不断的演练中使这种有意识的“延缓”成为良好的习惯。

5. 放松训练法

放松训练法是通过身体的放松，使紧张不安的心情得以缓解的一种方法。带团时，快节奏的忙碌和所遇到的种种复杂情况，常常会使导游人员处于紧张状态之中，而导游服务的原则又要求导游人员能够带着轻松愉快的心情出现在游客面前、能够从容不迫地处理各种问题，这就需要导游人员掌握一种能迅速而有效的变紧张为轻松的自我调节的方法。心理学研究表明，人是可以通过放松自己的身体来使紧张的心情得以缓解的。放松自己的身体有两个要点，第一是放松自己的肌肉，第二是放松自己的呼吸。这相当于我国传统养生文化中的“调身”与“调息”。这方面的专业书籍很多，导游人员可以有选择地阅读或参加一些养生培训班，请专业人士来指导练习。

5.1.3 导游人员的职业化形象

职业化形象是导游服务规范的一个标志。导游人员要善于在游客心中为自己塑造一个良好的职业化形象，给游客留下训练有素的印象，给人以信心。在游客的心目中，导游人员的职业形象不仅是一名为游客提供相关导游服务的工作人员，还是旅游目的地的形象代表，是游人之师、游客之友，是游客心目中的“万事通”。

塑造和保持良好的职业形象，也是导游人员自我管理的重要部分。

1. 重视第一印象

第一印象常常容易构成人们的心理定势，成为判断一个人的主观依据。在带团实践中，如何塑造良好的第一印象是每个导游人员都不能忽视的问题。因为第一印象常常关联着游客的信任，会在陌生人心目中留下潜影，成为其最终评价的重要参考。若导游人员不注重第一次交往的效果，往往容易造成误会，而事后又不懂得如何弥补，就会给人留下“此人不可信”的印象。所以，导游人员一定要注重在游客面前的第一次亮相，突出自己的自信和风度，而其中仪容、风度、仪态与使用的语言是留下良好第一印象的主要因素。

仪容是指导游人员的容貌、着装、服饰及表现出的神态。导游人员的衣着要整洁、得体，化妆和发型要适合个人的身体特征，衣着打扮不能太光艳，以免夺去被服务者的风采，引起他人的不快；不要因自己的衣着影响工作，要尽量避免让人用“太”字来评价自己的服饰打扮。如果导游人员太注重修饰自己，游客可能会想：“光顾修饰自己的人怎么会想着别人、照顾别人?”但导游人员若衣冠不整，游客又可能会想：“连自己都照料不好的人又怎能照顾好别人?”

风度在第一次亮相中起着十分重要的作用。一个精神饱满、乐观自信、端庄诚恳、风度潇洒的导游人员，必定会给第一次见面的游客留下深刻的印象。

仪态表现在导游人员的动作、姿态与风度诸方面。导游人员待人要自然大方，办事要果断利索，站、坐、行有矩，与人相处直率而不鲁莽，活泼而不轻佻，自尊而不狂傲，工作紧张而不失措，服务热情而不巴结，礼让三分但不低三下四，友善而非亲密，礼貌而非卑躬，助人而非索取，重点关照而非谄媚拍马，这样的导游人员比较容易获得游客的信任。

语言即导游人员的谈吐及讲话时的声调和音色。初次见到游客时，导游人员的谈吐应高雅脱俗、优美动听、幽默风趣，快慢相宜、亲切自然，这样容易获得游客的好感。

总之，导游人员的仪表应清新，应对要得体，要保持端庄的仪表和优美的风度，不卑不亢，谦恭有礼，保持民族的尊严与荣誉，遵行五守（守时、守分、守法、守纪、守密），为游客服务时要有幽默感，但绝不可流于低级趣味。

2. 多干实事，不说空话大话

在工作过程中，导游人员可能会遇到各种各样的游客提出的不同要求，导游人员在合理而可能的原则下可以尽可能地满足游客提出的要求，为游客提供个性化的服务。个性化服务虽然不是全团的共同要求，不涉及全团的利益，而只是针对个别游客的个别需要，有时甚至只是旅游途中的一些琐碎的生活小事，但是，导游人员做好这类小事往往会有事半功倍的效果，对全体游客的影响会大大超过小事本身，可以使游客目睹导游人员求真务实的工作作风和为游客排忧解难的工作态度，从而产生对导游人员的信任。

导游人员在工作中不仅要注重为游客提供个性化的服务，更要言必行、行必果，不能说空话大话，对游客随口许诺，开空头支票。那种信口开河、言之无物、华而不实的作风只能引起游客的反感，这样的导游人员也得不到游客的信任。

3. 保持一种轻松的风格和热情的个性

人们旅游是为了愉快，一名能使游客愉快、有幽默感和智慧的导游人员比一名认真、没有笑容的导游人员更受游客欢迎。所以，导游人员不要过于严肃。轻松，实际上是内紧外松，是以办事认真为基础的。导游服务的各个环节都很重要，工作前必须充分做好准备工作，尤其对可能出错的地方更要做好准备，多一分准备就会多一分信心。乐意为游客服务的导游人员使游客感觉到易于接近，易使游客在心理上得到满足。

4. 多同游客进行沟通

导游人员在旅游初始就要树立领导者的权威。这样的权威来源于同游客进行的意见沟通和情感沟通，并不意味着要粗野无礼地对游客进行指手画脚的控制。在服务过程中，导游人员与游客产生分歧时，导游人员应及时排除，以求得与游客趋于一致，通过与游客的沟通把自己的意图地表达出来，告诉游客你明确要做什么和怎样去做。同时，通过沟通让游客把自己的真实想法说出来，以相互了解，在此基础上求得与游客意见的一致。如果导游人员态度友好、神态轻松，出了问题能全面控制局面，游客就会对导游人员的才能表示信任，并感到轻松自在。

同时，导游人员还要促进与游客之间在情感上的共鸣，既要满足游客正当的情感需要，如自尊、友爱的需要，又要尽量使自己的情感频率与游客保持一致，即乐游客之乐，急游客之忧。

5.2　导游人员处理各种关系的技巧

案例导入

案情介绍：四川某旅行社派出地陪小李接待一个来自美国的30人组成的旅游团。该团由北京某旅行社负责总接待，并安排小张作为全陪带领该团到四川参加九寨黄龙双飞三日游。该团还有一个美国领队。团队于2011年7月10日下午到达成都，地陪准时在机场接到了该团，然后乘车到锦江宾馆入住。到锦江宾馆下车时，地陪小李交代了一些注意事项，然后就下车到了酒店前厅办理入住手续。地陪本着热情服务的原则，主动快速到前厅办好了入住手续，然后就分房卡，带领客人进入了房间。这下领队就对地陪有意见了，认为地陪没有征求领队的意见就主动办理了入住手续、分了房卡，因此，在后面的旅游活动中领队就经常为一些小事闹矛盾，造成了不好的影响。

请问：地陪小李的做法正确吗？为什么领队对地陪不满？

案例解析：全陪、地陪和领队在工作中可能会出现一些矛盾，甚至争论，但他们构成了导游服务集体，主要任务是为团队游客提供或落实吃、住、行、游、购、娱等方面的服务，保证团队旅游活动的顺利进行。他们三人各有自己的职责范围，应该按照各自的职责完成旅游服务。小李作为地陪，应该明确自己的职责。办理入住手续、分房卡都属于领队的职责，地陪只能协助领队。所以，小李的做法显然是没有尊重领队，致使领队不满意。

5.2.1 导游服务集体的组成与任务

旅游团队的导游服务工作繁重复杂，不是一个人所能完成的，而是由一个集体共同完成的。这个导游服务集体通常是由为旅游团队实施旅游接待计划、沟通旅游服务各方面关系，为旅游团队游客提供各项服务的全陪、地陪和旅游团领队组成（国内旅游团的导游服务集体由全陪、地陪组成），有时还包括景区景点导游人员。在工作时，他们还需要旅行社相关部门、司机和其他旅游接待部门的密切合作，才能保证团队旅游活动的顺利进行。

导游服务集体的主要任务是为团队游客提供或落实吃、住、行、游、购、娱等方面的服务，保证团队旅游活动的顺利进行。

5.2.2 旅游团队导游服务集体协作共事的基础

旅游团队导游服务集体中的全陪是组团旅行社的代表，地陪是旅游目的地接团社的代表，领队则是旅游客源地组团旅行社的代表，他们虽然代表不同旅行社的利益，在工作中有各自的职责，但在陪同和接待旅游团队时他们间的协作不仅必要，而且存在协作的必要基础。

（1）全陪、地陪和领队有共同的服务对象，即同一旅游团的游客；有共同的工作任务，即实施旅游接待计划；也有共同的努力目标，即组织好旅游活动，让游客获得心理上的最大满足，物质上、精神上的最大享受，从而提高旅游企业的声誉，为旅游业的发展做出贡献。

（2）导游服务集体三成员之间的合作共事实际上就是旅游目的地组团社、地方接待社和客源地组团社之间的合作共事。旅游企业之间的良好合作共事关系的前提是平等互利、互守信用和为游客提供优质服务，而这是通过全陪、地陪和领队友好合作、共同高质量地接待旅游团来具体体现的。因此，导游服务集体三成员之间没有任何理由势不两立、相互拆台。

（3）全陪和地陪之间更有共同的国家利益，有维护中国旅游业声誉的共同目标，有必须执行的国家方针政策，因此更没有理由不协作共事。

全陪、地陪和领队在工作中可能会出现一些矛盾，甚至争论，但他们必须执行旅游企业之间、旅游企业与游客之间签订的合同，必须落实合同规定的内容。也就是说，执行旅游合同是导游服务集体三成员的共同任务，也是他们协作共事的基础。

5.2.3　导游人员与领队的合作共事

1. 尊重领队，主动争取配合

带领旅游团到中国来旅游的领队，多数是职业领队，在海外旅行社任职时间较长并受过专业训练，对我国的情况尤其是我国旅游业的业内情况相当熟悉。领队从组团出发到散团都和游客在一起，多数领队服务周到细致，十分注意维护组团社的信誉和游客的权益，与游客语言相通，感情相通，游客十分信任和依赖领队。此类领队是与我方旅行社（组团社、接待社）长期合作的海外客户代表，也是旅游团中的“重点客人”，因此，对他们一定要尊重。尊重领队就是遇事要多与他们磋商。旅游团抵达后，对该团的活动日程安排一定要征求领队的意见，如无原则问题应尽量考虑采纳他的建议和要求，因为领队比我方的导游人员更了解团内游客的情况，同时游客又对他十分信任，领队的意见和建议可以理解为全体游客的意见。在遇到问题处理故障时，全陪、地陪更要与领队磋商，争取他的理解和支持，游客的工作就好做了。

2. 关心领队、支持领队的工作

职业领队常年远离家庭，远离家乡，远离自己的祖国，在异国他乡履行自己的使命，重复着同一条路线，进行着重复性的工作，十分辛苦。无论他心情如何，身体舒服不舒服都要“奔波在外”，热情为游客服务。由于他的“特殊身份”，游客只能要求他如何满足自己的要求、如何关心自己而很少甚至不可能主动关心领队。因此，我方的导游人员如果对领队在生活上表示些关心，他会很感动，工作上给予他支持他会很感激。当领队的工作不顺利或游客不理解他时，全陪、地陪应主动助其一臂之力，我方能办到的尽量帮助联络，做不到的多向游客作解释，为领队解围，如说明原因不在领队是我方硬件原因；条件有限或是不可拒的原因造成的等。支持领队的工作并不是取代领队，我方导游人员还应把握有度。因领队又是旅游团中的一员，是“重点人物”，生活上要给予其适当的照顾，为其提供方便，但要注意掌握分寸、注意场合，否则可能会引起领队的误会和心理上的不平衡。

3. 坚持原则，避免正面、公开冲突

海外旅游团的领队中也不乏工作不熟练、常出“新点子”、个性比较突出、难于合作、比较挑剔或好显示自己者。无论遇到哪种领队，遇到何种情况和问题，我方导游人员都要沉着、冷静、坚持原则，分清责任；对违反合同内容的、不合理的要求不能迁就；对于某些“过火”的言辞或带侮辱性的语言不能置之不理，要有理、有利、有节地讲清道理，使之主动道歉，但因以后还要合作，要注意方法，不能将其“逼到绝路”。

4. 技高一筹，掌握主动权

旅游团成员对领队工作的评价好坏，会直接影响领队的得失进退。于是，有的领队可能为讨好游客而"抢话筒"，自我演说没完没了；指手画脚，当着全团游客的面"出主意"，使游客产生"领队如果不说，地陪就不干"的感觉，使地陪的工作比较被动。遇到类似的情况，地陪应采取措施变被动为主动，对于"抢话筒"的领队，既不能马上"反抢"，也不能听之任之，最好的办法是先让其"亮相"一番，可记住其讲话中的错误和不足，在适当的时候给予纠正，让游客感到"还是地陪讲得好"。这样，我方的导游人员就表明了自己的长项，即本人熟悉的、擅长的、有把握的话题讲解。导游人员要正视自己知识的不足，抓紧时间查资料或向别人求教，想方设法在本团离开中国之前，在适当的时机向全团游客补充讲解，以求完满。

5. 争取多数游客的理解和支持

有时，领队提出的做法行不通，我方导游人员无论怎样耐心解释说明，领队仍坚持己见。这时，全陪和地陪就要向全团讲明情况，争取旅游团内大多数游客的理解和支持，但要注意，即使领队的意见被证明不妥，也要使领队有"台阶"下，适当给领队留面子，维护领队的自尊和威信，而不能对其表示冷漠和疏远。在我方导游人员与领队的合作共事中，相对而言，我方应处在主导地位，把握好工作、友情和原则三者之间的关系，彼此尊重、相互学习、勇担责任。

总之，为了提高导游服务质量、带好旅游团，导游人员应与领队搞好关系。老导游人员要力戒骄气，消除与之争高低的念头；新导游人员则要消除胆怯，树立与领队协作共事的信心。

5.2.4 导游人员与司机的合作共事

导游人员与旅游车司机的合作十分重要。司机熟悉线路、经验丰富，导游人员与司机配合得好是导游服务工作得以顺利进行的重要保证。导游人员在与司机合作的过程中应注意如下问题。

（1）如果接待外国游客，在旅游车到达景点，导游人员用外语向游客宣布集合时间、地点时，要记住用中文告诉司机。

（2）旅游线路有变化时，导游人员应提前告诉司机。

（3）导游人员要协助司机做好安全行车工作，如帮助司机更换轮胎、安装或卸下防滑链或帮助司机进行小修理；保持旅游车挡风玻璃和车窗的清洁；在行车途中不要与司机闲聊；遇有险情，由司机保护车辆和游客，导游人员去求援，或由导游人员保护车辆和游客，而司机去求援。

（4）与司机研究日程安排，征求司机对日程的意见。导游人员注意倾听司机的意见是使司机积极参与导游服务工作的好方法。

5.2.5 导游人员与旅游接待单位的协作

1. 多与旅游接待单位沟通，及时了解信息

由于旅游接待中涉及的环节多，情况经常发生变化。为了保证旅游接待环节不出

现问题，导游人员应经常与饭店、餐厅、飞机场（火车站、码头）沟通，及时了解各种信息。

2. 尊重旅游接待单位

是否尊重为游客提供相关旅游接待工作的人员是衡量导游人员修养的重要标志。导游人员应尊重自己的同事，尊重其他同事的劳动和人格。当与其他专业人员一同为游客服务时，导游人员应保持低调。

3. 工作上相互支持

在与酒店部门、交通部门、景区景点部门以及其他部门的接触中，导游人员应注意在工作上给予他们支持和帮助。接待单位即使再优秀，也难保工作上的万无一失。

以与景区景点部门的接触为例，导游人员首先应了解景点景区的主要特点，景区景点被评定的等级，景区景点的布局、主要线路、进出口位置，景区景点的车辆行驶规定与停车位置，景区景点内的派出所或管理机构、餐厅、购物场所、厕所的位置，景区景点门票管理的相关规定、开放时间等，从而在带游客游览时，能积极遵守景区景点有关停车、卫生等方面的规定，服从景区景点管理人员的管理。善于合作是一名合格导游人员的必备条件之一。

5.2.6　导游人员与旅游团成员之间的关系

为了使旅游活动能顺利进行，使游客能在旅游活动过程中获得良好的旅游感受，导游人员在带团的过程中还要善于处理旅游团成员之间的关系。

1. 协调好不同游客之间的意见

由于游客有不同的兴趣爱好，在旅游过程中难免会对旅游活动日程的安排产生意见不统一的情况。一般而言，大家本着求同存异的原则，通过协商，矛盾是比较容易解决的。但有时则可能会出现由于旅游团内部矛盾而导致的对活动日程安排的分歧，这时，导游人员在处理时就要特别谨慎，避免给游客留下偏袒某一方的感觉。此时，导游人员要向游客实事求是地说明情况，请领队协助做统一意见的工作，力求找出能兼顾各方要求的办法，争取让各方作出一定让步，从而使大家都得到一部分的满足，争取团队的整体活动。如果在工作后各方仍坚持己见，意见无法统一，导游人员就要与领队一起进一步展开工作，寻找合理而可能的变通办法。如果双方要去的地方在同一线路或绕道不远，可将游客依次送到其目的地，再约好返程时的接送方式。在这种情况下，地陪和全陪也要做必要的分工，以保证旅游活动的顺利进行和游客的安全。

2. 照顾好不同体质的游客

如果一个团队由体质差异大、年龄悬殊大的游客组成，导游人员就必须认真对待游客因不同的体质差异而带来的不同旅游需求。身体好、年轻的游客希望活动量大一些、行动速度快一点、日程安排紧一点，而年老体弱者则相反，希望从容、轻松地游览，不愿意太紧张、太累。导游人员在带领这样的团队时就要考虑好对游客的安排，使强者的充沛精力有发挥的余地，又不使弱者疲于奔命。在游览一些需要大量消耗体力的景点时，如登山、潜水等项目，在导游讲解、告知集合时间和地点后，可让年轻力壮者参加游览，对年老体弱者则要尊重他们的意愿，安排其在旅游车上休息，或在景点附近散步，量力而行地参加部分活动项目，并做好必要的安全保护。这样的安排可以使强者和弱者都能量力而行，各得其所。

3. 安排好不同时段的游览

旅游活动能够给游客带来身心的愉悦与放松，使游客在旅游的过程中得到美好的感受。若是游程安排过于紧密，使游客一路上都疲于奔命，必定会影响游客的游兴，不可能达到求知、求乐、求享受的旅游目的。只有当游客的心情好、游兴浓、精神充沛时，旅游活动才能顺利地开展。所以，导游人员在安排旅游活动日程时，在现场的导游讲解中，一定要遵循劳逸结合的原则，掌握好导游节奏，处理好导游讲解中的快慢关系、游览活动中的张弛关系和行进速度的缓急关系等。

5.3 向游客提供心理服务的技巧

案例导入

案情介绍：四川某旅行社导游人员小张接待一批来自北京的游客，参加九寨沟双飞三日游。为了让游客领略九寨沟的美景，他先是在到达景点前向游客展示九寨沟的风光图片，结合图片讲解。为了获得好的审美感受，他在安排参观时尽量错开了人多的景点，选择黄昏的时候观看五花海，让客人真正感受到了九寨沟的无限风光。

请问：请你对小张的安排作出评价。

案例解析：该案例说明小张了解游客的心理，游客出来旅游是希望能够看到最美的景观。小张深知游客的需求，为游客着想，通过多种方式激发了游客的审美思维，帮助游客获得了最佳的审美享受，恰当地满足了游客的审美需求。

旅游团是由游客组成的，导游人员要带好旅游团，除了要与导游服务集团的各方成员处理好关系外，更重要的是要把主要注意力放在游客身上。对导游人员而言，带好旅游团的关键是要带好游客。旅游业的先驱者托马斯·库克曾经对儿子说，旅游业是一项“要尽最大社会责任”的事业，导游人员的最大责任就是为游客提供包括心理服务在内的周到细致的全方位服务。心理服务亦称情绪化服务，即导游人员为调节游客在旅游过程中的心理状态所提供的服务。导游人员应该懂得交际，善于观察，会照顾人，要分析游客的消费及旅游心理，多给他们情感上的关怀，让游客从旅游这一“日常生活之外的生活”获得更多的“新鲜感、亲切感和自豪感”。

5.3.1 多角度了解游客的心理

1. 了解不同游客的心理特征

游客的年龄、性别、职业、收入、受教育程度、家庭人口、国籍、民族、宗教、社会阶层的不同会反映出一些特征，对大多数游客来说，这些特征带有普遍性。导游人员掌握了这些基本特征，就可以结合所带旅游团队游客的结构情况安排好他们的旅游活动。

1）所属客源地不同

首先，东西方人在性格和思维上有一些差异。东方人含蓄、内向，往往会委婉地表达意愿，思维方式一般是从抽象到具体、从大到小、从远到近；西方人开放、感情外露，思维方式一般是由小到大、由近及远、由具体到抽象。了解了这种思维方式的差异，在接待西方游客时，导游人员就应特别注重细节。例如，西方游客认为，只有各种具体的细节做得好，由各种细节组成的整体才会好，他们把导游人员所做的具体事情抽象为导游人员的工作能力与服务意识。再从国籍的角度看，同是西方人，在思维方式上也存在着一些差别。例如，英国人矜持，尊重妇女，有绅士风度；美国人开朗，重实利，爱结交朋友，不拘小节；法国人喜欢自由；德国人踏实、勤奋；意大利人热情，热爱生活等。

2）所属社会阶层不同

来自上层社会的游客大多严谨持重，发表意见时往往会经过深思熟虑，他们期待听到高品位的导游讲解，以获得高雅的精神享受；一般游客则喜欢不拘形式的交谈，话题广泛，比较关心带有普遍性的社会问题及当前的热门话题。在参观游览时，一般游客希望听到有故事性的导游讲解，希望轻轻松松地旅游度假。

3）年龄和性别不同

年老的游客好思古怀旧，希望得到尊重，希望导游人员多与他们交谈；年轻的游客则喜欢多动多看。男性游客对旅游目的地的发展情况或政治体育类信息比较关注；女性游客则大多喜欢谈论商品及购物。

2. 研究游客不同的心理动机

游客的心理因素很复杂，包括游客的动机、个性等。游客出于不同的旅游动机选择参加旅游活动，并希望能在旅游活动过程中使自己的出行目的得以实现。不同游客又有各自的个性，在面对个性迥异而出于不同动机出游的游客时，导游人员必须首先弄清游客的出行目的，才能有针对地为游客提供恰当的心理服务。

游客外出旅游的动机形成有其客观条件和主观条件，客观条件是人们有足够的可自由支配收入和闲暇时间，主观条件是人们有外出旅游的愿望。

1）游客的旅游动机

游客的旅游动机多种多样，概括起来主要有以下四类：①探亲访友、考察别国的社会制度和人民生活方式的社会动机；②观赏风景名胜、文物古迹的文化动机；③度假休息或参加其他消遣娱乐活动的身心动机；④考察投资环境、购买土特产品和工艺品等的经济动机。

2）游客参加旅游团队的动机

现在有很多游客出游选择自驾车的形式，也有一些游客在特定的时候去特定的地区，或在特定的地方参加旅游团。参加旅游团队的游客只是世界出游大军的一部分，但这部分游客的绝对数量是可观的，并且处于增长之中。有数据表明，在美国，出行为5天或超过5天的每五位游客中，就有一名游客选择参加包价旅游，这些人参加旅游团的心理动机有以下几种。

（1）省心省力，不用作决定。参加由旅行社安排好行程的旅游团，可以减少自己出游东寻西找、交通不便等的尴尬，享受由旅行社安排好的各个旅游活动各个环节，这是参加旅游团队游客的普遍心理。

（2）节省时间和金钱。一次设计合理的旅游能减少时间的浪费，能确保游客用一种方便有效的方式看到所有重要的景点。并且由于旅游团队人多，旅行社在预订酒店、预订交通票时获得的价格优惠会部分转让给游客，使游客的出行比自己单独出行更便宜，长距离的跨国旅行更是如此。

（3）扩大交际面。一般而言，出游的目的地及其相关价格预先决定了旅游团成员的社会经济水平与兴趣。在旅行期间，因为同游、交谈、相互关照，旅游团成员之间会建立起友谊。

（4）有安全感。人会因环境陌生而产生恐惧感，环境越是陌生、认知的经验愈少就愈是如此。这是大部分游客的共同心理，表现为人地生疏而引起的神经质，语言上的隔阂引起的不安，以及风俗习惯不同而带来的紧张等。游客将自己的生命及安全交给旅行社和导游人员，一开始疑信参半，不十分放心，这时，导游人员应以诚信建立起游客对自己的信任，消除游客的不安感和紧张感，使游客有信心去探访陌生、不寻常的地方。人只有有了归属感，才会有高度的心理稳定感。当游客参加特种旅游或有老人、儿童同游时，导游人员的安排就显得更有必要了。

（5）希望对所看到的景物有正确的了解。导游人员丰富的相关知识能满足游客的这种需求。

对于具体游客而言，有的人是被某一种动机驱使而出游的；有的人是以某一种动机为主，同时带有其他的动机。导游人员了解和把握了游客的动机，就能更恰当地安排旅游活动和提供导游服务。

3. 掌握游客在旅游活动各阶段的心理变化

由于生活环境和生活节奏的变化，在旅游的不同阶段，游客的心理活动也会随之发生变化。以入境游为例，旅游活动过程各阶段游客的一般心理变化如下。

1）入境初期阶段：求安全心理，求新、求异心理

游客初到一地，兴奋激动，但由于人生地不熟、语言不通、环境不同，因而会产生茫然感和不安全感。这个阶段，游客求安全的心态表现得非常突出，甚至上升为他们的主要需求。这时，游客的注意力和兴趣会从日常生活转移到旅游目的地，对什么都感到新奇，什么都想看、都要问、都想知道，一些当地人司空见惯的平常事在游客

眼里可能是一件新鲜事。这时，导游人员应多组织些轻松愉快的参观游览活动，对游客提出的在导游人员看来似乎是幼稚可笑的问题也应认真地回答，以满足游客求新、求异的心理需求。

2）个性表露阶段：懒散心理、求全心理

随着旅游活动的进展、接触的增多，旅游团成员间、游客与导游人员间越来越熟悉，游客开始感到轻松愉快，这时会产生一种平缓、轻松的心态，游客的性格开始暴露，其心理特征主要表现为① 懒散心理。游客的弱点越来越暴露，时间概念差，群体观念弱，游览活动中自由散漫、丢三落四，旅游团成员间的矛盾逐渐显现。② 求全心理。人们花钱外出旅游，往往把旅游活动理想化，希望旅游活动的一切都是美好的、理想的，从而产生生活上、心理上的过高要求。

游客在这一阶段提出的问题范围更广泛、更深刻，个别游客还会提出一些不友好、挑衅性的问题。导游人员在这一阶段的工作最为艰巨，最容易出差错。这个阶段最能考验导游人员的组织能力和独立处理问题的能力，是对其导游技能、心理素质的一次重要考验。

3）离境前阶段：忙于个人事务

旅游活动后期，游客要买称心如意的旅游纪念品，还要考虑行李是否超重等，希望有更多的时间处理个人事务。在这一阶段，导游人员应给游客留出充分的时间处理自己的事务，必要时做一些弥补和补救工作，使前一段时间游客未能得到满足的个别要求得到满足。

从以上可看出，导游人员对不同阶段游客服务的重点是不一样的。

5.3.2　多方面调节游客的情绪

多方面调节游客的情绪是心理服务的重点。提高游客的游历质量关键在于让游客拥有“愉悦”和“满意”的感受。优秀的导游人员应该是将游客的心情“导入”愉悦境界的服务大师。旅游活动中，游客往往处于既紧张又兴奋的状态中，游客的情绪高、游兴浓、精力充沛，旅游活动一般就能顺利进行，就有可能达到预期的效果。因此，在导游服务过程中，导游人员要善于调节游客的情绪，愉快的气氛有助于导游服务，良好的心情也能使游客的旅游经历增值。调节游客情绪的工作包括以下几个方面。

1. 注意组织游客、引导游客、说服游客

1）组织游客

在旅游活动中，乘坐旅游车观光是一个重要的环节。但当长时间乘旅游车观光旅行时，面对昏昏欲睡的游客，导游人员应如何将其情绪调动起来？游客心理能承受在旅游车中停留的时间最长一般约为45 分钟，超过45 分钟导游人员就应作一些调剂，如让旅游车停下来让游客拍照和上厕所；旅游途中如景色单调、乏味或气候恶劣时，导游人员应适当安排一些娱乐活动，否则游客很容易感到无聊。唱歌一般很受欢迎，但要唱大多数旅游团成员都熟悉的歌。唱歌的时间一般不超过半小时，遇休息、就餐或半途停车时就结束。

2）引导游客

愉快的旅游经历是导游人员和游客共同创造的，因此，导游人员应力争与游客建立伙伴关系。在旅游活动中，只有在游客的合作下旅游活动才能顺利地进行并达到预期的良好效果，所以从这个意义上讲，游客不仅是导游人员的服务对象，还是合作伙伴。

作为“旅游经历”的设计师，导游人员可以从某些现代戏剧家那里受到启发。传统的戏剧家对观众说：“请坐下，听我给你讲个故事！”而某些现代的戏剧家却对观众说：“请起立，让我们一起来做一个游戏！”无论在整个旅游目的地，或是其中的一个游览点、一家餐厅、一家购物商店，对于游客来说，都可以将其视为“剧场”或“舞台”。导游人员在导游服务时要善于引导游客，既做旁观的客人，又做参与的主人。在行程中碰到困难或不如意的情况时，启发游客把它作为宝贵经历的一个部分，以洒脱的心态去感受、去体验。如许多文物景点不许拍照、不许使用喇叭，导游人员就要引导游客以主人的姿态“让我们一起维护这个规则”，这样才会得到游客的理解和配合。

3）说服游客

在旅游日程因客观原因变更时，导游人员说服游客时要实事求是、合乎逻辑、明白无误。只有被说服的客人才是被赢得的客人。要想说服游客，就要做到以下几点：说服前就必须作出决定；说服的形式必须使游客感兴趣，说服的论据必须令游客信服；导游人员的建议应放在最后。

2. 注意有声语言与无声语言的运用

导游人员不仅要通过“做事”，而且要通过“说话”提供高质量的导游服务。说话有两种：①用嘴巴来说话，说出来的是“有声语言”；②用身体来说话，说出来的是“无声语言”。导游人员为游客提供心理服务，让游客产生“回到家里”的亲切感，靠的是真诚，而不是装模作样和花言巧语。真诚不真诚，游客是能够感受到的。如果你没有一颗诚挚的心，即使你的有声语言说得非常动听，你的无声语言也很可能会把你“出卖”。

充分重视有声语言与无声语言的运用，能够帮助导游人员更好地去揣摩游客的心理，更好地为游客提供心理服务。

1）保持微笑服务

微笑是友谊的表示、自信的象征，是和睦相处、合作愉快的反映。导游人员的微笑是一种无声的语言，有强化有声语言、沟通情感的功能，有助于增强与游客间交际的效果。导游人员若想向游客提供成功的心理服务，首先就应该保持微笑服务。自信的、真诚的微笑才能使游客感受到导游人员全心全意为游客提供服务的愿望，才能在短时间内拉近游客与导游人员的距离。

2）使用柔性语言

让人高兴的语言往往柔和甜美，所以称之为“柔性语言”。“一句话能把人说笑，也能把人说跳。”导游人员一时不小心，甚至是无意中的一句话，就有可能伤害游客的自尊心。导游人员在与游客交往时必须注意自己的语言表达，与游客说话要语气亲切、语调柔和、措辞委婉、说理自然，常用商讨的口吻与游客说话。这样的语言能使人愉悦，并有较强的说服力，往往能达到以柔克刚的效果。

3. 消除游客消极情绪的方法

调节游客情绪，消除其消极情绪的方法主要有以下几种。

1）补偿法

物质补偿法：在住房、餐饮、游览项目等方面若有不符合旅游合同规定的情况，应对游客予以补偿，而且替代物一般应高于原来的标准。

精神补偿法：因某种原因无法满足游客的合理要求而导致游客不满时，导游人员应实事求是地说明困难，诚恳地道歉，以求得游客的谅解；也可先让游客将不满情绪发泄出来，待气消后导游人员再设法向游客解释。

2）转移注意法

导游人员要有意识地调节游客的注意力，使游客的注意力从一个对象转移到另一个对象上。当旅游团内出现消极情绪时，导游人员就应设法用新的、有趣的活动，或用幽默、风趣的语言和诱人的故事吸引游客，从而转移游客的注意力，忘掉或暂时忘掉不愉快的事，恢复愉快的心情。

3）分析法

将造成游客消极情绪的原委向游客讲清楚，并一分为二地分析事物的两面性。对因某些特殊要求得不到满足而情绪不佳的游客，导游人员要从“合理”和“可能”两方面加以分析。例如，游客对被迫坐火车而不是乘飞机从甲地到乙地不满，此时，导游人员除说明购不到机票的原因外，可进一步地分析得失：不能及早到乙地，失去了在乙地的部分游览时间确实可惜，但坐火车旅行可游览沿途风光，享受到空中旅行享受不到的乐趣。导游人员采用分析法往往是不得已之举，不能滥用。

5.3.3　多种方式激发游客的游兴

保持、提高游客的游览兴趣并激发新的游兴是导游人员的一项重要工作。兴趣的产生以注意为前提，当那些被注意到的东西能满足游客的需要时游客就会对其产生兴趣。有益于身心健康的兴趣是积极兴趣，反之为消极兴趣。旅游是一种陶冶性情、增长见识、结交新友的积极而健康的活动，导游人员在导游服务中想要激发游客的游兴，首先要了解下列知识及方法。

1. 旅游与审美

旅游是人类精神文化的需要，旅游活动就是求新、求异、求知、求美的活动。

（1）旅游能陶冶人的性情、发展个性，同时也能调节人的心理，净化人的心灵。对自然景观的欣赏可使人胸襟开阔。人们到真山真水中去，投身大自然的怀抱，接受大自然的熏陶，壮丽的山河、优美的景观会使人的心境振奋向上，性格变得豁然开朗。一些对生活失去信心的人，多数会通过旅游重新振作起来。旅游能使人们更好地体验人生、热爱人生，对生活持积极的态度，认真地生活和工作，无愧于大自然赐予我们的生命。

（2）在游览过程中，历史人物、英雄人物的感召更能激发起人们的浩然正气。因此，游览祖国大好河山也是进行爱国主义教育的生动形式。

2. 美的分类

美包括自然美与艺术美。

艺术美是经过人们的艺术创作活动，把现实生活中的自然美加以概括和提炼，集中地表现在艺术作品中的美。自然美则普遍存在于自然现象中。

（1）从自然资源的角度来看，大自然本身就是一种美，即“自然美”。自然界的形、光、音、色造就了自然景观的形态美、光泽美、音韵美和色泽美。自然美的最大特点就在于它的形态，即它的形象、色彩、音响、动态和静态等。这些形态以明暗、浓淡、均衡、对称、秩序、宾主、节奏、韵律等体现出一种天然的和谐，在丰富多变中展示有形的统一。大自然的这种雄、奇、险、秀、幽、旷等的形象美，随季节、气候变化带来的色彩美，风声、雨声、泉声、涛声、鸟语构成的声音美，还有“空山不见人”的静态美以及“飞流直下三千尺”的动态美，会给人带来无尽的感受。华山之险如图 5.2 所示。

图 5.2 华山之险

（2）从人文资源的角度看，凡是由人创造的、与社会实践和文化相联系的景观，都可被视为人文景观。人文景观是人类长期从事劳动实践和创造的结果，大致可分为历史人文景观、现代人文景观和风情人文景观。

历史人文景观以各类古代建筑为主要代表，包括宫殿建筑、古城建筑、陵墓建筑、桥梁建筑、寺庙建筑、古塔石窟建筑等。现代人文景观以现代城市风貌为主要代表，主要包括建筑景观、街道景观、商业景观、交通景观以及以各种文体场馆、活动为代表的文化景观和以游乐为目的的游乐景观。风情人文景观包括风俗民情、神话传说一类的景观。风俗民情主要体现在异地，尤其是各民族的居住、饮食、服饰、婚嫁以及娱乐、节庆等日常生活之中。以饮食文化为例，中国菜从色、香、味、形、器、名、物、疗等方面体现其美学特征。艳丽的色彩、诱人的香味、多变的味型、美观的形态、各具特色的器皿、好听的名称、应时的物料、有针对性的健身效果，以及摆设美、配乐美和服务美所构成的饮宴环境美，使饮食活动演化成了一种综合的审美过程。青城山上清宫如图5.3所示。

图5.3　青城山上清宫

3. 导游人员与美的传递与创造

帮助游客在观赏自然景观、人文景观时，感觉、理解、领悟其中的奥妙和美是导游人员的责任。

旅游活动是一项寻觅美、欣赏美、享受美，融文物、古迹、建筑、绘画、雕塑、书法、篆刻、音乐、舞蹈、园林、庙宇、服饰、烹饪、民情、风尚等于一体的综合性的审美活动。

导游人员传递的是旅游文化。旅游文化作为大众媒介文化的重要组成部分，特点在于它在不同时间内能进行双向传递，是一种最直接、最透明、最广泛的传递，在一定意义上讲也是美的传递。所以，导游人员的导游服务过程就是游客审美的过程，导游人员要告诉游客什么是美、美在何处。导游人员需懂得在恰当的时间通过恰当的方式把审美信息传递给适宜的旅游对象；而且导游人员本身也是审美对象，是本旅行社、本地区、本国家的代表，是美的化身。

导游人员的作用之一，就是要把旅游目的地的自然美、艺术美传递给游客。因此，导游人员要对祖国、家乡的文物古迹、社会风情有深刻的认识，要帮助外国（地）游客了解中国人的审美观和中国各类景物的审美标准，用生动形象的语言介绍中国的风光名胜和名胜古迹，正确地引导外国（地）游客从不同角度欣赏中国（或当地）的自然风光美和人文景观美。如果导游人员不仅懂得中国人的审美观和对景物的审美标准，而且还了解游客所在国（地区）的审美观和审美标准，并在导游讲解中指出各自的特点和相互间的差异，导游讲解的层次就会大大提高，必定会获得游客的欢迎。

导游人员应通过自己的导游讲解，力争使游客从一般的以生理快感为特征的“悦耳悦目”的审美体验，升华到以精神愉悦为特征的“悦心悦意”的审美层次，最终进入以道德和理性审美为特征的“悦志悦神”的至高境界。

4. 灵活掌握观景赏美的方法

要灵活掌握观景赏美的方法，导游人员应注意以下 4 个方面。

1）动态观赏和静态观赏

无论是山水风光还是古建园林，任何风景都不是单一的、孤立的、不变的画面形象，而是活泼的、生动的、多变的、连续的整体。游客漫步于景物之中，步移景异，从而获得空间进程的流动美。

在某一特定空间，观赏者停留片刻，作选择性的风景观赏，通过联想、感觉来欣赏美、体验美感，这就是静态观赏。这种观赏形式时间较长、感受较深，人们可获得特殊的美的享受。例如，在浙江省海宁县盐官镇观看钱塘江涨潮时，在泰山山顶观赏云海玉带、黄河金带、旭日东升和晚霞夕照时，让人遐想，令人陶醉。钱塘江涨潮如图 5.4 所示。

图 5.4　钱塘江涨潮

2）观赏的距离和角度

距离和角度是两个不可或缺的观景赏美因素。自然美景千姿百态、变幻无穷，只有从一定的距离和特定的角度去看一些奇峰巧石，才能领略其风姿。例如，从长江游轮上观赏三峡胜景神女峰时，远远望去，朦胧中看到的是一尊风姿秀逸、亭亭玉立的中国美女雕像。然而，借助望远镜观赏神女峰是会令人失望的，因为看到的只是一堆石头而已。又如，在黄山半山寺望见天都峰山腰上有堆石头状似公鸡，它头朝天门，振翅欲啼，人称“金鸡叫天门”。但到了龙蟠坡，观看同一堆石头，看到的则似五位老翁在携杖登险峰，构成了“五老上天都”的美景，如图 5.5 所示。这就是由于观赏角度不同造就的不同景观。导游人员带团游览时要适时地指导游客从最佳距离、最佳角度，并以最佳方法去观赏风景，使其获得美感。

图 5.5　金鸡叫天门五老上天都

3）观赏时机

观赏美景要掌握好时机，即掌握好季节、时间和气象的变化。清明踏青、重阳登高、春看兰花、秋赏红叶、冬观腊梅等都是自然万物的时令变化规律造就的观景赏美活动：在泰山之巅看晨曦中的旭日东升、黄昏时的晚霞夕照，美不胜收；在蓬莱，有时还能观赏到海市蜃楼；在峨眉山顶，有时能看到佛光。这些都是时间的流逝、光照的转换造就的美景。

变幻莫测的气候景观是欣赏自然美景的一个重要内容。云雾缭绕中的黄山美景令人回味无穷；庐山之美就在缥缈含蓄的云雾之中，如图 5.6 所示；游漓江，晴天的奇峰侧影、阴天的云雾山中、雨天的漓江烟雨，景景都令人流连忘返。

图 5.6　庐山美景

4）观赏节奏

如果游览活动安排得太紧，观赏速度太快，不仅会使游客筋疲力尽，达不到观赏目的，还会损害他们的身心健康，甚至会影响旅游活动的顺利进行。因此，导游人员要注意调节观赏节奏。

（1）有张有弛，劳逸结合。导游人员要根据旅游团成员的实际情况安排有弹性的活动日程，努力使旅游审美活动既丰富多彩又松紧相宜。

（2）快慢相宜。在具体的审美活动中，导游人员要视具体情况把握好游览速度和导游讲解的结构，哪儿该快、哪儿该慢、哪儿多讲、哪儿少讲甚至不讲，必须做到心中有数；对老年人要讲得慢一点、走得慢一点、活动少一点。如果旅游团成员体质差异大、年龄悬殊，观赏节奏的把握原则是，让年轻人的充沛精力有发挥的余地，又不使体弱者疲于奔命。总之，观赏节奏要因人、因时、因地随时调整。

（3）导、游结合。导游人员应处理好与景物之间的时空关系和主次关系。有时，导游人员要有绝对的权力，以帮助游客更好地看景或起到画龙点睛的作用。但有时则要让景观占主导地位，导游人员居次要地位，即有时在特定的地点、时间，让游客自己去感悟景观之美，会收到更好的效果。导游人员应力争使观赏节奏适合游客的身体状况、心理动态和审美情趣，安排好旅游活动行程，组织好旅游审美活动，让游客感到顺乎自然、轻松自如。只有这样，游客才能获得旅游的乐趣和美的享受，这才是成功的导游活动。

5.4　特殊旅游团队接待技巧

案例导入

案情介绍：导游人员小王在陪同一对老年夫妇游览故宫时工作认真负责，在两个半小时内向游客详细讲解了午门、三大殿、乾清宫和珍宝馆。老人提出了一些有关故宫的问题，小王说："时间很紧，现在先游览，回饭店后我一定详细回答你的问题。"游客建议她休息，她都谢绝了。虽然很累，但她很高兴，认为自己出色地完成了导游讲解任务。然而，出乎她意料的是，那对老年夫妇不仅不表扬她，反而写信给旅行社领导批评了她。她很委屈，但领导了解情况后认为老年游客批评得对。

请问：小王工作认真负责，为什么游客不满意？

案例解析：小王是工作很认真负责的导游人员。但是她现在所带的游客是老年游客，属于特殊旅游团。因此应该以游客为中心，根据游客的需要来提供具有针对性的服务。老人向她提出问题，她就应该很乐意地回答，且要放慢速度，边游览边回答游客的问题。

特殊旅游团队一般是由特定的、层次相当的游客组成，团队中的游客结构基本一致，存在比较明显的共同特点。这类团队一般包括政务型团队、宗教型团队、青少年团队、老年团队、残疾人团队和特种旅游团队等客源相对单一的旅游团队。对于特殊旅游团队的接待，除按普通旅游团队服务程序操作外，还应根据每个团队不同的特点，采取更个性化的接待方式，才可能获得最佳的效果。

5.4.1 政务型旅游团队接待

政务型旅游团队包括中外政府组织、政治团体组成的旅游观光、考察团队。政务型旅游团队的特点是团员社会身份地位较高、专业考察性质较强，往往有当地政府官员陪同在侧。

政务型旅游团队往往选择综合能力较强的旅行社和优秀导游人员为团队服务。能够接待这样的团队，对旅行社或导游人员来讲都是一种荣耀。当然，接待这类团队是不允许出现任何重大差错的。旅行社会在行前与对方密切联系，了解对方的要求，制定完整的接待预案，联系相关的对口部门出面接待，聘请一些专家辅助讲解或座谈等。作为政务型旅游团队的导游人员，除应按普通团队接待程序做好接待准备和接待服务外，还应该在如下方面多加留意。

1. 重视礼貌礼节，认可团员的社会身份

在称谓上始终使用尊称，即“各位领导”、“各位贵宾”；旅游线路和节奏应照顾客人的兴趣和身体状况，根据客人意愿适时加以改变；讲解的内容应以介绍景点背景资料为主，突出具体数据（注意数据准确）和本地特色，但不要妄自尊大；对客人感兴趣的内容可以多讲，其他少讲或不讲。

2. 注意自己的身份

如果团队有地方官员陪同，安排行程时要多与他们商量，或请他们代为征求客人的意见。当地方领导与贵宾交谈时，导游人员可以暂时中断自己的讲解以示尊敬；导游人员也不要在车上与驾驶员闲谈，而且不论领导再怎么欣赏你，也不可贸然与领导同桌吃饭或主动上前敬酒。

3. 突出团队的主要领导

导游服务以主要领导为核心，多听取其意见，适当照顾其他团员；讲解也以主要领导为主，时刻伴随其左右，并引领路线。当有记者摄影时，导游人员应主动后退半步，让团队成员突出出来；在没有得到领导明确邀请的情况下，导游人员一般不参加团队合影；即使受到邀请，也应陪居末位或站到后排。

4. 除非合同明确规定，导游人员不得安排政务型团队购物

除非合同明确规定，导游人员不得安排政务型团队购物。客人主动要求购物时，导游人员可介绍商品特色，帮助客人谈价，但定价应由客人自己拿主意。当发现商品质量不可靠或价格明显虚高时，应提醒客人谨慎购买。

5.4.2 宗教型旅游团队接待

接待宗教型旅游团队要求导游人员要掌握较多的宗教知识，熟知宗教礼仪和我国

的宗教政策，具有较强的应变能力。导游人员可按一般团队接待程序提供基本服务，同时又要针对宗教旅游团的特点，提供个性化服务。接待中主要应注意下列事项。

1. 尊敬客人

对已出家的信徒应称“师父”或“大德”，未出家的信徒称“居士”，对德高望重的方丈可称“大师”。导游人员向客人致谢时，应将手掌竖立于胸前，口念“阿弥陀佛”；导游人员的讲解姿势以坐式为宜。但导游人员不要跟随信徒跪着与大师说话，更不要对大师五体投地表示虔诚。个别声望较高的僧人，当信众们都跪式伺候时，导游人员只需微微倾斜身体，压低身姿，表示礼貌即可。

2. 导游人员应多向大师父或当家和尚征求当日活动安排

原则上以信众每日诵课为主，导游讲解为辅。讲解涉及宗教内容时，应多加前缀，如“这儿的信众认为……”或“本地的民风是这样认为的……”，使客人乐于接受。

3. 尊重客人的宗教习惯和饮食禁忌

导游人员应了解并熟悉宗教戒条，约束自己的言行，不茹荤腥、不沾辛辣之物等，导游讲解中也不涉及男女之事或杀生行为。

4. 不能随便举行大型宗教法事活动

团队如果想在景点举办对外的大型宗教性法事活动，导游人员应出面制止，并告诉主事师父，按照我国宗教政策，这类活动必须事先征得宗教局批准。如果客人要求会见寺庙高僧，导游人员可事先与寺庙取得联系，征得同意后再予以安排。

5. 导游服务应以团体中的大师父为中心

导游服务应以团体中的大师父为中心，对其他信徒的个别要求均不能贸然应允。如果团队表现出捐赠愿望，导游人员应了解其捐赠目的和受赠条件，积极与有关方面联系，促成游客捐赠意愿的实现。

5.4.3 青少年旅游团队接待

青少年夏令营是当前暑期团队的主流，旅行社一般以“爱国主义基地游”、“我爱北京天安门”、“北大清华校园游”、“中国历史文化专题游”等主题组团，团员大多在7~17岁。这个年龄段的孩子活泼好动、求知欲强，喜欢逆向思维，行程中问题特别多而且刁钻古怪；加上青少年自我约束能力和组织纪律性较差，稍有疏忽就可能出现旅游安全事故。

1. 在接待青少年团队时导游人员应具备的条件

（1）导游人员应该具有渊博的知识，见多识广。如果是主题夏令营的导游人员，就更应对该主题方面的知识有深入的了解，这样才容易被青少年学生所信任，得到他们的配合，达到游有所得、游有所益的目的。

（2）要热爱青少年工作，具有高度负责的精神，工作细心。旅行社可选择教师出身，专、兼职从事导游工作的人员作为青少年旅游团队的导游人员。

2. 在安排青少年旅游团队接待时应注意的事项

1）安排青少年团队的行程要适合孩子的特点

安排青少年团队的行程要适合孩子的特点，突出青少年喜闻乐见的项目，否则他们会毫无顾忌地睡觉或嘻哈打闹；游览重要景点应留足时间，让青少年细细观赏，尽兴提问。导游人员还应善于从答问中纠正孩子的偏激情绪，鼓励孩子的创造性思维。

2）每天的行程不宜过于紧密

过密的行程容易造成青少年走失，耽误整队时间；而且过度劳累还会使孩子身体不适、呕吐甚至感冒、发烧。

3）旅行前给青少年介绍景区知识

旅行前一定要结合青少年所了解的知识（如电影、电视、电子游戏人物或场景）对即将造访的景区作综合介绍，达到激发青少年观赏欲望的效果。

4）旅途中尽量安排孩子在安全的地方活动

旅途中应尽量安排孩子在一些空旷的地方活动，以舒展筋骨；在山区、水域等危险区旅行，应禁止团员嘻哈打闹，不断提醒团员注意安全，且原则上不安排自由活动。

5）注意孩子的饮食，让孩子吃饱、吃好

由于青少年学生大都处于生长发育期，每日食量较大，导游人员应注意让餐厅提供充足的饭菜，上菜速度也应比普通团队快，让团员尽量吃饱、吃好。

6）其他

宜配备随团医生并携带各种应急药物和驱蚊水。

5.4.4　老年旅游团队接待

由于近年来我国老龄化进程加快，退休年龄降低，离退休人数暴增，老年旅游团队已成为开发潜力巨大的客源市场。目前，中国的老年团队消费水平虽然偏低，但出游人数多，全年客源稳定，没有“五一”、“十一”、“春节”那种明显的大起大落现象，只要旅行社开发的旅游线路符合老年人特点，老年旅游市场是大有作为的。

通常情况下，老年人怀旧观念较重，喜欢历史文化气息浓重的旅游景点，倾向于选择安全系数较高的旅游线路。由于老年人的身体条件特殊，因此，要求团队中要有队医服务，同时导游人员在安排旅游节奏时也不宜太快。

接待老年人团队的导游人员应具备丰富的历史知识，善于尊重、体贴老人，虚心向老人请教。同时还需要掌握一定的医学知识和护理知识，善于察言观色，及早发现老年人可能出现的重大病情，防患于未然。

在接待老年人团队时，导游人中员可以从下列几方面做好团队的个性化服务工作。

（1）安排适合老年人的交通工具。安排旅游车辆时尽量做到宽松、舒适；乘坐火车时，尽量安排中下铺位；乘坐飞机时，陪同人员须协助客人办理行李托运手续。

(2) 根据老年人的特点安排行程。安排日程时注意节奏宜慢，可根据老年人身体情况，选择游览景点最精彩的部分，对次要景点就不必面面俱到了。

(3) 住宿要求整洁安全。老人不求奢华，但求整洁，因此，入住的酒店要确保环境幽雅，房间干净、安全。

(4) 饮食以清淡软烂为主。安排餐食时注意照顾老年人的习惯和生理特点，以清淡软烂为主，咸淡适中；部分老人由于身体原因忌食油腻食品或甜食，导游人员可建议餐厅合理搭配荤素，保证一日三餐营养均衡；尽可能满足客人合理的用餐要求。

(5) 门票尽量享受优惠政策。购买门票时，离休证、老年证等证件有优惠的，应按旅行社团队价减去相应优惠价退还旅客差价。

(6) 老年游客经验丰富，导游人员要虚心听取游客的意见，及时采纳合理化建议。

典型案例

导游人员的报复

几位年轻的游客一下火车就拿着行李驱车来到旅行社，他们强烈“抗议”导游人员的所作所为，并且要求旅行社赔偿其经济损失，并对导游人员进行处分。事情经过是这样的。这几位年轻的游客参加旅行社组织的某地八日游活动。按照旅游合同规定，游客用餐自理，往返行程为“一飞一卧”（去是乘飞机，返是乘火车）。游客抵达目的地后，他们对导游人员的讲解及安排的游览活动等都有意见：导游讲解内容单一，缺乏趣味性，而且多数时间都是在和司机聊天，很少跟游客交流；游客对导游人员的安排缺乏兴趣，甚至有的自行安排活动，游客多次向地陪提意见。为此，地陪心里憋着一股气。以后，游客对地陪的意见越来越多，双方矛盾越来越尖锐。一天，由于这几位年轻的游客在吃午餐时喝了一点酒，过了集合时间。因此，地陪采取“报复”手段，不等他们吃完饭，就擅自让旅游车开走，致使他们只能报警，通过当地公安部门的帮助才算找到了旅游车……

案例分析：在旅游过程中，游客对旅行社、对导游人员有意见、有看法，这是一件很正常的事情。导游人员只有认真听取游客正确合理的意见，然后再进行改正，深信广大游客能够通情达理地给予谅解。然而，有些导游人员不但没和游客多交流沟通，多听取意见，反而想方设法“治”游客。有这种行为的人根本就不配做一名导游人员。因此，导游人员在与游客见面的那一刻起，就必须担负起服务员的角色，多与游客沟通，确立在旅游团中的主导地位，在整个游览过程中使游客玩得高兴，并且有所收获，这是衡量导游人员工作水平的基本尺度。

思考与练习

一、填空题

1. 旅游初期阶段，游客具有的心理特征是________；旅游中期阶段的心理特征是________。

2. 导游人员的心理调节可以采取的方法除了角色控制法、转移注意法外，还有________等。

3. 要想搞好与领队的关系，首先必须________。

4. 政务型旅游团队包括________、________组成的旅游观光、考察团队。政务型旅游团队的特点是团员社会身份地位较高、专业考察性质较强，往往有当地政府官员陪同在侧。

5. 在接待政务型团队时，在没有得到领导明确邀请的情况下，导游人员一般不参加团队合影；即使受到邀请，也应陪居________或________。

6. 青少年旅游团的特点是孩子________，________，喜欢逆向思维，行程中问题特别多而且刁钻古怪。

二、单项选择题

1. 某地陪带领旅游团参观高大巍峨的太和殿时，向游客生动地描述了皇帝登基时的壮观场面。这种导游方法是（　　）。
   A. 虚实结合法　B. 触景生情法　C. 突出重点法　D. 画龙点睛法

2. 在接待过程中，如遇少数游客经常迟到，导游人员应当（　　）。
   A. 提出警告　B. 顺其自然　C. 设法引导　D. 报告全陪

3. 下列哪一类团队不属于特殊团队（　　）。
   A. 政务型团队　B. 海外游客团队　C. 老年团队　D. 宗教型团队

4. 在接待政务型团队的过程中，下列哪项做法是不符合服务要求的（　　）。
   A. 在称谓上始终使用“各位领导”一类的尊称
   B. 在安排行程时多与地方陪同官员商量
   C. 热情地安排团队购买当地土特产品
   D. 以团队中的主要领导为服务核心，适当照顾其他团员

5. 在接待宗教型团队的过程中，下列哪项做法是不符合导游服务要求的（　　）。
   A. 跟随信徒一起跪着与大师说话
   B. 在安排行程时多向大师父或当家和尚征求意见
   C. 对团队想在景点举办对外的大型宗教性法事活动进行制止并说明原因
   D. 服务过程中以大师父为中心，同时也应该答应其他信徒的个别要求

6. 一个团队中导游人员及司机之间合作的原则是（　　）。

A. 旅游协议　　B. 相互包容

C. 游客至上　　D. 共同获取经济利益

三、多项选择题

1. 导游人员要树立良好的职业形象，就必须做到（　　）。

A. 重视第一印象

B. 多干实事，不说空话、大话

C. 保持一种轻松的风格和热情的个性

D. 多同游客进行沟通

E. 保持微笑服务

2. 在旅游活动的开展中，除了领队、全陪、地陪及景区景点导游通力协作来保证旅游活动的顺利开展，导游们还需要与哪些部门或人员的合作，才能保证团队旅游活动的顺利进行？（　　）。

A. 旅游行政管理部门　　B. 其他旅游接待部门

C. 司机　　D. 旅行社相关部门

E. 旅游者

3. 导游人员在与游客相处时，只有了解不同游客的心理特征，才能更好地提供具有针对性服务。导游人员可以从哪些方面了解不同游客的心理特征？（　　）。

A. 所属客源地不同　　B. 所属单位不同

C. 所属社会阶层不同　　D. 年龄和性别不同

E. 沟通法

4. 调节游客情绪，消除其消极情绪的方法主要有（　　）。

A. 补偿法　　B. 放松训练法

C. 转移注意法　　D. 分析法

E. 动态观赏

5. 导游人员在灵活掌握引导游客观景赏美时，应注意的是（　　）。

A. 动态观赏和静态观赏相结合　　B. 注意观赏的距离和角度

C. 选对观赏时机　　D. 把握观赏节奏

E. 性格开朗、活泼

6. 在接待青少年团队时，导游人员应具备的条件是（　　）。

A. 具有强健的体魄　　B. 有高度负责的精神，工作细心

C. 具有渊博的知识，见多识广　　D. 热爱青少年工作

四、简答题

1. 简述导游人员如何在游客面前树立良好的第一印象。

2. 旅游团队导游服务集体协作共事的基础是什么？

3. 调节游客情绪可以采取的转移注意法指的是什么？
4. 在面对游客的投诉时，导游人员应注意哪些问题？
5. 对于接待老年人团队的导游人员一般有哪些要求？

五、案例分析题

导游人员小李作为全陪带领 28 人的中学生夏令营旅游团赴北京旅游。小李是第一次作全陪，而且是第一次带中学生团，虽然做了较多准备但仍感压力很大。团队到达北京的当晚，就有一名学生在睡梦中从上床滚下，摔破了下巴（地接社安排住大学生宿舍，睡上下床），结果送医院缝了 3 针。次日，安排上午游览天坛，下午游故宫。但在天坛有 8 位学生与团队走失，致使整队时多花了近两个小时才把人找齐。团队到达故宫时已是下午 16:00，地陪要求一个半小时内游完故宫并在北门集合。学生只好一路小跑，这才基本准时到达集合地点。晚餐时，学生又累又饿，餐厅上菜节奏却很慢，往往一道菜上来立刻被抢光，然后众学生就敲着饭碗等菜，弄得餐厅里乌烟瘴气，乱七八糟。作为全陪的小李赶紧与餐厅交涉，希望上菜速度稍微快些，没想到却被服务员讥讽了一顿，心里很不舒服。请问：

1. 青少年旅游团队具有什么特点？
2. 上述案例反映出旅行社和导游人员针对青少年团队提供的服务存在哪些缺陷？

6 游客特别要求处理技巧

知识目标

1. 掌握游客特别要求处理的原则。
2. 掌握游客在餐饮、住宿、娱乐、购物等方面特别要求的处理技巧。

能力目标

- 学生通过对游客特别要求处理原则和技巧的学习，能够顺利地处理游客提出的各种特别要求，使游客在食、住、行、游、购、娱等方面都感到满意。

6.1　游客特别要求的处理原则

案例导入

案情介绍：小张是一位刚从学校毕业的女导游人员。有一次，她在带团的时候，旅游车上几位男游客要求小张讲几段“黄色笑话”，以活跃气氛。小张对游客说自己不会讲这类笑话，主动为大家唱了几首歌。几位男游客见未达到目的，对导游人员心生不满。到达目的地后，其中一位男游客发现自己的手机不见了，认为是导游人员小张拿了，要检查她的包，并让一位女游客对她搜身。从未经历这类事情的小张不知该如何是好。

（资料来源：赵爱华，雷引周．导游业务．北京：中国财经经济出版社，2007.）

请问：遇到这种情况，导游人员该怎么做?

案例解析：这几位游客对导游人员所提的要求显然不合理。小张拒绝讲“黄色笑话”是对的，而且她还应该理直气壮地拒绝那位游客提出的搜身的要求。在这一涉及人格尊严和人身安全的问题上，导游不应该迁就和退让。如果游客纠缠不放，导游人员可以报警。对于游客提出的特别要求，我们的解决方法要根据具体情况而定，而不是不能什么要求都满足。

6.1.1　宾客至上原则

“宾客至上”或称“顾客是上帝”，是服务行业的座右铭，东西方皆然。这不仅是一句招揽顾客的宣传口号，更是服务行业的服务宗旨、服务人员的行动指南，也是工作中处理问题的出发点。

众所周知，服务行业离不开顾客，他们是服务行业存在、发展的前提和基本保证。属第三产业的旅游业需要它的特殊顾客——游客，旅游企业需要游客，导游人员本人也需要游客。如果没有了游客，导游人员就失去了服务对象，也就失去了其本身存在的必要。导游人员只有充分认识到这一点，才会更自觉地、真心实意地为游客服务。在游客的心目中，导游人员是他们花钱雇佣或聘请的为他们的旅游活动进行服务的工作人员。他们在人生地不熟的异国他乡旅游、生活，在很大程度上要依赖导游人员。他们的要求和意见一般只能向导游人员提出，期待他们的帮助和照顾，希望自己的要求都能得到满足。如果导游人员不能听取游客的意见和要求，不能出色地起到“民间大使”的作用，游客就可能会大失所望、扫兴而归，就很难期望他们再次前来旅游。在导游服务中，宾客至上不仅要贯穿于工作的始终，而且要作为处理游客个别要求的出发点。导游人员如能按照原则处理问题就可以赢得游客的信任、尊重和谅解。

旅游界人士常说要使游客感到“宾至如归”，那怎样才能做到这一点呢？这就需要每一个旅游服务人员都作出自己的努力。作为导游人员，应向游客提供真诚的超常服务，提供热忱的微笑服务，要“笑迎天下客”，使游客一踏上中华国土，一与中国人接触（导游人员往往就是第一人）就感到温暖、亲切，就感到是生活在和谐融洽的氛围之中。

6.1.2 合理而可能原则

“合理而可能”原则既是导游服务原则，也是导游人员处理问题、满足游客要求的依据和准绳。其实，它也是处理人际关系的一个准则。

游客外出旅游一般都会产生求全心理，都希望自己的旅游既愉快又圆满，往往把旅游活动理想化，常常在生活和游览活动方面提出种种要求、意见和建议，游客这种求全心理和过高愿望常常与客观实际相矛盾，有时甚至对旅游活动的安排横加指责，少数人还一味挑剔。处理游客的要求、意见和建议以及少数人的指责、挑剔，关系重大，有时甚至会影响到整个旅游服务的成败，因此，导游人员不得对其等闲视之。当游客提出要求、意见时，导游人员必须认真倾听，冷静、仔细地分析，看其是否合理，是否可能实现；导游人员要为游客着想，尽量满足他们的需要。当看出他们确实需要帮助而不愿开口时，导游人员要主动提供服务。就是对个别人的指责和挑剔也要认真对待，看其中是否有合理的成分，导游人员绝不能对此置之不理，更不得断然拒绝、严厉驳斥。凡是合理的又有可能实现的，即既是对游客有益的而且又是正当的，导游人员就应该努力去做，如果没有做好就应改正，给予弥补。对不合理或不可能实现的要求和意见，导游人员要耐心解释，解释时要实事求是、通情达理，使游客心悦诚服。这样不仅能够赢得游客的好感，而且有利于自己更好地开展工作，也是提高服务质量的有效手段。

6.1.3 耐心解释原则

游客根据自己的情况和需要提出各种要求是人之常情，其提出的要求大多数是合情合理的，但有些要求虽然具有合理性，但过于苛刻，会给导游人员的工作增加难度；有些要求看似合理但旅游合同上没有规定这些服务或在中国目前还无法提供这类服务；还有些人出于某种心态，对导游人员的工作横加指责、过分挑剔。

对上述要求，导游人员一要认真倾听，不要没有听完就指责游客的要求过高或胡乱解释；二要微笑对待，不要一听到不顺耳的话就表示反感并恶语相向；三要耐心解释，对合理的但不可能办到的要求，要耐心地、实事求是地进行解释，不要以“办不到”一口拒绝。总之，对游客的这类要求，导游人员不得意气用事。游客的苛求主要表现在3个方面：①游客提出有些看似合理、但旅游合同上没有规定的服务或在我国目前还无法提供的服务；②有些要求很明显是不合理的，但总会有人提出来，要求导游人员予以满足；③有的游客本来就有爱挑剔的习惯，有的游客对旅游服务“理想化”或出于某种心态，动不动就对导游人员的工作横加挑剔、无理指责。

6.1.4　不卑不亢原则

旅游团中难免有无理取闹的人，他们故意提出一些非理的要求来刁难导游人员。对不合理的要求，要以正确方法予以处理。在一般情况下，导游人员对客人要以礼相待，不与其争吵，更不能与其正面冲突，以免影响旅游活动，造成不良影响。对无理取闹者，导游人员仍要继续为其热情服务，对他们的合理而可能办到的要求仍要尽力设法予以满足。

1. 理明则让

处理这类问题时，导游人员要坚持原则，不伤主人之雅，不损客人之尊，理明则让。导游人员要记住自己是主人，是主人就要有主人热情好客的态度，要有主人的度量，要对客人有礼貌。客人可以挑剔，甚至可以吵嚷，但导游人员却必须保持冷静，始终有礼、有节。坚持不卑不亢原则。这样说并不意味着导游人员要忍气吞声，必须无原则地迁就，而应是该说理的得说理，该坚持的还要坚持。但是，道理讲清后不要得理不饶人，要给人台阶下，保住对方的面子。

2. 请游客主持公道

若个别游客的无理取闹影响了旅游团的正常活动，导游人员应采取如下措施。

（1）请领队协助出面解决。

（2）直接面对全体游客，请他们主持公道。这就要求导游人员在平时多向游客提供热情周到的服务，多提供超常服务，这时导游人员往往能获得大多数游客的赞赏和支持，在客观上孤立一味苛求者和无理取闹者。

（3）向领导汇报。实在有困难时，导游人员应向旅行社领导汇报，请其出面协助解决。

3. 避免正面冲突

个别游客的无理取闹会影响旅游活动的顺利进行，导游人员应与之说理，作必要的斗争，但仍要以礼相待，不与其争吵，更不能与其正面冲突，以免造成不良影响。

6.2　游客特别要求的处理技巧

案例导入

案情介绍：小李带一个两日游的团到北京旅游。第一天中午用完餐后，客人提出晚餐要品尝北京烤鸭，于是小李及时给原定的餐厅打电话取消了预订，并在风味餐厅预订了晚餐。当客人到餐厅后，小李告诉客人，品尝风味烤鸭的用餐标准比客户协议上的用餐标准每人要高出20元，这时有些客人觉得贵不想再吃烤鸭了，要求退餐。小李非常着急，因为如果客人真的取消这顿餐的话，饭店会要求他们赔偿的。最后，小李费了半个多小时才说服了游客，勉强吃了这顿烤鸭。但是游客很不满，小李也感觉很窝火，真是费力不讨好啊！

请问：客人提出换餐时导游人员的做法是否正确？为什么？

案例分析：客人提出换餐时，导游人员小李的做法不正确。因为小李忽视了一个细节，在游客换餐前，没有和游客提前讲明餐费差价自理，结果出现了麻烦。在带团过程中，游客提出换餐时，一定要注意告诉游客，多出来的餐费自理，待游客同意再订餐，否则就会引起不必要的纠纷。

游客在生活、娱乐、购物等方面的特别要求比较多，因为吃好、休息好是旅游活动顺利进行的基本保证，而娱乐活动可以起到锦上添花的作用。购物是旅游活动的重要内容之一，具有民族特色的商品不仅让游客喜爱，而且还可以使游客对一个国家或地区的民族文化有进一步的了解。因此，导游人员应高度重视在就餐、住房、娱乐、购物等方面提出的特殊要求，应认真、热情、耐心地设法满足游客的需求。

6.2.1 餐饮方面特别要求的处理

“民以食为天”，跨国界、跨地区的游客对餐饮的要求各不相同，因此，因餐饮问题引起的游客投诉屡见不鲜。下面就常见的6种情况讲述导游人员面对此类要求时适当的处理方法。

1. 对特殊饮食要求的处理

由于宗教信仰、生活习惯、身体状况等原因，有些游客会提出饮食方面的特殊要求，如不吃荤，不吃油腻、辛辣食品，不吃猪肉或其他肉食，甚至不吃盐、糖、味精等。有些游客在旅游协议书中已作说明，而有些游客在到达后才提出要求。对游客提出的特殊要求要区别对待。

1）事先有约定

若所提要求在旅游协议书中有明文规定的，接待方旅行社须早作安排，地陪在接团前应检查落实情况，不折不扣地兑现旅行社作出的承诺。

2）抵达后提出

若旅游团抵达后或到定点餐厅后临时提出要求，则需视情况而定。一般情况下，地陪应立即与餐厅联系，在可能的情况下尽量满足其要求；如果情况复杂，确实有困难满足不了其特殊要求，地陪则应说明情况，协助游客自行解决。例如，建议游客到零点餐厅临时点菜或带他去附近餐馆（最好是旅游定点餐馆）用餐，餐费自理。

2. 要求换餐

有时，部分外国游客不习惯中餐的口味，在几顿中餐后要求改换成西餐；有的外地游客想尝尝当地特色小吃，要求换成风味餐。四川锦江宾馆中餐厅如图 6. 1 所示。

图6. 1 四川锦江宾馆中餐厅

诸如此类要求，导游人员在处理时应考虑如下几方面因素。

（1）首先要看是否有充足的时间换餐。如果旅游团在用餐前 3 个小时提出换餐的要求，地陪应尽量与餐厅联系，但须事先向游客讲清楚，如能换妥，差价由游客自付。

（2）询问餐厅能否提供相应服务。若计划中的供餐单位不具备供应西餐或风味餐的能力，应考虑换餐厅。

（3）如果是在接近用餐时间或到餐厅后提出换餐要求，应视情况而定：若该餐厅有该项服务，地陪应协助解决；如果情况复杂，餐厅又没有此项服务，一般不应接受此类要求，但应向游客做好解释工作。

（4）若游客仍坚持换餐，地陪可建议其到零点餐厅自己点菜或单独用餐，费用自理并告知原餐费不退。

3. 要求单独用餐

由于旅游团的内部矛盾或其他原因，个别游客要求单独用餐。此时，导游人员要耐心解释，并告诉领队请其调解；如果游客坚持，导游人员可协助与餐厅联系，但餐费自理，并告知综合服务费不退。

因游客外出自由活动、访友、疲劳等不随团用餐，导游人员应同意其要求，但要说明餐费不退。

4. 要求提供客房内用餐

若游客生病，导游人员或饭店服务员应主动将饭菜端进房间以示关怀。若是健康的游客希望在客房用餐，应视情况办理；如果餐厅能提供此项服务，可满足游客的要求，但须告知其服务费标准。

5. 要求自费品尝风味餐

有些旅游团的旅游协议中不包含风味餐这项内容，此时，若旅游团要求外出自费品尝风味，导游人员应予以协助，可由旅行社出面，也可由游客自行与有关餐厅联系订餐；风味餐订妥后，若旅游团又想不去了，导游人员应劝他们在约定时间前往餐厅，并说明若不去需赔偿餐厅的损失。

6. 要求推迟就餐时间

在实际带团中，由于游客的生活习惯不同，或由于在某旅游地游兴未尽等原因要求推迟用餐时间，导游人员可与餐厅联系，依据餐厅的具体情况处理。一般情况下，导游人员要向旅游团说明餐厅有固定的用餐时间，劝其入乡随俗，过时用餐需另付服务费。若餐厅不提供过时服务，最好按时就餐。

6.2.2 住房方面特别要求的处理

旅游过程中，饭店是游客临时的家。对于在住房方面的要求，导游人员一定要尽力协助解决。

1. 要求调换饭店

团体游客到一地旅游时，享受什么星级饭店的住房在旅游协议书中有明确规定，有的在什么城市下榻于哪家饭店都写得清清楚楚。所以，如果接待旅行社向旅游团提供的客房低于合同规定的标准，即使用同星级的饭店替代协议中标明的饭店，游客都会提出异议。

如果接待社未按协议安排饭店或协议中的饭店确实存在卫生、安全等问题而致使游客提出换饭店，地陪应随时与接待社联系，接待社应负责予以调换。如确有困难，应按照接待社提出的具体办法妥善解决，并向游客摆出有说服力的理由，并提出补偿条件。

2. 要求调换房间

根据客人提出的不同的要求，有不同的处理方法。

（1）若由于房间不干净，如有蟑螂、臭虫、老鼠等，游客提出换房应立即满足，必要时应调换饭店。

（2）由于客房设施尤其是房间卫生达不到清洁标准，应立即打扫、消毒，如游客仍不满意，坚持调房，应与饭店有关部门联系予以满足。

（3）若游客对房间的朝向、层数不满意，要求调换另一朝向或另一楼层的同一标准客房时，若不涉及房间价格并且饭店有空房，可与饭店客房部联系，适当予以满足，或请领队在团队内部进行调整。若无法满足其要求，应耐心解释，并向游客致歉。

（4）若游客要住高于合同规定标准的房间，如有，可予以满足，但游客要交付原定饭店退房损失费和房费差价。

3. 要求住单间

团队旅游一般安排住标准间或三人间。由于游客的生活习惯不同或因同室游客之间闹矛盾而要求住单间，导游人员应先请领队调解或内部调整，若调解不成，饭店如有空房，可满足其要求。但导游人员必须事先说明，房费由游客自理（一般由提出方付房费）。四川锦江宾馆客房如图6.2所示。

图6.2　四川锦江宾馆客房

4. 要求延长住店时间

由于某种原因（生病、访友、改变旅游日程等）而中途退团的游客提出延长在本地的住店时间，可先与饭店联系，若饭店有空房，可满足其要求，但延长期内的房费由游客自付。如原住饭店没有空房，导游人员可协助联系其他饭店，房费由游客自理。

5. 要求购买房中物品

如果游客看中客房内的某种摆设或物品，要求购买，导游人员应积极协助，与饭店有关部门联系，满足游客的要求。

6.2.3　文娱活动方面特别要求的处理

因游客各有爱好，同一个旅游团的文娱活动，不应强求统一。对游客提出的种种要求，导游人员都本着“合理而可能”的原则，视具体情况妥善处理。

1. 要求调换计划内的文娱节目

凡在计划内注明有文娱节目的旅游团，一般情况下，地陪应按计划准时带游客到指定娱乐场所观看文艺演出。若无明文规定，导游人员最好要事先与游客商量，然后再作安排。若游客提出调换节目，地陪应针对不同情况进行处理。

（1）如全团游客提出更换，地陪应与接待社计调部门联系，尽可能调换，但不要在未联系妥当之前许诺；如接待社无法调换，地陪要向游客耐心解释，并说明票已订好，不能退换，请其谅解。如果现在游客全部要观看深圳世界之窗大型演出（如图6.3所示），那就要尽量想办法更换。

图6.3 深圳世界之窗大型演出

（2）部分游客要求观看别的演出，处理方法同上。若决定分路观看文娱演出，在交通方面导游人可进行如下处理：如果两个演出点在同一线路上，导游人员要与司机商量，尽量为少数游客提供方便，送他们到目的地；若不同路，则应为他们安排车辆，但车费自理。

2. 要求自费观看计划外的文娱节目

在时间允许的情况下，导游人员应积极协助游客自费观看计划外的文娱节目的要求，以下两种方法地陪可酌情选择。交通方面，导游人员应进行如下处理：若两个演出在同一线路上，导游人员可与司机商量，尽量为少数游客提供方便，送他们到目的地；若不同路，则应为他们安排车辆，但车费自理。

（1）与接待社有关部门联系，请其报价。将接待社的对外报价（其中包括节目票费、车费、服务费）报给游客，并逐一解释清楚。若游客认可，则可请接待社预定。同时，地陪要陪同游客前往，将游客交付的费用上交接待社并将收据交给游客。

（2）协助解决，提醒客人注意安全。地陪可帮助游客联系购买节目票，请游客自乘出租车前往，一切费用由游客自理。但应提醒游客注意安全、带好饭店地址。必要时，地陪可将自己的联系电话告诉游客。

如果游客执意要去大型娱乐场所或情况复杂的场所，导游人员需提醒游客注意安全，必要时要陪同前往。

3. 要求前往不健康的娱乐场所

如果游客要求去不健康的娱乐场所和过不正常的夜生活，导游人员应断然拒绝并介绍中国的传统观念和道德风貌，严肃指出不健康的娱乐活动和不正常的夜生活在中国是被禁止的，是违法行为。

6.2.4 购物方面特别要求的处理

商品和旅游纪念品的开发、生产和销售是发展旅游业的重要组成部分，各国、各地对此都非常重视，并将其视做争夺游客的魅力因素和增加旅游收入的重要手段。导游人员要正确处理游客购物方面的要求，尽力做到既要推销商品，更要让游客购物满意。大多数游客都愿意在旅游目的地买些物品作为纪念或馈赠亲友。旅游地购物是旅游活动的重要组成部分，游客往往会有各种各样的特殊要求，导游人员要不怕麻烦、不图私利，设法予以满足。

1. 要求单独外出购物

（1）游客要求单独外出购物，地陪要予以协助并当好参谋，了解购买何物，然后建议游客去哪家商场，或提供多家商场并介绍其各自的特色，以供游客选择。为游客安排出租车并写中文便条（写明商场名称、地址、饭店名称等）让其带上，提醒他们不要太晚回来，注意安全。

（2）旅游团离开的当天，应劝阻游客外出购物，以防误机（车、船）。

2. 要求退换商品

游客提出退换已购商品的要求，导游人员有以下两种正确做法。

1）积极协助退换

游客在旅行社的合同商店购物后，若发现所购商品是残次品、计价有误或对物品的颜色、式样等不满意，要求导游人员帮助退换，导游人员绝不能以“商品售出，概不退换”之类的话搪塞、推托，也不得以其他借口拒绝退换，而应积极协助，以维护我国的商业信誉。

2）建议鉴定真伪

游客以“假货”为理由要求退货时，导游人员可建议其鉴定商品真伪。鉴定证明是假，商店承担一切责任；若鉴定是真，费用则由游客支付。但是，即使确定是真品后，游客仍坚持退换，导游人员应协助其退换。但是，不是所有的商品都是可以退换的。例如，穿用过的鞋类、弄脏了的衣物就不能退换。对此，游客应该自律，而导游人员要讲清道理。

3. 要求再次前往某商店购物

游客欲购买某一商品，出于“货比三家”的考虑或对于商品价格、款式、颜色等犹豫不决，当时没有购买，后来经过考虑又决定购买，要求地陪帮助。对于这种情况，地陪应热情帮助，如有时间可陪同前往，车费由游客自理；若因故不能陪同前往，则可为游客写张中外文便条，写清商店地址及欲购商品的名称，请其乘出租车前往。

4. 要求购买古玩或仿古艺术品

游客要求购买古玩和仿古艺术品，导游人员应予以重视并向他们讲清有关规定。

1）劝阻游客去地摊购物

地陪在饭店或旅游车上要向游客讲明，若希望购买古玩和仿古艺术品，应去正式的商场或文物商店，劝他们不要去地摊购买，以免上当受骗。仿古艺术品如图6.4所示。

图6.4 仿古艺术品

2）建议保存发票和火漆印

游客在商店购买了古玩和仿古艺术品，导游人员要建议他们保存好发票；物品上若有火漆印，可祝贺他买到了真正的文物，但要告诉他在离境之前不要去掉火漆印，因为对古玩和仿古艺术品出境，中国海关有明确规定：凭文物外销发货票和中国文化行政管理部门盖的鉴定标志（火漆印）放行，若无，就会遇到麻烦。

3）提醒去文物部门作鉴定

如果有游客告诉导游人员朋友赠送或帮他在民间购得古玩或古字画或已逝现代大画家、大书法家的作品，导游人员一定要提醒他去文物部门对物品进行鉴定并取得鉴定证书。还应明确告诉他们上述物品中国海关凭鉴定证书和许可出口证明放行，若无证明，一概不准出境。如果游客不听导游人员的建议、不去文物部门鉴定，导游人员必须及时报告有关部门。

4）阻止文物走私

请示领导，报告详细情况；请客人留下详细通讯地址；购买后将物品和单据交旅行社部门经理审核；妥善包装、邮寄；将发票、邮寄单据和余款寄给客人；复印各种单据并妥为保存；导游人员若发现个别游客有走私文物的可疑行为，必须及时报告有关部门。

5. 要求购买中药材

游客想购买中药材、中成药，导游人员可以予以协助，但应告知中国海关的有关规定：游客携带中药材、中成药出境，前往国外的，总价值限人民币300元；前往港澳地区的总值限人民币1500元。中药材、中成药的价格均以境内法定商业发票所列价格为准。严禁携带犀牛角、虎骨、麝香出入境。云南野生红灵芝如图6.5所示。

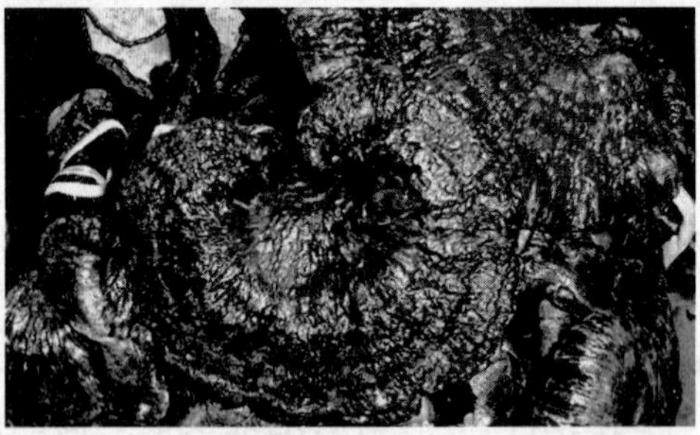

图6.5 云南野生红灵芝

6. 要求代办托运

有些游客购买大件物品后，要求导游人员帮忙托运，导游人员可告知其外汇商店一般经营托运业务。若外汇商店无托运业务，导游人员要协助游客办理托运手续。游客欲购某一物品，但当时无货，要求导游人员帮助购买并托运，导游人员应正确进行处理。

（1）对游客的这类要求导游人员一般应婉拒。

（2）实在推托不掉时，导游人员要请示领导。一旦接受了游客的委托，导游人员应在领导指示下认真办理委托事宜：收取足够的钱款。

（3）按游客要求购买物品、及时办理邮寄或托运手续。

（4）将发票、托运单及托运费收据寄给委托人，旅行社保存复印件以备查验。

（5）余额在事后由旅行社退还委托人。

6.2.5　游客自由活动要求的处理

参加旅游团队的游客，大部分时间是集体活动，在旅游线路安排中会有自由活动时间，在集体活动时间内也会有游客提出单独活动的要求。出于种种原因要求自由活动或单独活动，导游人员应根据不同情况，认真回答游客的咨询，提出建议，尽量满足他们的要求，妥善处理。

1. 要求全天或某一景点不随团活动

（1）提前向游客说明，自由活动期间各项费用均不退，自由活动所需费用由游客自理。

（2）告知游客用餐的时间和地点，以便游客归团时可以便利用餐。

（3）提醒其自由活动时注意安全，保护好自己的财物。

（4）提醒游客带上饭店的卡片。

（5）将自己的手机号告诉游客，以备必要时联系之用。

2. 在景点游览时要求自由活动

（1）如果景点规模不大，游人不多，秩序较好，可满足其要求。

（2）如果景点规模较大，道路较复杂，游人又多，秩序较乱，导游人员要奉劝其随团活动，以免走失；如果游客一味坚持，劝说无效，应告之其后果自负。

（3）提醒游客注意安全，看管好自己的财物，并将集合时间、地点，旅游车的车型、车号，用餐地点及饭店名称等相关事项一一向其讲清，或写一张便条让其带上，以便其及时归队。

3. 须劝阻游客自由活动的几种情况

（1）旅游团即将离开本地前3小时，若有人要求留在本地活动，导游人员要劝其随团活动。

（2）在高海拔地区或高山悬崖区时，客人要求探险，导游人员要劝阻其探险活动。

（3）客人想去治安不好、复杂混乱的地方，导游人员要劝阻游客外出活动，更不要单独活动。

（4）不宜让游客单独骑自行车去人生地不熟、车水马龙的街头游玩。

（5）在游河（湖）时，导游人员应安排大船供团队集体乘坐，原则上不能同意游客单独划小船或在非游泳区游泳的请求。

（6）游客要求去不对外开放的地区、机构参观游览，导游人员不得答应。

6.2.6 探视亲友、亲友随团活动要求的处理

1. 要求探视亲友活动的处理

游客到达某地后，希望探望在当地的亲戚或朋友，这可能是其旅游目的之一。导游人员应设法予以满足，并根据以下情况进行处理。

（1）如果游客知道亲友的姓名、地址，导游人员应协助联系，并向游客讲明具体的乘车路线。

（2）如果游客只知道亲友姓名或某些线索，地址不详，导游人员可通过旅行社请公安户籍部门帮助寻找，找到后及时告诉游客并帮其联系；若旅游期间没找到，可请游客留下联系电话和通信地址，待找到其亲友后再通知他（她）。

（3）如果海外游客要会见中国同行洽谈业务、联系工作或进行其他活动，导游人员应向旅行社汇报，在领导指示下积极给予协助。

（4）如果导游人员发现个别中国人与游客之间以亲友身份作掩护进行不正常往来，或游客会见人员中有异常现象，应及时汇报。

（5）如果外国游客要求会见在华外国人或驻华使、领馆人员，导游人员不应干预；如果游客要求协助，导游人员可给予帮助；若外国游客盛情邀请导游人员参加使、领馆举办的活动，导游人员应先请示领导，经批准后方可前往。

2. 要求亲友随团活动的处理

游客到某地希望会见亲友，但时间有限又不舍得放弃旅游活动，因此向导游人员提出随团的要求。此时，导游人员应采取如下措施。

（1）先看车上是否有空位。

（2）先征得领队、全陪和旅游团其他成员的同意。

（3）请示旅行社批准。请旅行社派人前来办理入团手续：出示有效证件、填写表格、交纳费用。

（4）若是外国外交官员随团活动，应请示旅行社，严格按照我国政府有关规定办理。

（5）若随团活动的亲友是记者，应请示政府宣传部门，获准后方可办理有关入团手续。

6.2.7 游客要求为其转递物品的处理

由于种种原因游客要求旅行社或导游人员帮其转递物品。

（1）一般情况下，导游人员应予婉拒，建议游客将物品、信件和资料亲手交给或邮寄给收件部门或收件人。

（2）如果游客确有困难，导游人员应请示旅行社，经同意后，按如下程序办理：①请游客开具正式的委托书，注明物品名称、数量、规格、价值，请游客签名，附上身份证号码和详细地址，同时写明收件人姓名、地址及联系方式。②双方当面开箱清点物品。清点无误后，当场密封并交给导游人员保管。导游人员不宜再让对方单独接触该物品，以防被中途调包。③导游人员将物品交给收件人后，请对方开具收条并签名，由导游人员送交旅行社存档。④跨境旅游，导游人员只能接受海关容许带入带出的物品，尤其不能超出规定的限额。⑤若转递的是应税物品，应促其纳税。⑥若转递的物品是食品，应婉言拒绝，请其自行处理。⑦若转递物品的收件方是外国驻华使、领馆或其人员，导游人员要婉拒，无法推托时，应详细了解情况并向旅行社领导请示，经同意后再将物品交旅行社有关部门，由旅行社通知使、领馆人员前来领取。⑧若转递的物品是交给中央首长或政府有关部门的，经请示旅行社领导同意后，一定要请游客当面打电话，经对方同意后方可接收，并尽量让对方派人前来领取。

6.2.8　要求中途退团或延长旅游期限的处理

1. 中途退团的处理

游客要求中途退团虽不多见，但也时有发生；旅游团或部分游客被迫或主动要求延长旅游期的现象相对多一些。游客的这种特殊要求不是导游人员所能解决的，所以，当旅游团或部分游客提出此类要求时，导游人员必须立即报告接待方旅行社，由其视具体情况而定。导游人员则在领导指示下协助游客做些具体工作。

1）因自身原因提前离开旅游团

游客因患病，或因家中出事，或因工作上的需要，或因其他特殊原因要求提前离开旅游团、中止旅游活动的，经接待方旅行社与组团社协商后可予以满足，至于未享受的综合服务费，按旅游协议书规定，或部分退还，或不予退还。

2）无特殊原因执意退团的

游客无特殊原因，只是因某个要求未能得到满足而提出提前离团的，导游人员要配合领队做说服工作，劝其继续随团旅游；若接待方旅行社确有责任，应设法弥补；若游客提出的是无理要求，要耐心解释；若劝说无效，游客仍执意要退团，可满足其要求，但应告知其未享受的综合服务费不予退还。

外国游客不管因何种原因要求提前离开中国，导游人员都要在领导指示下协助游客重订航班、机座，办理分离签证及其他离团手续，所需费用由游客自理。

2. 延长旅游期限的处理

游客要求延长旅游期限一般有两种情况。

（1）由于某种原因中途退团，但本人继续在当地逗留须延长旅游期。

对无论何种原因中途退团并要求延长在当地旅游期限的游客，导游人员都应帮其办理一切相关手续。对那些因伤病住院，不得不退团并须延长在当地居留时间者，除了办理相关手续外，还应前往医院探视，并帮助解决患者或其陪伴家属在生活上的困难。

(2) 不随团离开或出境

旅游团的游览活动结束后，由于某种原因，游客不随团离开或出境，要求延长逗留期限，地陪应酌情处理：若不须办理延长签证的一般可满足其要求；无特殊原因游客要求延长签证，原则上应予婉拒；若确有特殊原因需要留下但需办理签证延期的，地陪应请示旅行社领导，向其提供必要的帮助。

办理延长签证手续的具体做法：先到旅行社开证明，然后陪同游客持旅行社的证明、护照及集体签证到公安局外国人出入境管理处办理分离签证手续和延长签证手续，费用自理。

如果离团后继续留下的游客需要帮助，一般可帮其做以下工作：协助其重新订妥航班、机票或火车票、饭店等，并向其讲明所需费用自理；如要其要求旅行社继续为其提供导游或其他服务，则应与接待社另签合同。

离团后的一切费用均由游客自理。

典型案例

阻止游客去不健康的娱乐场所

有一位男导游人员接待了一个菲律宾的旅游团，团里有位客人非常活跃，只要有此人在场，整个团队的气氛就显得轻松欢快，导游人员也从内心里感谢这位客人无形中给予自己的支持。一天，游览结束后，一进饭店，这位先生就把导游人员悄悄叫到一边，要求导游人员带他去“按摩”。导游人员明白了他的真正用意，但是没有说明，想敷衍几句就走。可是那位客人非常坚持，问题已经没有办法回避。导游人员只好对他说：“先生，我曾经向全体客人讲过，一切不健康的活动在中国内地都是被禁止的。所以，我不能满足您的要求。”这位客人从钱包中取出50美金，对导游人员说：“也许帮忙是需要报酬的，如果你能帮助我，我会酬谢你的。”导游人员告诉他：“如果您有什么困难，我一定会竭尽全力帮助您，但是我不能做违背导游人员职业道德的事情，更不能做违法的事情，请您理解。如果您晚上想散散心，我可以陪您去逛夜市。”话说到这里，客人也就不再勉强了。

问：这位游客的要求是否合理？导游人员对这件事的处理是否正确？为什么？

案例分析：这位游客的要求是不合理的。因为到不健康的娱乐场所和过不正常的夜生活在我国属于违法行为，是被禁止的行为。导游人员的处理是正确的。在案例中，对于男游客去不健康的场所的要求，导游人员拒绝了，并用委婉的语言保全了游客的面子。因为对于海外游客而言，导游人员是中国形象的代表。导游人员在向海外游客提供导游服务的过程中，担负着向游客宣传社会主义中国物质文明和精神文明的职责，使之对中国的历史、文化、社会制度和建设成就有较深的了解，消除有些游客的疑虑和误解。

思考与练习

一、填空题

1. 游客餐饮方面的特别要求包括________、________、________和其他饮食要求。

2. 导游人员对购物的安排要科学有序，不要把原则上每天________次的购物集中到最后一两天安排；购物不可太频繁，两处购物点的车距最好不少于________。

3. 游客让导游人员帮助转递物品时，导游人员应请游客开具正式委托书，注明物品________、________、________。

二、单项选择题

1. 游客要求退、换餐，导游人员须提前（　　）与餐厅联系。
   A. 1 小时　B. 2 小时　C. 3～4 小时　D. 12 小时

2. 旅游团游西湖时，一游客提出要单独划船游湖，导游人员应（　　）。
   A. 同意其要求，但要陪同
   B. 让游客去问领队，由领队决定
   C. 说明为了安全，不能同意其要求
   D. 婉言劝阻，若游客坚持，就不必阻拦

3. 一名游客购物回饭店后，因对物品颜色不满意而要求导游人员帮他退换，导游人员可以（　　）。
   A. 陪同前往，帮助游客与商店交涉
   B. 让游客自己去退，理由是工作忙离不开
   C. 告诉游客这类要求已超出了导游服务的范围
   D. 对游客说，你自己挑的商品，出了店就不能退换了

4. 安排住同一房间的游客，如因睡眠、起居习惯等原因要求另开房间，其房费应由（　　）承担。
   A. 领队　B. 游客　C. 组团社　D. 接待社

5. 客人要求亲友随团，导游人员应该首先（　　）。
   A. 征得旅行社的同意　B. 征得团员的同意
   C. 为其办理入团手续　D. 视旅游车有无空位再作决定

6. 面对游客的个别要求，下列导游人员处理方法不妥当的是（　　）。
   A. 用餐开始后，游客以菜品不合口味为由要求换餐，导游人员予以满足，费用由游客自理
   B. 游客要求导游人员为其提供色情活动项目，导游人员断然拒绝并进行合理

解释

C. 外国游客出境前，请求中方全陪为其转递一些书籍和食品给当地的中国朋友，全陪予以拒绝

D. 游客希望亲友随团时，在车位及餐厅、订房等相关条件允许的前提下，导游人员征得其他游客的同意后，为其办理入团手续

三、多项选择题

1. 游客初到异国他乡，表现得最为突出的心态是（　　）。

A. 求新心理　B. 求全心理　C. 求安全心理

D. 群体心理　E. 求异心强

2. 游客要求调换不同朝向的同一标准客房，导游人员应该（　　）。

A. 设法满足　B. 也可请领队和全陪帮助在团内调配

C. 婉言拒绝　D. 如果饭店有空房，可适当予以满足

E. 若调换不成，要耐心解释

3. 个别游客因团内矛盾要求单独用餐，导游人员应该（　　）。

A. 婉言拒绝　B. 如果游客坚持，可协助与餐厅联系

C. 请领队调解　D. 告知其餐费自理，综合服务费不退

E. 问清原因，视其情况进行处理

4. 游客购物后发现所购物品是残次品或计价有误，要求导游人员帮其退换，对此，导游人员应（　　）。

A. 积极协助　B. 必要时陪同前往

C. 婉言拒绝　D. 帮忙联系，请其自行处理

E. 说明商店“出售商品，概不退换”的要求

5. 旅游团内一位台湾游客请求地陪允许其在当地的两位亲戚随团活动，地陪应该（　　）。

A. 请示组团社　C. 征求领队意见

B. 婉言谢绝　D. 征求旅游团其他成员的意见

E. 先看车上是否有空位

四、简答题

1. 游客特别要求的处理原则有哪些？
2. 导游人员如何正确处理游客计划外购物要求？
3. 游客在餐饮方面有个别要求，导游人员应如何处理？

五、案例分析题

一个30人韩国旅行团在A市由地陪王小姐负责接待。午后参观完某佛寺后，王小姐向大家介绍本地一家新开业的珠宝店。她说：“店主是我的好友，保证价廉物

美。”在珠宝店，一位姓朱的女士对标价为2000元的珍珠项链发生了兴趣。王小姐立即主动介绍识别真假珍珠的方法，并为其讨价还价，最终以600元成交。16：40，旅行团浏览某景点，因景点即将关门，大家匆匆摄影留念后即离去。在返回饭店途中，数名男士提出去书店购买中国地图，几位女士则希望购买中国烹饪书籍，王小姐表示可以安排。次日出发前，朱女士手持前日所购的项链要求王小姐帮其退换，说：“一位对珠宝很内行的朋友认定它为残次品。”王小姐表示不可能退换。上午结束参观后，她又带全团去一家定点工艺品商店，许多人不感兴趣，只在车中坐着。王小姐恳求说：“大家帮帮忙，不买东西没关系，进店逛一圈也可以。”于是，一些游客才不情愿地下车、进店。13：30，赴机场途中，数名游客又提起购书一事。王小姐说：“没有时间了。”一周后，旅行社接到新加坡组团社发来的传真，声明该社今后若有团赴A市，不能由王小姐带团。请问：

1. 地陪的做法有那些不妥之处？
2. 导游人员应该处理游客计划外的购物要求吗？

7 导游服务中常见问题的预防及处理技巧

知识目标

1. 了解导游人员带团过程中可能出现的各种问题。
2. 明确各种事故发生的原因。
3. 掌握各种事故预防与处理的方法与技巧。

能力目标

- 学生通过对导游服务常见问题预防与处理知识的学习，能够正确地处理带团中发生的各种事故。

7.1　漏接、空接、错接的预防与处理

案例导入

案情介绍： 2011年9月25日，四川国旅导游人员小张突然接到"计划变更通知"，他立即赶到火车北站去迎接一个旅游团。当他抵达北站时，该团已在车站外等候多时。因遭到如此冷遇，客人非常不高兴。

请问：导游人员小张这时应该怎么办？

案例解析： 从该案例来看，这是一起典型的漏接事故，虽然责任不在小张，但小张还是应该做好以下工作。①应该及时向领队、全陪及客人赔礼道歉；②实事求是地说明情况，以表示自己做好导游工作的诚意；③与他们协商后采取弥补措施，取得游客的谅解。

7.1.1　漏接的原因、处理与预防

漏接是指旅游团抵达一站后，无导游人员迎接的现象。漏接的原因是多方面的，并不都是导游人员的责任。但是无论哪方面的原因造成的漏接都会让游客不快，他们会对导游人员不满、发火甚至投诉。所以，导游人员应设法尽快消除游客的不满情绪，做好工作，挽回影响。漏接的原因主要有以下几个方面。

1. 造成漏接的原因

1）导游人员主观原因造成的漏接

（1）由于导游人员工作不细，没有认真阅读接待计划，搞错了旅游团（者）抵达的日期、时间、地点。

（2）导游人员迟到，没有按规定时间提前抵达接站地点。

（3）导游人员没看变更记录，只阅读了接待计划仍按原计划接站。

（4）新、旧时刻表交替时，导游人员没查对新的航班时刻表，"想当然"地仍按旧时刻表的时间接站，因而造成漏接事故。

（5）导游人员举牌接站的地方选择不当。

2）客观原因造成的漏接

（1）由于种种原因，上一站接待社将旅游团原定的班次或车次变更而使之提前抵达，但漏发变更通知，造成漏接。

（2）接待社已接到变更通知，但有关人员没有能及时通知该团地陪，造成漏接。

（3）司机迟到，未能按时到达接站地点，造成漏接。

（4）由于交通堵塞或其他预料不到的情况发生，未能及时抵达机场（车站），造成漏接。

（5）由于国际航班提前抵达或游客在境外中转站乘其他航班而造成漏接。

2. 漏接的处理方法

（1）如实地向游客说明原委，诚恳地赔礼道歉。

（2）积极主动地工作，争取用热情周到的服务赢得游客的信任。

（3）有些漏接事故虽然不完全是导游人员的责任，但考虑到漏接事故对游客造成了一定程度的损害，导游人员也应该主动代表旅行社表示歉意。

3. 漏接的预防

1）认真阅读接待计划

导游人员接到接待任务后，应了解旅游团抵达的日期、时间、接站地点（具体是哪个机场、车站、码头），并亲自核对清楚。

2）核实交通工具到达的准确时间

旅游团抵达当天，导游人员应与旅行社有关部门联系，弄清班次或车次是否有变更，并及时与机场（车站、码头）联系，核实抵达的确切时间。

3）提前抵达接站地点

导游人员应与司机商定好出发时间，保证按规定提前半小时到达接站地点。

7.1.2　空接的原因、处理与预防

空接是指因某种原因旅游团推迟抵达某站，导游人员却仍按原计划预订的班次或车次接站而没有接到旅游团。出现这种情况一般有以下几种原因。

1. 空接事故的原因

1）接待社没有接到上一站的通知

由于天气原因或某种故障，旅游团（者）仍滞留在上一站或途中，而上一站旅行社并不知道这种临时的变化，没有通知下一站接待社。此时，全陪或领队也无法通知接待社，因此，造成空接。

2）上一站忘记通知

由于某种原因，上一站旅行社将该团原定的航班或车次变更，变更后推迟抵达，但上一站有关人员由于工作疏忽没有通知下一站接待社，造成空接。

3）没有通知地陪

接到了上一站的变更通知，但接待社有关人员没有及时通知该团地陪，造成空接。

4）游客本身原因

游客由于本人生病、急事或其他原因临时决定取消旅游，没乘飞机或火车前往下一站，但又没及时通知下一站接待社，造成空接。

2. 空接的处理

（1）排除自己走错接站地点或出口站的可能。

（2）立即报请旅行社查明原因。

（3）如推迟时间不长，可就地等候；推迟时间较长，可返回旅行社并对部分需要调整的接团事宜另作安排（包括推迟或取消一些已预订的餐饮、住宿项目）。

（4）当途中滞留的游客终于姗姗到来时，导游人员应热情欢迎并对游客道声辛苦，让游客感受到旅行社对他们的关心和企盼，有一种“终于回家了”的感觉，这可以增强游客对旅行社和导游人员的好感。

7.1.3　错接的原因、处理与预防

1. 错接的原因

错接是指导游人员因未认真核实，接了不应由他接的旅游团。错接属于责任事故。造成错接的原因是导游人员责任心不强，没有认真核对计划。

2. 错接的预防

（1）接站前，导游人员要认真阅读接待计划，应提前到达接站地点迎接旅游团。

（2）接团时认真核实。导游人员要认真逐一核实旅游客源地派出方旅行社的名称、旅游目的地、组团旅行社的名称、旅游团的代号、人数、领队姓名（无领队的团要核实游客的姓名）、下榻饭店等。

（3）提高警惕，严防社会其他人员非法接走旅游团。

3. 错接的处理

（1）若错接了其他旅行社的团队，导游人员应立即向旅行社报告，尽快设法交还；同时，要向游客说明情况，赔礼道歉。

（2）如果自己应接的团队还在机场、车站无人迎接，应赶快报告旅行社安排接站。

（3）若错接的是本旅行社其他团队，经旅行社领导批准，地陪可以将错就错，不再交换。如果是地陪兼全陪一般情况下应交还团队，同时向游客道歉。

7.2　旅游计划和日程变更的处理

案例导入

案情介绍：2011 年 8 月，成都导游人员刘某受旅行社委派，率 32 位上海游客赴

海螺沟。团队刚进入甘孜州境内就被告知，由于头天晚上洪水冲毁了磨西镇到海螺沟景区的公路，景区已全面封闭，无法进入。刘某顿时傻了眼，游客不知所措。随团全陪提出更改计划，干脆到稻城“香格里拉”游览，但这样的话行程将增加三日，变为六日。

请问：当获知不能前往海螺沟景区时，刘某应该怎么处理这一突发事故？

案例解析：该案例属于旅游计划的改变问题。客观原因导致了必须更改接待计划。当获知不能前往海螺沟景区时，导游人员刘某首先要冷静，安抚游客，认真分析情况，作出准确判断。向旅行社请示汇报，说明情况。按照旅行社指示，若同意，则重新作好相关行程安排，并与全陪商量，同时要征求游客的意见，对于费用差价问题，要向游客说明情况，并在退补时留下书面证明；若旅行社不同意，则向全陪及游客说明情况，协助旅行社处理好退费事宜。

7.2.1 旅游计划变更的原因

1. 旅游团（游客）要求变更计划或日程

在旅游过程中，由于种种原因，游客向导游人员提出变更旅游路线或旅游日程时，原则上应按旅游合同执行；遇有较特殊的情况或由领队提出，导游人员也无权擅自做主，要上报组团社或接待社有关人员，须经有关部门同意后，按照其指示和具体要求做好变更工作。

2. 客观原因需要变更计划和日程

导游人员在带团过程中，因天气、自然灾害或公路塌方、航班取消、交通封闭等原因被迫变更旅游计划或日程的事情极为常见，导游人员遇到这类问题时按以下程序处理：①导游人员应了解情况，判断是否确实需要变更旅游活动计划和日程；②安抚好游客，稳定游客情绪，争取他们的谅解和支持；③导游人员共同分析计划变更的后果，共同商量应变办法；④将应变办法向各自的旅行社报告；⑤旅行社同意后及时向游客通报，并根据计划变更情况对日程作相应的调整。

例 7－1

2008 年 5 月 12 日下午，国家旅游局下发了《关于停止组团前往和途经四川地震灾区旅游的紧急通知》，通知如下：“2008 年 5 月 12 日下午，四川省汶川县发生了 7.8 级强烈地震，当地人民群众生产生活受到严重影响，灾区正在积极组织抗震救灾。通知要求，为配合灾区抗震救灾，同时为确保广大游客的安全，各省、自治区、直辖市、新疆生产建设兵团旅游局（委）应迅速通知所辖地区旅行社，立即停止组织赴灾区或途经灾区的旅游业务。对已经组团的旅游团队，要立即终止途经灾区的旅游，并做好说服解释工作。有关情况请及时报告国家旅游局。国家旅游局同时提示广大游客，为确保旅游安全，近期暂不要前往或途径灾区旅游。”很多已经签订了合同的或已经在途中旅行的团队只能改变计划，终止旅游。汶川大地震中被破坏的房屋如图 7.1 所示。

图 7.1　汶川大地震中被破坏的房屋

7.2.2　旅游活动计划和日程变更的处理

1. 需要延长旅游时间

（1）应及时向客人做说服工作，给客人一些发泄时间。

（2）与旅行社的有关部门联系，重新落实该团用餐、用房、用车的安排。

（3）调整活动日程，酌情增加游览景点；适当延长在主要景点的游览时间；晚上安排娱乐活动，努力使活动内容充实。

（4）要及时通知下一站旅行社（也可提醒旅行社有关部门与下一站联系）。

2. 需要缩短游览时间

（1）尽量抓紧时间，将计划内的参观游览安排完成；若确有困难，要有应变计划；突出本地最有代表性、最具特色的旅游景点，以求游客对本地旅游景观有基本的了解，使他们尽可能少带些遗憾离去。

（2）如系提前离开，要及时通知下一站（也可提醒旅行社有关部门与下一站联系）。

（3）向旅行社领导及有关部门报告，与饭店、车队联系，及时办理退餐、退房、退车等事宜。

3. 逗留时间不变，但被迫改变部分旅游计划

这种情况肯定是外界客观原因造成的，如大雪封山、维修改造进入危险阶段等。这时，导游人员应采取如下措施。

（1）实事求是地将情况向游客讲清楚，求得游客的谅解。

（2）提出由另一景点代替的方案，与游客协商。

（3）以精彩的导游讲解、热情的服务激起游客的游兴。

（4）按照有关规定进行相应补偿，如用餐时适当地加菜、将便餐改为风味餐、赠送小礼品等。必要时，由旅行社领导出面，诚恳地向游客表示歉意，尽量让游客高高兴兴地离开。

7.3 误机（车、船）事故的预防预处理

案例导入

案情介绍：上海某旅游团到北京参加五日游。在返回上海的当天下午，由于地陪安排了自由活动，有两个游客没有准时到酒店，耽误了出发时间，加之到机场途中又堵车，赶到机场时，飞机已起飞。

请问：地陪应该如何处理？

案例解析：这是典型的误机事故，地陪负有不可推卸的责任。地陪应该做好以下工作。①立即向旅行社报告，同时安抚游客、稳定游客；②与机场或车站、码头联系，争取让游客改乘最近的班次离开，必要时可采用包机、包车、包船的方式或改乘其他交通工具送走客人；③如果团队被迫滞留，旅行社负责人应出面向客人赔礼道歉，同时安排好滞留期间团队住宿、用车、用餐、游览事宜；④导游人员应及时通知下一站，以便对方调整日程；⑤查清事故原因，对责任人严肃处理，造成重大经济损失的，责任人应受到相应的经济处罚。

误机（车、船）事故是指旅游团队没有乘原定航班或车次离开本站而导致游客滞留。误机（车、船）事故，是指由于某些原因或旅行社有关人员工作的失误，旅游团没有按原定航班（车次、船次）离开本站而导致暂时滞留。误机（车、船）属于重大事故，不仅会给旅行社带来巨大的经济损失，还会使游客蒙受经济或其他方面的损失，严重影响旅行社的声誉。导游人员要高度重视误机（车、船）事件的严重后果。

7.3.1 误机（车、船）事故的原因

（1）导游人员粗心大意，没有认真核实乘机（车、船）时间、地点从而造成延误。

（2）导游人员安排行程不当，游客无法赶在规定时间内乘坐既定的交通工具。浦东机场如图 7.2 所示。

（3）旅行社为团队购买的航班或车船班次比原计划提前而没有通知导游人员。

图 7.2　上海浦东机场

7.3.2　误机（车、船）事故可能造成的不良影响

误机（车、船）事故会带来一系列严重后果，甚至会影响游客顺利出境。发生误机（车、船）事故后，旅行社可能被迫延长游客逗留本地的时间，或被迫取消在本地的其他行程，或花更多的钱租用其他交通工具送走游客。误机（车、船）事故一旦处理不好，很容易引发游客怨气，甚至发生投诉，进而败坏旅行社的声誉。因此，导游人员必须以高度负责的态度，严防此类事故的发生。

7.3.3　误机（车、船）事故的预防措施

（1）导游人员应随时关心游客离境车（船、机）票的预订情况。

（2）记清楚游客离境的时间及班次。

（3）带团过程中经常与票务人员保持联系，留意机（车、船）班次的变化。

（4）团队离开本地前不要安排自由活动，以防止游客走散；到机场（车站、码头）后的时间应充裕，保证游客有足够的时间办理离境手续。北京火车站如图 7.3 所示。

图 7.3　北京火车站

7.3.4 误机（车、船）事故的处理办法

（1）立即向旅行社报告，同时安抚游客、稳定游客情绪。

（2）与机场或车站、码头联系，争取让游客改乘最近的班次离开；必要时可采用包机、包车、包船的方式或改乘其他交通工具送走客人。

（3）如果团队被迫滞留，旅行社负责人应出面向客人赔礼道歉，同时安排好滞留期间团队住宿、游览事宜；导游人员应及时通知下一站，以便对方调整日程。

（4）查清事故原因，对责任人严肃处理。造成重大经济损失的，责任人应受到相应的经济处罚。重庆朝天门码头如图7.4所示。

图7.4 重庆朝天门码头

7.4 游客丢失证件、钱物、行李的预防与处理

案例导入

案情介绍：2011年8月12日，正值旅游旺季，有3个旅游团同时进住武汉某饭店，入住后，A团有一位客人的行李未送进房间，游客比较着急。

请问：此时，地陪应该怎么办？

案例解析：地陪首先要安慰客人，帮其尽快核实行李未到的原因。一般有3种情况：遗漏在了上站饭店中，途中丢失和到站后与其他团队行李混淆。然后，导游人员要与行李员核实行李件数。如果抵达件数无误，则可迅速在本饭店查找，及时送入客人房中。若系途中丢失，应立即报告旅行社并由行李主管部门负责处理。在查找期间，应帮助客人解决因行李丢失而造成的困难。若行李确系丢失，无法找

回，应由旅行社领导或导游人员向失主说明情况，表示歉意，并根据国际惯例向有关单位索赔。

7.4.1 游客丢失证件、钱物、行李的预防

旅游期间，游客丢失证件、钱物、行李的现象时有发生，这不仅给游客造成了诸多不便和一定的经济损失，也给导游人员的工作带来了不少麻烦和困难。导游人员应经常关注游客这些方面的情况，采取各种措施预防此类问题的发生。

（1）多做提醒工作。入住饭店后，导游人员应提醒客人将贵重物品存放到饭店保管室；离开饭店时，提醒客人清点好行李物品和旅行证件；参观游览期间，尤其是在人多拥挤的场所，时时提醒游客照看好随身钱物。

（2）切实做好行李的清点、交接工作。

（3）导游人员原则上不要替游客保管证件和钱物。工作中需要游客证件时，应由领队收取，用后立即归还。

（4）客人下车后，提醒司机清车，关好门窗。

7.4.2 游客丢失证件的处理

游客丢失证件时，导游人员应先请游客冷静地回忆，详细了解丢失情况，尽量协助寻找。如果确已丢失，应马上报告组团社或接待社，根据组团社或接待社的安排，协助游客向有关部门报失，补办必要的手续，所需费用由游客自理。

1. 丢失外国护照和签证

（1）由旅行社出具证明。

（2）请失主准备照片。

（3）失主本人持证明去当地公安局（外国人出入境管理处）报失，由公安局出具证明。

（4）持公安局的证明去所在国驻华使、领馆申请补办新护照。

（5）领到新护照后，再去公安局办理签证手续。

2. 补办团队签证

须有签证副本和团队成员护照，并重新打印全体成员名单，填写有关申请表（可由一名游客填写，其他成员附名单），然后到公安局（外国人出入境管理处）进行补办。

3. 丢失中国护照和签证

1）华侨丢失护照和签证

（1）失主准备照片。

（2）当地接待社开具证明。

(3) 失主持遗失证明到省、自治区、直辖市公安局(厅)或授权的公安机关报失并申请办理新护照。

(4) 持新护照去其侨居国驻华使、领馆办理入境签证手续。

2) 中国公民出境旅游时丢失护照、签证

(1) 请地陪协助在接待社开具遗失证明,再持遗失证明到当地警察机构报案,取得警察机构开具的报案证明。

(2) 持当地警察机构的报案证明和遗失者照片及有关护照资料到我国驻该国使、领馆办理新护照。

(3) 新护照领到后,携带必备的材料和证明到所在国移民局办理新签证。

4. 丢失港澳居民来往内地通行证

失主持当地接待社的证明向遗失地的市、县公安部门报失,经查实后由公安机关的出入境管理部门签发一次性有效的《中华人民共和国出境通行证》。港澳居民来往内地通行证如图7.5所示。

图7.5 港澳居民来往内地通行证

5. 丢失台湾同胞旅行证明

失主向遗失地的中国旅行社或户口管理部门或侨办报失,核实后发给一次性有效的入出境通行证。

6. 丢失中华人民共和国居民身份证

由当地接待社核实后开具证明,失主持证明到当地公安局报失,经核实后开具身份证明,机场安检人员经核准后放行。

7.4.3 游客丢失钱物的处理

游客丢失了钱物,导游人员要详细了解丢失物的形状、特征、价值,分析物品丢失的可能时间和地点,并积极帮助寻找。若丢失的是进关时登记的或保险的贵重物品,接待社要出具证明,失主持证明到当地公安局开具遗失证明,以备出海关时查验或向保险公司索赔。

证件、财物特别是贵重物品被盗是治安事故，导游人员须立即向公安部门和保险公司报案，协助有关人员查清线索，力争破案，找回被窃证件、物品，挽回不良影响。若找不回被盗物品，导游人员要协助失主持接待社的证明到当地公安局开具失窃证明书，以便出关时查验或向保险公司索赔，同时要提供热情周到的服务，安慰失主，缓解其不快情绪。

7.4.4　游客丢失行李的处理

1. 来华途中丢失行李

海外游客的行李在来华途中丢失，不是导游人员的责任，但导游人员应帮助其查找。

（1）导游人员带失主到机场失物登记处办理行李丢失和认领手续。失主须出示机票及行李牌，详细说明始发站、转运站，说清楚行李件数及丢失行李的大小、形状、颜色、标记、特征等，并一一填入失物登记表；将失主即将下榻的饭店的名称、房间号和电话号码（如果已经知道的话）告诉登记处并记下登记处的电话和联系人，记下有关航空公司办事处的地址、电话，以便联系。

（2）游客在当地游览期间，导游人员要不时打电话询问寻找行李的情况，一时找不回行李，要协助失主购置必要的生活用品。

（3）离开本地前行李还没有找到，导游人员应帮助失主将接待社的名称、全程旅游线路以及各地可能下榻的饭店名称转告有关航空公司，以便行李找到后及时运往最适宜地点，交还失主。

（4）如果行李确系丢失，失主可向有关航空公司索赔。

2. 行李在中国境内丢失

游客在中国境内旅游期间托运过程中丢失行李，一般是交通部门或行李员的责任，但导游人员应高度重视并负责查找。

（1）冷静分析情况，找出差错环节。

如果游客在出站前领取行李时找不到托运的行李，就有可能是在上一站交接行李或托运过程中出现了差错。此种情况发生时，导游人员可采取以下措施：带领失主到失物登记处办理行李丢失和认领手续；立即向接待社领导汇报，请求协助。

如果旅游团抵达饭店后游客没拿到自己的行李，问题则可能出在饭店内或本地交接或运送行李的过程中。此时，地陪应和全陪、领队一起先在本旅游团所住房间寻找，查看是行李误送还是本团游客拿错。如果找不到，则应与饭店行李部取得联系，请其设法寻找。饭店行李部门仍找不到，地陪应报告接待社有关部门。

（2）主动做好失主的工作，就丢失行李事故向失主表示歉意，并帮助其解决因行李丢失而带来的生活方面的困难。

(3) 经常与有关方面联系，询问查找进展情况。

(4) 将找回的行李及时归还。如果确定行李已经遗失，则应由旅行社领导出面向失主说明情况并表示歉意。

(5) 帮助失主根据惯例向有关部门索赔。

(6) 事后写出书面报告。报告中要写清行李丢失的经过、原因、查找过程及失主和其他团员的反映等情况。

7.5 游客走失的预防与处理

案例导入

案情介绍：2010 年 6 月，某旅游团参观完峨眉山后，在五显岗集中清点人数时少了 2 位客人，详细地询问了其他游客，其他人也都不知道。

请问：导游人员该怎么处理游客走失的问题？

案例解析：①地陪应问明情况，弄清走散的时间和可能走失的方向，留一位导游人员照管在场客人，其余人再分头寻找。②如果一时找不到，可告知峨眉山派出所及管理部门，讲清失者可辨认的特征，请求协助；若长时间找不到，可给下榻饭店或司机打电话，看他是否已回了饭店或已在车上。③采取上述措施后仍找不到走失游客，就应向旅行社报告，请旅行社来人处理，导游人员带团继续旅行。④找到走失者后，应查清事故原因，如果属导游人员的责任，导游人员应赔礼道歉；如果责任在游客，也不要过分指责游客，可善意地提出批评，提请其以后注意，避免再发生类似事情。⑤对于严重走失事故，导游人员应在事后写出书面报告，将有关情况记录在案。

7.5.1 游客走失的原因

游客走失，有时候导游人员要负一定的责任。例如，地陪到景区后放任游客自行游览，自己在一旁等候；地陪只顾讲解，没有注意到游客已经掉队；地陪安排的游览时间太匆忙，致使个别游客因摄影、上厕所、购物等原因而掉队，最终造成走失等。也有的游客走失，尤其如自由活动时游客的走失，导游人员可能没有直接责任，但游客走失事故往往会影响团队日程和团队气氛，还可能造成严重后果，所以不管是责任事故还是非责任事故，导游人员都应该竭力避免。在九寨沟、华山、庐山、泰山、黄山、武夷山等这些大型的景区，游客很容易走失。泰山风景区导游图如图 7.6 所示。

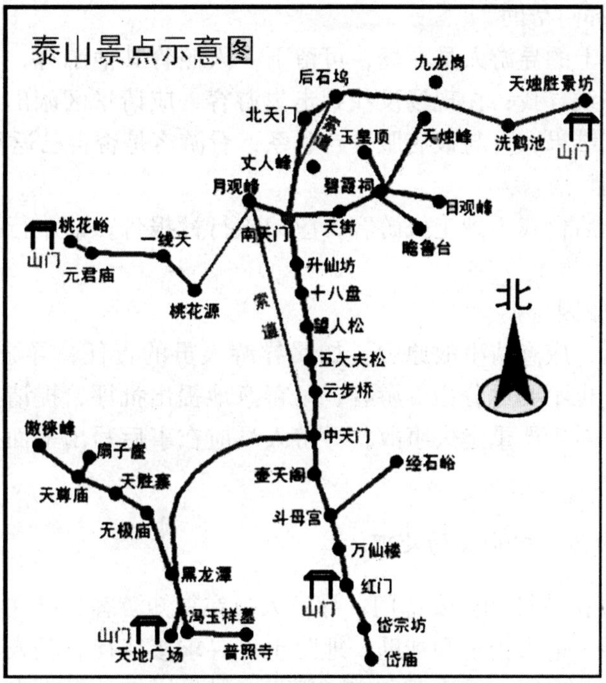

图 7.6　泰山风景区导游图

7.5.2　游客走失的预防

（1）游览活动中，导游人员应在每天早晨及时向游客通报一天的行程，包括参观、游览的地点、用餐地点等，让游客对全天的安排心中有数，增强其自觉性。而且游客即使掉队，也能自动找到团队。

（2）到达景点后，导游人员要要求游客记住旅游车的特征、车号、停车地点及上车时间，并在景点导游图前介绍游览路线。

（3）游览过程中，应时时留意游客动向，防止走失。一般由地陪负责景点讲解，领队或全陪断后，及时提醒游客跟上团队。

（4）自由活动时，地陪应提醒游客不要走得太远，不要回饭店太晚，不去社会秩序混乱的地方。游客单独外出，地陪应请他带上下榻饭店的店徽或联系电话。现在手机已普及，地陪如果事先征得游客同意，可在游客名册上登记其手机号码，必要时也可能派上用场。

7.5.3　游客走失的处理方法

1. 游览活动中游客走失的处理

1）了解情况，迅速寻找

在游览活动中发生游客走失的情况，导游人员应首先了解走失的有关情况，判断走失的时间和可能的方向，然后组织人力分头寻找。

2）请求相关部门帮助

如果有两位以上的导游人员在场，可留下一人照管其他游客，其余导游人员沿来路或可能走失的路线寻找；在现场没找到走失游客，应请景区派出所或管理部门协助寻找。如果再没有结果，可与饭店服务台联系，看游客是否自己返回了饭店。

3）报告旅行社

采取上述措施后仍找不到走失游客，应向旅行社报告，请旅行社来人处理，导游人员带团继续旅行。

4）查清事故原因

找到走失者后，应查清事故原因，如属导游人员的责任，导游人员应赔礼道歉；如果责任在游客，也不要过分指责游客，可善意地提出批评，提请其以后注意，避免再发生类似事情。对于严重走失事故，导游人员应在事后写出书面报告，将有关情况记录在案。

2. 游客在自由活动中走失的处理

（1）立即报告接待社和公安部门。导游人员在得知游客自己在外出时走失，应立即报告旅行社领导，请求指示和帮助；地陪也可寻求接待社有关人员的协助，通过有关部门通报管区的公安局、派出所和交通部门，尽量详细地提供走失者的特征和相关情况，请求沿途寻找。

（2）做好善后工作。找到走失者，导游人员应表示高兴；问清情况，安抚因走失而受惊吓的游客，必要时提出善意的批评，提醒其引以为戒，避免走失事故的再次发生。

（3）若游客走失后出现其他情况，应视具体情况作为治安事故或其他事故处理。

7.6　游客患病、死亡的处理

案例导入

案情介绍：国内某旅游团29人下榻在一家旅游饭店，有一位客人住的是单间，第二天早餐时发现这位客人没有到，导游人员到房间敲门没有反应。导游人员立即请来服务员，打开门却发现这位客人死在了房间中。

请问：导游人员在这种情况下应该怎么办？

案例解析：导游人员的正确做法：①地陪应迅速行动，了解游客的死亡原因，及时将有关情况报告旅行社，并向当地公安部门及有关政府主管部门报告。②由医生和公安部门开具“死亡证明”。公安部门需解剖尸体时，应经死者亲友同意，签名后进行。无论因何种原因解剖尸体，均须出具“尸体解剖报告”。③旅行社还应到司法机关办理“公证书”，并请有关人员到场清点遗物。④死因查明后，在与死者亲友协商一致的基础上，向全团宣布死因。⑤及时与死者家属商定遗体处理办法。⑥除死者亲友和旅行社代表负责处理事件外，其余游客应按原计划活动。⑦有关死者遗体处理、交通等各项费用，一律由死者亲友或该团自理。

7.6.1　游客患病的预防

游客从居住地到旅游目的地，经过长途旅行的劳累，加上气候变化、水土不服、起居习惯改变等原因，体力消耗较大，团中年纪大、有慢性病、体质弱的游客会很难适应，会使一些游客在旅途中旧病复发、生病甚至死亡。导游人员应从多方面了解游客的身体状况，照顾好他们的生活，经常关心、提醒他们，避免人为致使游客生病。

1）了解旅游团成员的健康状况

导游人员可以通过多方面了解本团游客的健康状况，做到心中有数。接团前，导游人员可以通过研究接待计划了解本团成员的年龄构成，做到心中有数。选择适合这一年龄段游客的游览路线。例如游览磨山时，老年人多的团可选择坐缆车下山而不要用滑道下山。从接到旅游团时起，地陪可从领队处了解团内有无需要特殊照顾的患病游客；在游客之间进行了解；通过察言观色对身体肥胖或瘦弱，走路缓慢、费力，面部表情和举止异常的游客多关心，预防突发疾病的发生。

2）周密安排游览活动

游览项目的选择要有针对性。应根据旅游团的信息材料做准备工作，安排活动日程时要留有余地，做到劳逸结合，使游客感到轻松愉快；不要将一天的游览活动安排得太多、太满；更不能将体力消耗大、游览项目多的景点集中安排，活动节奏不要太快，做到劳逸结合；要有张有弛；晚间活动的时间不宜排得过长。如果旅游团中老弱病残者占的比例较大，导游人员制定计划时，体力消耗大的项目不要集中安排，晚间活动安排时间不宜过长。

3）做好提醒、预报工作

地陪应做好天气预报工作，要根据每天的天气预报提醒游客增减衣服、携带雨具、穿戴适宜的鞋帽等；提醒游客注意饮食卫生，不吃不洁食物，不要喝生水；气候干燥或在盛夏时，要注意防中暑；提醒游客多喝水，并及时报告天气变化；适当调整游览时间，保证游客有充分的休息时间。

7.6.2　游客患一般疾病的处理

经常有游客会在旅游期间感到身体不适或患一般疾病，如感冒、发烧、水土不服、晕车、失眠、便秘、腹泻等。这时，导游人员应该采取如下措施。

1. 劝其及早就医，注意休息，不要强行游览

在游览过程中，导游人员要观察游客的神态、气色，发现游客有病态时，应对其多加关心，照顾其坐在较舒服的座位上，或留在饭店休息，但一定要通知饭店给予关

照切不可劝其强行游览。游客患一般疾病时，导游人员应劝其及早去医院就医。

2. 关心患病的游客

对因病没有参加游览活动、留在饭店休息的游客，导游人员要主动前去问候其身体状况，以示关心，必要时要通知餐厅为其提供送餐服务。

3. 就医费用自理

需要时，导游人员可陪同患者前往医院就医，但应向患者讲清楚，所需费用自理，提醒其保存诊断证明和收据。

4. 严禁导游人员擅自给患者用药

导游人员不具有处方权，所以不能擅自给游客用药。

7.6.3 游客突患重病的处理

游客突患重病，有条件时应当立即抢救，并尽快与就近医院联系，争取以最快的速度将病人送去救治，其具体要求如下。

（1）当病人严重不适时，导游人员不要擅自给病人用药，可询问病人是否带有对症的自救药物（尤其心脑血管疾病患者，往往有自备药），如有，则要请病人立即服下。

（2）如果病人病情危急，导游人员应视条件，或请附近的急救站、医院派救护车接走游客，或拦车将病人送往就近医院救治；必要时可以暂时中断旅行，让旅行车先将病人送往医院。

（3）抢救病人和送病人入院时，最好有领队、全陪或病人家属、亲友在场；病人住院手术，应征得病人家属或领队、驻华使、领馆的书面同意；导游人员还要注意保存有关的文件和材料，以备查证。

（4）抢救过程中，导游人员应尽快与旅行社联系，报告情况，听取指示，必要时可请旅行社派人到医院处理有关事宜。安顿好病人后，地陪可带领游客继续旅行，尽量不要影响团队的行程。

（5）病人住院期间，旅行社和导游人员应常去看望，帮助其解决生活上的困难；如果病人不能随团离境，导游人员应协助其办理签证分离手续。

（6）病人医疗及住院所需费用自理。未享受的行程，据双方旅行社的协议，该退还的费用应该退还给游客。

7.6.4 游客患病死亡的处理方法

（1）请全陪或领队及早通知死者家属（如是外国游客，应同时报告外事部门并请外事部门向死者所在国驻华使、领馆通报）。

（2）办好有关证件，如《死亡证明》《抢救经过报告》《遗体火化证明》以及骨灰出境的相关证明等。

（3）按死者家属或使、领馆意见（最好是书面意见）处理死者遗体。若死者亲属要求将遗体运回国，除需办理上述手续外，还应由医院对尸体进行防腐处理，并办理“尸体防腐证明书”、“装殓证明书”、“外国人运送灵柩（骨灰）许可证”和“尸体灵柩进出境许可证”等有关证件，方可将遗体运出境。灵柩要按有关规定包装运输，要用铁皮密封，外廓要包装结实。

（4）协助死者亲属清点遗物。若死者亲属不在现场，地陪应与领队、全陪一道清点死者遗物并一一登记造册，包扎完整后交给死者亲属或由领队、全陪代转给亲属。遗物清单要由在场的各方导游人员签字，一式多份，各保存一份。

（5）协助办理理赔事务。

7.7　游客越轨言行及安全事故的处理

案例导入

案情介绍：2011年7月28日，国内某旅行社组织了一个35人的旅游团前往泰国普吉岛旅游。到达第二天，游客跟随导游前往某小岛游览，大约在当地时间10：00到达目的地。游客上岸后，海水随即上涨，大家起初误以为是涨潮，因而并没有在意。随后，导游人员发现海水涨势凶猛，于是提醒大家迅速跑向岸边的酒店避险。等到游客跑进酒店大堂，海水已经涨到酒店门口。酒店共有3层，汹涌而至的巨浪一直淹到了第二层，大家只能困守楼顶，好在海水并未继续上涨。海啸发生后，领队立即与国内组团社联系，国内组团社立即向中国外交部请求紧急救援，同时当地交通部门全力抢救伤员，旅游团被安全地转移到了普吉岛。

请问：导游人员在带团时应该怎样处理安全事故？

案例解析：导游人员带领旅游团参观游览，如遇地震、海啸、泥石流等自然灾害，首先要保持镇定，根据经验和常识对先期出现的迹象作出判断及相应的反应，第一时间把游客转移到安全的地方。然后，立即与旅行社取得联系，报告旅游团情况，请求援助。如果是出境团队，最好能及时与我国驻目的地国使领馆联系，以获得帮助。游客出现慌乱情况时，导游人员要稳定游客情绪，做好安抚工作。事后，导游人员要协助有关方面妥善办理赔偿等有关事宜。

7.7.1　游客越轨言行的处理

越轨行为一般是指游客违反一个主权国家的法律和世界公认的国际准则的行为。外国游客在中国境内必须遵守中国的法律，若犯法，则必将受到中国法律的制裁。游客的越轨言行系个人问题，但处理不当却会产生不良后果。因此，处理这类问题要慎重，事前要认真调查核实，分清越轨行为和非越轨行为的界限，分清有意和无意的界限，分情无故和有因的界限，分清言论和行为的界限只有正确地区别上述界限，才能正确处理此类问题，才能团结朋友、增进友谊，维护国家的主权和尊严。

导游人员应积极向外国游客介绍中国的有关法律及注意事项，多做提醒工作，以免个别游客无意中做出越轨、犯法行为；发现可疑现象，导游人员要有针对性地给予必要的提醒和警告，迫使预谋越轨者知难而退；对顽固不化者，一经发现其有越轨言行，应立即汇报，协助有关部门进行调查，分清性质。处理这类问题要严肃认真，要实事求是，合情、合理、合法。

1. 对攻击和诬蔑言论的处理

对于海外游客来说，由于其国家的社会制度与我国的不同，政治观点也会有差异，因此，他们中的一些人可能会对中国的方针政策及国情有误解或不理解，在对一些问题的看法上产生分歧也是正常现象，可以理解。此时，导游人员要积极友好地介绍我国的国情，认真地回答游客的问题，阐明我国对某些问题的立场、观点。总之，多做工作，求同存异。对于个别游客站在敌对的立场上进行恶意攻击、蓄意诬蔑挑衅，作为一名中国的导游人员要对其进行严正驳斥，驳斥时要理直气壮、观点鲜明，应首先向其阐明自己的观点，指出问题的性质，劝其自制。如果其一意孤行，影响面大，或有违法行为的，导游人员应立即向有关部门报告。

2. 对违法行为的处理

对于海外游客的违法行为，首先要分清是由于其对我国的法规缺乏了解还是明知故犯。对前者，应讲清道理，指出错误之处，并根据其违法行为的性质、危害程度确定是否要报有关部门处理。对那些明知故犯者，导游人员要提出警告，明确指出其行为是中国法律和法规所不允许的，并报告有关部门严肃处理。

中外游客中若有窃取国家机密和经济情报、宣传邪教、组织邪教活动、走私、贩毒、偷窃文物、倒卖金银、套购外汇、贩卖黄色书刊（录像、录音带）、嫖娼、卖淫等犯罪活动，一旦发现应立即汇报，并配合司法部门查明罪责，严正处理。

3. 对游客散发宗教宣传品行为的处理

游客若在中国散发宗教宣传品，导游人员一定要予以劝阻，并向其宣传中国的宗教政策，指出不经我国宗教团体邀请和允许，不得在我国布道、主持宗教活动和在非完备活动场合散发宗教宣传品。处理这类事件要注意政策界限和方式方法，但对不听劝告并有明显破坏活动者，应迅速报告，由司法、公安等有关部门进行处理。

4. 对游客违规行为的处理

1）一般性违规的预防及处理

在旅游接待中，导游人员应向游客宣传、介绍、说明旅游活动中涉及的具体规定，防止游客因不知而误犯。例如，参观游览中，哪些地方禁止摄影、禁止进入等都要事先讲清，并随时提醒。若在导游人员已讲清了、提醒了的情况下明知故犯，当事人要按规定受到应有的处罚（由管理部门司法机关处理）。

2）对异性越轨行为的处理

对于游客的任何举止不端、行为猥亵的表现，都应向其郑重指出其行为的严重性，令其立即改正。导游人员遇到此类情况，为了自卫要采取断然措施；情节严重者应及时报告有关部门依法处理。

3）对酗酒闹事者的处理

游客酗酒，导游人员应先规劝并严肃指明其可能造成的严重后果，尽力阻止其饮酒。不听劝告、扰乱社会秩序、侵犯他人、造成物质损失的肇事者必须承担一切后果，甚至要承担法律责任。

7.7.2 旅游安全事故的预防与处理

国家旅游局在《旅游安全管理暂行办法实施细则》中规定：凡涉及游客人身、财产安全的事故均为旅游安全事故。旅行社接待过程中可能发生的旅游安全事故主要包括交通事故、治安事故、火灾、食物中毒等。

1. 交通事故的预防与处理。

交通事故在旅游活动中时有发生，不是导游人员所能预料和控制的。发生了交通事故，只要导游人员没负重伤、神智还清楚，就应立即采取措施，冷静、果断地处理，并做好善后工作。

1）交通事故的预防

（1）司机开车时，导游人员不要与司机聊天，以免分散其注意力。

（2）安排游览日程时，在时间上要留有余地，避免造成司机为抢时间、赶日程而违章超速行驶。不催促司机开快车。

（3）如遇天气不好（下雪、下雨、大雾）、交通堵塞、路况不好，尤其是在道路狭窄的山区行车时，导游人员要主动提醒司机注意安全，谨慎驾驶。

（4）如果天气恶劣，地陪可适当灵活安排日程；如遇有道路不安全的情况，可以改变行程。必须把安全放在第一位。

（5）阻止非本车司机开车。提醒司机在工作期间不要饮酒。如果遇到司机酒后开车的情况，绝不能迁就，地陪要立即阻止，并向领导汇报，请求改派其他车辆或换司机。

（6）提醒司机经常检查车辆，发现事故隐患，要及时提出更换车辆的建议。

2）交通事故的处理

（1）立即报告。如遇到交通事故，导游人员应想方设法迅速向公安交通部门上报（交通事故报警电话：122）。如果伤亡人员太多，导游人员可以向当地政府求救（拨打电话：110），请求援助。电话无法接通的地区，应请过往人员和车辆帮助报告。同时，导游人员还应向旅行社报告，请求派人来处理善后。

(2) 迅速组织抢救。交通事故往往会出现人员伤亡，导游人员应在最短的时间内，向医疗单位联系救助伤员（紧急医疗救助电话：120）。同时导游人员要沉着镇静，果断处置，迅速让游客脱离险境，将伤者进行止血、包扎等初步处理，将重伤者尽快送往就近医院抢救。

(3) 保护好现场，以便公安交管部门进行调查处理。

(4) 安抚好游客。交通事故发生后，导游人员应做好游客的安抚工作，稳定游客的情绪，力争继续按活动计划参观游览。

(5) 写出书面报告。处理完交通事故后，导游人员要写出书面报告，对事故的原因、经过、责任、处理过程及游客的反映等问题如实进行汇报，不得推诿责任。

例 7-2

2011 年 10 月 16 日 15:40 许，湖北省荆州市恒信旅游运输有限公司一辆号牌为鄂 D08102 的金龙大客车（核载 55 人，实载 49 人）行至湖南省湘西州永顺县境内省道 306 线 521 公里 650 米一处上坡路段时，在借用对向车道超车后、避让对向来车过程中，车辆失控向右驶出路面，撞向路侧护坡后发生侧翻，造成 10 人死亡、39 人受伤（其中 11 人重伤）。据初步调查分析，事故的直接原因是鄂 D08102 大客车超速行驶，在对向车道来车的情况下借道超车，驾驶人临危处置不当，导致车辆失控发生侧翻。2011 年 10 月 16 日湖南省湘西州特大交通事故车祸现场如图 7.7 所示。

图 7.7　2011 年 10 月 16 日湖南省湘西州特大交通事故现场

2. 治安事故的预防与处理。

在旅游活动过程中，遇到坏人行凶、诈骗、偷窃、抢劫，导致游客身心及财物受到不同程度的损害，统称治安事故。

导游人员在陪同旅游团（者）参观游览过程中遇到此类治安事故，必须挺身而出保护游客，绝不能置身事外，更不得临阵脱逃。

1）治安事故的预防

导游人员在接待工作中要时刻提高警惕，采取一切有效的措施防止治安事故的发生。

（1）入住饭店时，导游人员应建议游客将贵重财物存入饭店保险柜，不要随身携带大量现金或将大量现金放在客房内。

（2）提醒游客不要将自己的房号随便告诉陌生人，更不要让陌生人或自称饭店的维修人员随便进入自己的房间。尤其是夜间，绝不可贸然开门，以防意外。出入房间一定要锁好门。

（3）提醒游客不要与私人兑换外币，并讲清关于我国外汇管制的规定。

（4）每当离开游览车时，导游人员都要提醒游客不要将证件或贵重物品遗留在车内。游客下车后，导游人员要提醒司机锁好车门、关好车窗，尽量不要走远。

（5）在旅游景点活动中，导游人员要始终和游客在一起，随时注意观察周围的环境，发现可疑的人或在人多拥挤的地方，提醒游客看管好自己的财物，如不要在公共场合拿出钱包，最好不买小贩的东西（防止物品被小贩偷去），并随时清点人数。

（6）汽车行驶途中，不得停车让非本车人员上车、搭车；若遇不明身份者拦车，导游人员要提醒司机不要停车。

2）治安事故的处理

导游人员在陪同旅游团（者）参观游览的过程中，遇到此类治安事件，必须挺身而出，全力保护游客的人身安全，绝不能置身事外，更不能临阵脱逃；发现不正常情况，应立即采取行动。发生治安事故，导游人员应做好如下工作。

（1）挺身而出，全力保护游客。遇到歹徒向游客行凶、抢劫，导游人员应做到临危不惧，毫不犹豫地挺身而出，奋力与坏人拼搏，勇敢地保护游客。同时，导游人员应立即将游客转移到安全地点，力争在在场的群众和公安人员的帮助下缉拿罪犯，追回钱物，但也要防备犯罪分子携带凶器狗急跳墙。所以，切不可鲁莽行事，要以游客的安全为重。

（2）迅速抢救。如果有游客受伤，应立即组织抢救，或送伤者去医院。

（3）立即报警（电话：110）。治安事故发生后，导游人员应立即向公安局报警。如果罪犯已逃脱，导游人员要积极协助公安局破案，要把案件发生的时间、地点、经过、作案人的特征以及受害人的姓名、性别、国籍、伤势及损失物品的名称、数量、型号、特征等向公安部门报告清楚。

（4）及时向接待社领导报告。导游人员在向公安部门报警的同时要向接待社领导及有关人员报告。如果情况严重，要请求领导前来指挥处理。

（5）写出书面报告。导游人员应写出详细、准确的书面报告，报告除上述内容外，还应写明案件的性质、采取的应急措施、侦破情况、受害者和旅游团其他成员的情绪及有何反映、要求等。

（6）妥善处理善后事宜。治安事件发生后，导游人员要采取必要措施以稳定游客的情绪，尽力使旅游活动继续进行下去。并在领导的指挥下，准备好必要的证明、数据，处理好受害者的补偿、索赔等各项善后事宜。要求导游人员在接待工作中要时刻提高警惕，采取有效的措施防止治安事故的发生，避免不必要的损失。

3. 火灾事故的预防与处理

在旅游活动中，为了防止火灾事故的发生，导游人员应提醒游客不要携带易燃、易爆物品，不要乱扔烟头和火种。向游客讲明交通运输部门的有关规定，不得将不准作为行李运输的物品夹带在行李中。

1）火灾事故的预防

（1）做好提醒工作。导游人员要提醒游客不要携带易燃、易爆物品；不乱扔烟头和火种，不要躺在床上吸烟；向游客讲清，在托运行李时应按运输部门有关规定去做，不得将不准作为托运行李运输的物品夹带在行李中。只有这样，才能尽可能地减少火灾。

（2）熟悉饭店的安全出口和转移路线。导游人员带领游客住进饭店后，在介绍饭店内的服务设施时，必须介绍饭店楼层的太平门、安全出口、安全楼梯的位置，并提醒游客进入房间后，看懂房门上贴的安全转移路线示意图，掌握一旦失火时应走的路线。

（3）牢记火警电话（火警：119）。导游人员一定要牢记火警电话，掌握领队和全体游客的房间号码以便火情发生时能及时通知游客。

2）火灾事故的处理。

一旦发生了火灾，为了保证游客在火灾发生时能够尽快疏散，导游人员应采取如下措施。

（1）立即报警。尽快拨打火警电话，准确说明失火地点。

（2）迅速通知领队及全团游客，沿安全通道转移到安全的地方。由于火灾发生后电梯通道可能会产生烟囱效应，加之电梯随时可能断电停止运行，因此，千万不要选择乘电梯逃命。要听从工作人员的统一指挥，迅速通过安全出口疏散游客。

（3）积极引导游客自救。①若身上着火，可就地打滚或用厚重衣物压灭火苗；②必须穿过浓烟时，用浸湿的衣物披裹身体、捂着口鼻，贴近地面顺墙爬行；③大火封门无法逃出时，可用浸湿的衣物、被褥堵塞门缝或泼水降温，等待救援；④在窗口摇动色彩鲜艳的衣物呼唤救援人员。

图7.8 如家快捷酒店火灾现场

（4）协助处理善后事宜。游客脱离火灾现场后，导游人员要设法将自己旅游团的成员集合在一起。如果有游客受伤，导游人员应立即抢救伤员，重伤者应立即送往医院。如果有游客死亡，按有关规定处理。同时，要稳定游客的情绪，解决其生活方面的困难，设法使旅游活动继续进行。

（5）报告旅行社，写出书面报告。向旅行社报告有关情况，请求指示，并协助办理证明、索赔等工作；事后写出详实的书面报告。

例7－3

吉林省通化市的如家快捷酒店于2011年5月1日凌晨发生火灾事故，截至晚上20：30，此次火灾已经导致10人死亡，41人受伤，3人重伤。另有3名参与救援的消防官兵为抢救伤员负伤，其中两人伤情严重。如家快捷酒店火灾现场如图7.8所示。

典型案例

一旅游团乘坐旅游车前往凤凰山景区游览，途中出了车祸，有几名游客轻伤，一名女游客左小腿骨折，疼痛不已。地陪看她痛苦不堪的样子，就从包中取出止痛药让其服用，然后找了一辆出租车，让全陪陪女游客去市内医院。地陪向交通报警台报了警，也报告了旅行社。当旅行社另派的旅游车到达后，地陪就带着旅游团继续前往预定的景区游览了。

问：该地陪在处理骨折的女游客的情况时，在哪些方面处理不当？如果你是导游人员，你怎样处理这起交通事故？

案例分析：该地陪在处理骨折的女游客的情况时存在的不当之处：①让伤者服用了自备的止痛药；②未经现场处理，就让全陪一人陪伤者去了医院。正确处理措施如下：①立即打122报警并通知旅行社；②立即组织抢救。为骨折者止血、包扎、上夹板后，立即送往附近医院，必要时再送市内医院；③保护好现场；④稳定旅游团的情绪；⑤交警到后，实事求是地介绍情况，协助交警正确处理；⑥旅行社的车到后，由地陪带领旅游团继续活动；⑦写出详细的事故报告。

思考与练习

一、填空题

1. 为了预防错接，导游人员要认真阅读________旅游客源地派出方旅行社的名称、活动旅游目的地组团旅行社的名称、旅游团的名称、代号、领队姓名、下榻饭店等。

2. 造成误机的非责任事故的客观原因有________、________、________等。

3. 为保证旅游团按时登机，导游人员应带领游客提前到达机场，乘国内航班应提前________分钟，国际航班应提前________分钟。

4. 游客丢失财物时，导游人员要稳定客人情绪，详细了解失物的________、________、________，分析物品丢失的时间、地点，并千方百计积极帮助寻找。

5. 进入游览点后，导游人员应在景点示意图前向游客介绍游览路线、________、________、________等。

6. 在处理游客越轨言行时，导游人员要严肃认真、实事求是、__________、__________、________等。

7. 在旅游活动中，遇到坏人__________、__________、__________、__________，导致客人身心及财务受到不同程度的损害，统称治安事故。

8. 旅游过程中，由于种种原因，游客提出变更路线活日程要求时，导游人员原则上应________。

9. 旅游团的旅游计划变更经常出现的三种情况是：________、__________、__________、________。

二、单项选择题

1. 旅行社接待过程中可能发生的旅游安全事故主要包括（　　）和其他原因造成的游客意外伤亡和财物损失等。
   A. 漏接事故、空接事故、错接事故、业务事故
   B. 交通事故、治安事故、火灾事故、食物中毒事故
   C. 业务事故、个人事故、交通事故、治安事故
   D. 漏接事故、空接错接事故、个人事故
2. 在旅游活动中，一旦发生交通事故，导游人员首先应该（　　）。
   A. 报案　　B. 立即组织抢救受伤者
   C. 保护现场　　D. 安抚其他游客的情绪
3. 某旅游团在邻近用餐时，其中一位游客坚持要求换餐。此时，导游人员应当（　　）。
   A. 与餐厅联系，予以安排　　B. 征求领队意见后酌定
   C. 建议自行点菜，费用自理　　D. 不予接受，耐心解释
4. 发生食物中毒后，导游人员首先应（　　）。
   A. 将患者送往就近医院
   B. 立即报告旅行社，追究供餐单位责任
   C. 设法催吐，并让食物中毒者多喝水以加速排泄，缓解毒性
   D. 协助旅行社帮助游客向有关部门索赔
5. 为避免旅游安全事故的发生，导游人员应（　　）。
   A. 时刻和游客在一起　　B. 密切注意周围动向
   C. 具有献身精神　　D. 安全事故
6. 旅游团乘旅游车外出游览时，由于司机不慎，发生了交通事故，造成游客重伤。在交通事故的善后处理中，应遵循（　　）为第一位的原则。
   A. 保护旅行社的利益　　B. 保护游客的基本利益
   C. 保护旅游车公司的利益　　D. 协商解决
7. 发生误机事故后，导游人员首先应该（　　）。
   A. 安抚游客　　B. 报告旅行社
   C. 联系最近的航班送走客人　　D. 及时调整下一站行程

8. 旅游车发生交通事故时，导游人员应首先（　　）。
A. 迅速汇报　B. 保护现场　C. 组织抢救　D. 安抚游客
9. 面对游客攻击和诬蔑我国的言论，导游人员应（　　）。
A. 严正驳斥　B. 耐心解释
C. 请领导协助调解　D. 不卑不亢，求同存异

三、多选题

1. 造成空接事故的原因有（　　）。
A. 接待社没有接到上一站的通知　B. 没有通知地陪
C. 上一站忘记通知　D. 游客本身原因
E. 交通原因原因
2. 游客的越轨行为有（　　）。
A. 攻击和诬蔑言论　B. 违法行为
C. 散发宗教宣传品　D. 违规行为
E. 搞宗教活动
3. 旅游安全事故主要包括（　　）。
A. 交通事故　B. 治安事故　C. 火灾事故
D. 食物中毒　E. 生产事故
4. 抢救病人和送病人入院时，最好有（　　）在场。
A. 领队　B. 全陪　C. 病人家属
D. 病人亲友　E. 驻华使领馆人员

四、简答题

1. 地陪应如何防止游客在游览中走失事故的发生？
2. 在旅游活动过程中，导游人员应采取哪些有效的措施来防止治安事故的发生？
3. 在旅游过程中，发生游客死亡事件，有关人员应如何进行处理？

五、案例分析题

某旅游团按计划应于6月17日11：20乘机飞往H市。由于票务人员的疏忽，为该团订错了航班，起飞时间为17日15：25。16日早餐后，该团游客获悉航班改变的消息后，反映强烈，稍后便通过领队向地陪提出口头投诉。旅游团中一位游客声称，曾向航空公司询问，对方回答是原航班有票。请问：

针对上述情况，地陪应按哪些方式和步骤处理此事？

8

导游服务相关知识

知识目标

1. 了解出入境应持有的有效证件及相关的海关知识。
2. 了解航空、铁路、公路、水运的基本知识。
3. 了解旅游卫生保健与医疗常识。

能力目标

- 学生通过对出入境知识的学习，能快速地办理出入境手续。
- 学生通过对交通知识的学习，能快速地为游客提供交通服务。
- 学生通过对卫生医疗知识的学习，能够在带团中提供一些医疗服务。

8.1　出入境知识

案例导入

案情介绍：一位外国旅客在免费托运的行李中带了10多条香烟和两盘黄色录像带，在C城海关交验有效证件并提取托运行李后，试图从绿色通道通关时，被海关人员截住。检查其行李后，海关人员问他为什么走绿色通道，他说他不认识中文，看见有人从那里走，他也就跟着走了，还说他要在中国工作两个多月，所以多带了香烟，录像带是消遣时自己看的。海关人员还是让旅客补缴了税，并没收了录像带。

请问：海关人员这样做符合政策吗？

案例解析：海关人员截住了试图经绿色通道通关的旅客并检查了他的行李，让其就多带的烟草补缴了税款，没收了黄色录像带。海关人员的做法符合政策：①带有应税物品的旅客不能经绿色通道通关；②主权国家的海关对烟草都有明确限制，一般是旅客携带自用的香烟400支或雪茄100支，或烟丝500克进关时可免税旅行，超出部分都应纳税；③中国政府严禁对中国政治、经济、文化、道德有害的影片、录音带、录像带等出入境，旅客携带的黄色录像带在严禁之列。

8.1.1　出入境的有效证件

1. 护照

护照是指主权国家发给本国公民出入境和在国外旅行、居留的证件，以证明其国籍、身份及出国目的。中华人民共和国护照是中华人民共和国公民出入国境和在国外证明国籍和身份的证件。我国的护照分为外交护照、普通护照和公务护照。

1）外交护照

外交护照由一国政府发给出国从事外交工作的政府高级官员、外交及领事官员和参加国际会议的政府代表团成员。外交护照由外交部签发。

2）普通护照

公民因前往国外定居、探亲、学习、就业、旅行、从事商务活动等非公务原因出国的，由本人向户籍所在地的县级以上地方人民政府公安机关出入境管理机构申请普通护照。普通护照由公安部出入境管理机构或者公安部委托的县级以上地方人民政府公安机关出入境管理机构以及中华人民共和国驻外使馆、领馆和外交部委托的其他驻外机构签发。

3）公务护照

公务护照是发给出国从事各种公务活动的人员的证件。这类护照也适用于临时派往外国从事经济、文化、贸易等任务的人员。公务护照由外交部、中华人民共和国驻外使馆、领馆或者外交部委托的其他驻外机构以及外交部委托的省、自治区、直辖市和设区的市人民政府外事部门签发。

2. 签证

签证是主权国家有关部门在出入境人员所持的护照或其他旅行证件上签注、盖印，表示准许其出入本国国境或过境的手续。签证一般可分为外交签证、礼遇签证、公务签证和普通签证等，还可根据人出境情况分为入境签证、出入境签证、入出境签证和过境签证等。有的国家还根据入境事由把签证分为探亲签证、留学生签证、定居签证、工作签证和旅游签证等。在我国，旅游签证属于普通签证，在中国为“L”字签证，签证上规定持证者在中国停留的起止日期。

签证通常会规定护照持有人在本国出入境的口岸和境内停留的起止日期。旅游团人数在9人以上的在本国出入境申请团体签证。团体签证办理起来比较容易。

中国公民凭国务院主管机关及其授权的机关签发的有效护照或者其他有效证件出境、入境，无需办理签证。但中国公民作为游客前往一个国家或者中途停留，则须在获取护照和出境登记卡后，申办前往国的签证或者入境许可证。出国旅游应向目的地国驻华使、领馆办理签证申请，如没有使、领馆，也没有其他使领馆代办业务的，则须到办理该国签证机关所在的国家办理。出国旅游要提前办理签证；办理好签证后要注意其有效期和停留期；需要延长的应向有关单位办理申请延长手续。

3. 入出境通行证

中华人民共和国入出境通行证，是入出中国国（边）境的通行证件，由省、自治区、直辖市公安厅（局）及其授权的公安机关签发。这种证件在有效期内一次或者多次出境有效。一次有效的，在出境时由边防检查站收缴。通行证制度在中国比较普遍，通行证件也是一种有效证件，常在出入境时使用，因其出入的地区不同，名称亦有所不同。

4. 中华人民共和国旅行证

中华人民共和国旅行证是代替护照使用的旅行证件，与护照具有同等效力，通常颁发给下列几类中国公民：①未持有效港澳同胞回乡证，但拟前往大陆的港、澳同胞；②未持有效台湾居民来往大陆通行证，但拟前往大陆，或需从国外直接前往香港、澳门特别行政区的台湾同胞；③在美国出生的儿童，其父母双方均为中国国籍，且未获美国（或其他国家）永久居留权者；④领事官员认为不便或不必持用护照的其他人员。旅行证一般为一年内一次有效或二年内多次有效。中华人民共和国旅行证如图8.1所示。

图 8.1 中华人民共和国旅行证

5. 港澳居民往来内地通行证

根据香港特区基本法、澳门特区基本法及有关规定，香港、澳门回归祖国后，港、澳特区实行不同的出入境管制。1979 年以前，港澳居民前往大陆都要填写《回乡介绍书》，填写时须列明返乡目的、目的地以及逗留时间等。1979 年 7 月 10 日，广东省公安厅宣布，从 1979 年 8 月 1 日起，把一次有效的《港澳同胞回乡介绍书》改为 3 年内多次使用有效的《港澳同胞回乡证》。1980 年 12 月起，《港澳同胞回乡证》的有效期由 3 年延长至 10 年。随着 2008 年 12 月 31 日的过去，《港澳同胞回乡证》（俗称"回乡证"）正式成为历史。这种证件在 1998 年 12 月 31 日已经停止签发，取而代之的是卡片式的《港澳居民来往内地通行证》（俗称"回乡卡"）。1999 年 1 月起，推出现时的港澳居民来往内地通行证，可在有效期内不限次数来往大陆和港澳两地。而对于新式的"回乡卡"，有效期有两种：①为未成年人签发的，有效期为 3 年；②为成年人签发的，有效期为 10 年。

6. 台湾居民往来大陆通行证

台湾同胞回大陆，可持用有效台湾居民来往大陆通行证（俗称"台胞证"）申请签注。未持用有效台胞证者，可向驻外使、领馆申请旅行证。已加入外国国籍的台湾地区居民，请持用有效外国护照申请签证赴华。有效期一般为 3 个月，签注的地点是香港特区。台湾居民来往大陆通行证如图 8.2 所示。

图 8.2 台湾居民来往大陆通行证

8.1.2 出入境的常规手续

1. 海关检查

海关检查是对出入境的货物、邮递物品、行李物品、货币、金银、证券和运输工具等进行监督检查和征收关税的一项国家行政管理活动，是为了维护国家的主权和利益，保护本国经济发展，查禁走私和违章案件，防止沾染病毒菌的物品入境而采取的检查措施。海关通常有“红色通道”和“绿色通道”两种。

1）申报通道

申报通道又称“应税通道”或者“红色通道”。外国游客进入中国境内，一般要经此通道通关，通关前要填写入境旅客行李物品申报单，经海关查验后放行。中国的游客乘坐国际航班出国，如有申报的贵重物品要走红色通道，事先要填写好出境旅客行李物品申报单，海关工作人员在申报单上加盖印章后方才有效，以便回国入境时顺利通关。带队的领队人员，特别要注意自己团队的客人有没有需要申报的物品，如高档的数码摄像机、照相机、笔记本电脑等。申报单不得涂改，不得遗失，要据实填写，若申报不实或隐瞒不报者，海关一经查出，将依法处理。

2）无申报通道（绿色通道）

无申报通道也可以称为“免税通道”或者“绿色通道”。携带无须向海关申报物品的游客和持有中国主管部门给予外交、礼遇签证的外籍人士及海关给予免验礼遇的人员，可以选择“无申报通道”通关，但须向海关人员出示本人有效身份证件。

2. 边防检查

边防检查是指对出入国境人员的护照、证件、签证、出入境登记卡、出入境人员携带的行李物品和财物、交通运输工具及其运载的货物等的检查和监护，以及对出入国境上下交通运输工具的人员的管理和违反规章行为的处理等。

边防检查是为了保卫国家的主权和安全，而对出入国境的人员等进行的检查。边防检查的内容包括护照检查、证件检查、签证检查、出入境登记卡检查、行李物品检查、交通运输工具检查等。因私出国人员到达出境口岸时，首先要填写一张《出境登记卡》，并将自己的护照、身份证、签证等一并交给边防检查人员，由边防检查人员进行逐项检查；边防检查人员对持照人的证件进行核查（包括护照是否真实有效，签证是否真实有效，护照和身份证内容是否一致等）后在护照上加盖验讫章（该章内包括出境口岸的名称、编号、“出境边防检查”字样和年月日等），并将出境登记卡留存于边防检查站；上述手续完毕后，将护照当面交给持照人。

3. 安全检查

安全检查是口岸检查的内容之一，是出入境人员必须履行的检查手续，是保障旅客人身安全的重要预防措施。安全检查事关旅客人身安全，所以旅客都必须无一例外地经过检查后才能允许登机。也就是说，安全检查不存在任何特殊的免检对象。所有外交人员、政府首脑和普通旅客，不分男女、国籍和等级，都必须经过安全检查。安全检查的内容主要是检查旅客及其行李物品中是否携带枪支，弹药，易爆、腐蚀、有毒放射性等危险物品，以确保航空器及乘客的安全。安全检查必须在旅客登机前进行，拒绝检查者不准登机，损失自负。中国海关和边防站，为保证游客生命和财产安全，禁止携带武器、凶器、爆炸物品。采用通过安全门使用磁性探测检查，红外线透视、搜身、开箱检查等，对游客进行安全检查。安全检查的程序如下。

1）行李物品检查

旅客进入机场大厅时首先将行李物品放入X射线安检设备（不是电视检测机）的传送带上，工作人员通过电视荧光屏检查后贴上“××机场行李安全检查”的不干胶条。

2）旅客证件检查

旅客办理完毕行李托运和登机手续后，应将护照、机票、登机牌等交由检查员核验并在登机牌上加盖安全检查印章。

3）手提行李物品检查

将随身携带的手提行李物品放在电视监测机的传送带上，由检查人员通过荧光屏检查。如发现有异物，须由检查人员开包检查。

4）旅客身体检查

旅客通过特设的探测门，进行身体检查。如果探测门发出报警声，还需用探测器再查，或重新返回，将可能发出报警声的钥匙、香烟、打火机等金属物品掏出来，直到通过时不再发出报警声为止。

4. 卫生检疫

为了防止传染病由国外传入或由国内传出，保护人身健康，根据国际惯例及习惯法，各国都制定了国境卫生检疫法，要求入境者如实填写健康申明卡。来自存在传染病地区的人员还须出示有效的有关疾病预防接种证明（俗称“黄皮书”），无证者卫生检疫机关可对其施以6日的强制留验。如遇传染病患者隐瞒不报，按逃避检疫论处，可禁止入境或责令其提前离境。我国依照《国境卫生检疫法》设立了国境卫生检疫机关，在入出境口岸依法对包括游客在内的有关人员及其携带的动植物和交通运输工具等进行传染病检疫、检测和卫生监督。只有经过检疫，由国境卫生检疫机关许可，才能入出境。

8.1.3　出入境的其他知识

1. 电话知识

电话是深受人们喜爱的快速通讯工具。我国电话业务种类丰富，游客可以自由选择。电话费用一般由打电话者自理，但也有“收话人付费电话”，即发话人挂号时申明受话人支付话费的电话。目前，该业务原则上只对与我国有直达电路的国家和地区开放。

1）国内直拨电话

直拨国内电话的拨号顺序：城市代码＋用户电话。例如，拨打上海的号码为

32172001 的电话时，应拨 021 + 32172001。国内一些城市的代码如下：北京 010，广州 020，上海 021，成都 028，天津 022，重庆 023，西安 029 等。

2）国际、港、澳、台直拨电话

国际、港、澳、台直拨电话业务简称“IDD”。直拨国际电话的拨号顺序：国际代码 + 国家（地区）代码 + 地区区号 + 受话号码。拨打国际长途时，首先需拨发话国的国际代码，如中国的国际代码是“00”，使拨叫电话进入国际电话交换网。例如，从中国国内拨美国（1）华盛顿（202）的长途电话 7654321，则需要拨 0012027654321。有些国家的城市（地区）的区号第一位数是 0，在直拨国际电话时不用拨 0。例如，从美国拨中国（86）上海（021）长途电话 87654321，则需要拨 011（美国的国家代码）+86（中国国家代码）+21（上海地区代码）+87654321。我国星级饭店均有国际、国内长途电话服务业务，并加收服务费，其收费标准与拨打国内长途电话相同。国际一些国家的代码如下：中国 86，美国、加拿大 1，俄罗斯 7，法国 33，英国 44，德国 49，澳大利亚 61，日本 81 等。

3）磁卡、IC 卡、IP 卡电话

使用磁卡、IC 卡，发话者必须事先根据需要购买不同面值的卡，可以分别在磁卡电话和 IC 卡电话机上拨打国际、国内长途电话和市内电话。IP 电话卡，可以使用户节省大量的长途通话资费。

4）3G 电话

3G（3rd Generation）是指第三代移动通信技术。第三代手机一般是指将无线通信与国际互联网等多媒体通信结合的新一代移动通信系统。第三代手机能够处理图像、音乐、视频流等多种媒体形式，提供包括网页浏览、电话会议、电子商务等多种信息服务。目前，我国即将进入 3G 时代。

5）常用的电话号码

导游人员需要熟知下列常用的电话号码。

火警：119 。

匪警：110 。

医疗急救：120。

道路交通事故报警：122。

中国国际旅行社总社旅行救援中心：（010）66012055 。

亚洲急救中心：（010）64629100 。

投诉电话：（010）65275315 。

国家旅游局中国旅游紧急救援调机构：（010）65234521 。

2. 传真知识

传真是当前旅游业务联系中普遍采用的快捷通讯方式之一，它可以把团体签证以及有领导人签字的文件、照片、图纸等真迹由远处传送到接收方。它克服了电报、电传等只能传送文字但不能传送文件原样的缺陷。发国际、国内传真的办法与打国际、国内电话一样，先拨通对方国家、地区传真代码（同国际、国内长途电话的代码），然后发出传真即可。传真的计费同电话。饭店的商务中心可办理收发传真业务。

3. 邮电知识

1）邮件

邮件分为函件和包裹两大类。其中，函件又分为信函、明信片、印刷品、印刷品专袋、航空邮件、小包和保价信函；包裹分为普通包裹、脆弱包裹和保价包裹。按处理时限，邮件又可被划分为普通邮件和特快专递邮件。其中，特快专递邮件又包括全球邮政特快专递、国内超常规特快专递邮件。各类邮件禁止寄有爆炸性、易燃性、腐蚀性、毒性、酸性和放射性的各种危险物品，麻醉药物和精神物品，以及国家法令禁止流通或寄递的物品等。

2）E－mail

在现代社会中，人与人交流的一种常用手段就是利用国际互联网接发 E－mail（电子邮件）。这种方式既省时又省钱。2012 年 1 月 16 日，中国互联网络信息中心在北京发布了《第 29 次中国互联网络发展状况统计报告》（以下简称《报告》）。《报告》显示，截至2011 年12 月月底，中国网民数量突破5 亿，达到5.13 亿，全年新增网民5580 万。互联网普及率较上年底提升了 4 个百分点，达到 38.3%。随着中国网民的增多，利用国际互联网收发电子邮件和查询各种信息正被越来越多的游客所采用。饭店的商务中心、一些饭店的客房和街道上的网吧都提供互联网服务。

4. 外汇知识

1）外汇

外汇是指以外币表示的可用于国际结算的一种支付手段，它包括外国货币、外币有价证券、外币支付凭证以及其他外汇资金。

中国对外汇实行由国家集中管理、统一经营的方针。在中国境内，禁止外汇流通、使用、滞押，禁止私自买卖外汇，禁止以任何形式进行套汇、炒汇、逃汇。外国游客来华带入的外汇没有限制，但入境时必须据实申报；在中国境内，游客可持外汇到中国银行及各兑换点兑换成人民币，并且要保存好银行出具的外汇兑换证明。

凡属于通过旅行社组团出境旅游的居民（其护照附页备注栏内盖有“仅限一次旅游出入境有效”的蓝色条章），由旅行社集体办理兑换外汇手续。凡自行出境旅游的居民可向银行直接办理兑换外汇手续。

2）旅行支票

旅行支票是一种定额本票，其作用是专供旅客购买和支付旅途费用，它与一般 银行汇票、支票的不同之处在于旅行支票没有指定的付款地点和银行，一般也不受日期限制，能在全世界通用，客户可以随时在国外的各大银行、国际酒店、餐厅及其他消费场所兑换现金或直接使用，是国际旅行都常用的支付凭证之一。旅行支票如图 8.3 所示。

（1）旅行支票的特点。旅行支票的票面金额是固定的，有 10 元、20 元、100 元、1000 元等多种面额可供选择。旅行支票一般不受时间和地区的限制，世界各地广泛接受，既可在银行随时兑现，也可以在酒店、餐厅、商场等场所付账或购物，携带方便，使用安全。一旦所携带的旅行支票丢失或被盗，可全天候拨打旅行支票发行公司的免费电话，及时挂失，一经旅行支票发行机构确认，即可得到免费补偿。

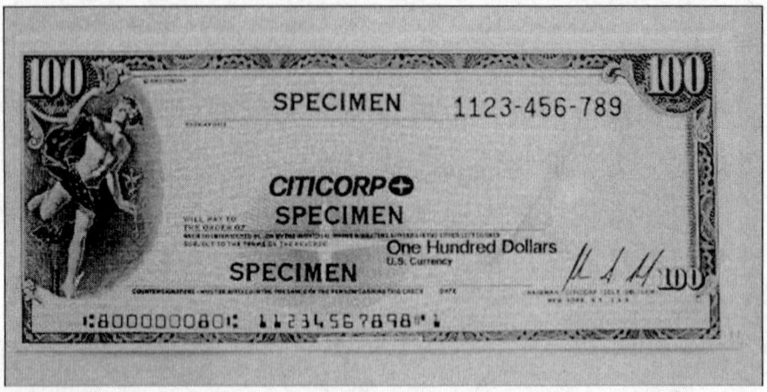

图 8.3　旅行支票

（2）旅行支票的代售。游客可以凭本人有效身份证件，前往国家或地区的有效签证、护照或港澳地区的通行证及相关证明材料，用个人外汇账户/外币现钞、人民币账户/人民币现钞在中国银行指定网点购买一定额度的外币旅行支票。游客出国旅行多用旅行支票，常用的有美国运通（America Express）、托马斯库克（Thomas Cook）等。旅行支票在中国银行各地市分行内有售，购买时需带护照、身份证及美元，手续费为所买币种的4%。买到支票后，须当着银行职员的面，在每张支票的指定地方签名（应与在其护照上的亲笔签名一致）。到银行兑换现金时，出示护照，当着银行职员的面在支票指定栏处签名，也要与原签名完全一致。将所购得的支票号记下来，一份放在家中，一份随身携带。每兑换一张后，记录下兑换的地点及金额。若支票遗失或被窃，及时向当地的支票兑换处报失，可以重新补领。若支票未用完，还可到银行换回同种货币的现金，但需支付0.75%的手续费。

（3）在国外使用旅行支票时应注意的问题。①在美国，运通美金支票可和现金一样使用，在欧洲则需到兑换处换成现金才能使用；②旅行支票的汇率比现金要高；③在兑换时，多数地方要收手续费；④西方为自由汇率，每个国家、城市、银行，甚至同一银行的不同支行的汇率及手续费均不一样。

一般而言，机场、火车站、宾馆兑换处的汇率低、手续费高；大的银行或运通兑换处的汇率高、手续费低。有的只用当地文字表示，不用百分数，游客容易误解。决定在哪儿兑换的最简单的办法是不看汇率，直接问100美元能得到多少当地货币，多比较几家。

3）信用卡

信用卡是指银行或信用卡公司为提供消费信用而发给客户在指定地点支取现金、购买期货或支付劳务费用的信用凭证，实际上是一种分期付款的消费者信贷。信用卡上印有持卡者的姓名、持卡者的账号以及每笔赊购的限额、签字有效期及防伪标志等内容。为了避免风险，发卡机构对其发行的信用卡规定使用的期限一般为1~3年，并规定一次性取款或消费的最高限额。

我国目前受理的主要外国信用卡有7种：万事达卡（Master）（如图8.4所示）、

维萨卡（Visa）、运通卡、大莱卡、JCB 卡、百万卡和发达卡。

图8.4　万事达卡

8.2　交通知识

案例导入

案情介绍：陆先生一家人上个月报名参加某旅行社组织的印度尼西亚巴厘岛一周游。对于最后一天的回程计划，旅行社原定先让游客在巴厘机场等候，等次日凌晨2：00多乘飞机回香港。谁知飞机因故晚点了整整3个小时。这期间，旅行社没有采取任何补救措施，同时，也没有任何关于飞机为何晚点以及何时到达的信息。当陆先生要求相关人员对晚点作出解释时，航空公司说这属于飞机运输调配问题，表示可补偿游客的部分损失。但最终因其赔偿数额未达到陆先生等游客的要求，同时为了解决吃睡的问题，陆先生又找到旅行社。

旅行社领队认为自己的工作已完成，飞机晚点造成的损失应找航空公司，随即一走了之。游客对此很不满意，最终在飞机已到达机场，一切手续已办妥后，拒绝登机，一定要旅行社给一个合理的说法并赔偿精神损失和经济损失后才肯登机。最终，早已晚点的飞机又在机场等待了近3个小时后才离开。而陆先生这些拒绝登机的游客在大使馆的协调下，自费购买了机票，在之后两天内分两批乘飞机回到香港。回国后，他们投诉到旅游质监部门，要求旅行社赔偿精神和经济损失费，包括在境外滞留所发生的车费、餐费、机票费等。

请问：旅行社有没有过错？是否应该赔游客的精神和经济损失？

案例解析：经旅游质监部门核实，飞机晚点是因为航空公司航班调配有误而造成了延误。飞机到达后，领队带领游客出关，办理了所有手续，但游客仍然拒绝登机。据此情况，质监部门认为旅行社并无过错，因为飞机晚点非旅行社直接原因所致，而是航空公司的调度问题。并且，旅行社在飞机到达后也已为游客办理了相关手续。此时，游客应积极配合旅行社确认航空公司的赔偿，使损失减到最小，而不应该对旅行社要求现场赔付，如果认为旅行社有过错，亦可回来后再投诉，更不应该以要求赔偿为由拒绝登机，这是人为扩大经济损失的行为。

根据《中华人民共和国合同法》和《中华人民共和国民法通则》的相关规定，当飞机晚点造成了经济等各方面的损失时，游客应该积极配合，而不是如本案中这样拒绝配合，以致财产损失进一步扩大。如果发生了这样的情况，游客是没有权力就扩大的损失要求赔偿的。

因此，游客在旅行社已办好登机手续的情况下仍拒绝登机，应自行承担误机的责任，无权就境外滞留的费用要求旅行社进行赔偿。质监部门据此拒绝了游客的要求。

8.2.1 航空客运知识

1. 航空旅行基本常识

1）航班、班次

民航的运输飞行主要有3种形式：班期飞行、加班飞行和包机飞行。其中，班期飞行是按照班期时刻表和规定的航线，定机型、定日期、定时刻的飞行；加班飞行是根据临时需要在班期飞行以外增加的飞行；包机飞行则是按照包机单位的要求，在现有航线上或以外进行的专用飞行。此外，还有不定期航班与季节性航班飞行。

航班分为定期航班和不定期航班。前者是指飞机定期自始发站起飞，按照规定的航线经过经停站至终点站，或直接到达终点站的飞行。在国际航线上飞行的航班被称为国际航班，在国内航线上飞行的航班被称为国内航班。航班又分为去程航班和回程航班。为方便运输和用户使用，每个航班均编有航班号。中国国际航班的编号是由执行该航班任务的航空公司的二字代码和三个阿拉伯数字组成，其中最后一个数字为奇数者，表示去程航班，最后一个数字为偶数者，表示回程航班。例如，CA982 则指中国国际航空公司承担的自纽约返回北京的国际航班。中国国内航班的航班号由执行航班任务的航空公司二字代码和四个阿拉伯数字组成，其中第一位数字表示执行该航班任务的航空公司或所属管理局，第二位数字表示该航班终点站所属的管理局，第三、四位数字表示班次，即该航班的具体编号，其中第四位数字若为奇数，则表示该航班为去程航班，若为偶数，则为回程航班。例如，CA1201 表示由中国国际航空公司担任的由北京至西安的去程航班；MU5302 是指东方航空公司担任的由长沙至上海的回程航班。

班次是指在单位时间内（通常用一个星期计算）飞行的航班数（包括去程航班与回程航班），班次是根据返量需求与运能来确定的。

2）客舱等级

国际航空运输中，通常用英文字母表示客舱等级。

F 表示头等舱（First Class）。

C 表示公务舱（Business Class）。

Y 表示经济舱（Economy Class）。

K 表示平价舱（Thrift）。

3）机场建设费

征收机场建设费于1980年在北京一地试行，1981年在全国推开，开始是面向出境国际旅客征收，后为了建立旅游发展基金，征收对象扩展到除下述旅客外的所有离境旅客旅客：在国内机场中转未出隔离厅的国际旅客；乘坐国际航班出境和乘坐香港、澳门地区航班出港持外交护照的旅客；持半票的12周岁以下的儿童；乘坐国内航班在当日（与机票所到的下一航班起飞时间间隔8小时以内）中转的旅客。自2004年9月1日起，机场建设费并入机票中。旅客退票时机场建设费要一并退还，并在退款单中单列，不收退票手续费。

4）燃油税

乘坐飞机需要缴纳一定的燃油附加税，燃油附加税的缴纳数额根据国际油价的变化而调整。例如，最近一次燃油附加税的调价是在2011年12月5日。根据各航空公司公布的征收标准，自2011年12月5日（出票日期）起，国内航段（包括国际航线国内段），800公里以下（含800公里）航段每位旅客仍按70元征收，800公里以上航段每位旅客征收由人民币130元上调为140元。按成人普通票价10%计价的婴儿免收燃油附加。按成人普通票价50%计价的儿童（含无成人陪伴儿童）、革命伤残军人和因公致残的人民警察国内航线旅客运输燃油附加实行减半且个位尾数不足10元时按舍去尾数计收，即800公里以下（含800公里）航段每位旅客收取30元，800公里以上航段每位旅客收取70元。

2. 机票知识

1）客票

客票只限票上所列姓名的旅客本人使用，不得转让和涂改，否则客票无效，票款不退。

2）订座及座位再证实

旅客只有在订妥座位后，才能凭该客票乘机。旅客可根据航空公司的有关规定向承运人售票处或销售代理人售票处预订座位。已经订妥的座位，旅客应在航空公司规定或预先约定的时限内购票。如果未在购票时限内购票，所订座位不为其保留。已订妥日期、航班和机座的机票，称为OK票。持OK票的旅客若在该联程或回程站停留72小时以上，国内机票须在联程或回程航班离站前两天中午12：00以前，国际机票须在72小时前办理座位再证实手续，否则，原订座位不予保留。与OK机票相对的是OPEN机票。OPEN票是不定期机票，即没有预订妥座位的有效机票。旅客乘机前须持机票和有效证件（身份证、护照等）去民航办理订座手续（机票变更、退票、乘机、行李等）。

3）购票

中国旅客购票，须凭本人《居民身份证》或其客观上有效身份证件，并填写《旅客订座单》；外国旅客，华侨，港、澳、台胞购票，须凭有效护照、回乡证、台胞证、居留证、旅行证或公安机关出具的其他有效身份证件，并填写《旅客订座单》。购买儿童票、婴儿票、应提供儿童、婴儿出生年月的有效证明。

4）客票有效期

机票只限票上所列姓名的旅客使用，不得转让和涂改，否则机票无效且不退机票费。国内、国际机票的有效期均为1年。定期客票自旅客开始旅行之日起计算，不定期客票自填开客票之次日零时起计算。特种票价的客票和有折扣的普通票价有效期按航空公司规定的该票价的有效期计算。

5）儿童票

已满2周岁未满12周岁的儿童按成人全票价的50%购买儿童票，未满2周岁的婴儿按成人全票价的10%购买婴儿票，不提供座位。如需要单独占用座位，应购买儿童票。每一成人携带婴儿超过一名时，超过的人数应购买儿童票。

6）退票

旅客（团体旅客另行规定）在客票上列明的航班规定离站时间24小时以前要求退票（含不定期客票），退票手续费由承运人规定；在航班规定时间24小时以内至2小时前要求退票，收取票价10%的退票费；在航班规定离站时间前2小时以内要求退票，收取票价20%的退票费。

7）客票变更

旅客购票后，如果再要求变更航班、日期、舱位等级，应根据承运人的实际可能和运输条件给予办理。客票只能免费变更一次。

旅客购票后，如果再要求改变航班、日期、舱位等级，应在原指定航班飞机规定离站时间48小时前提出，变更舱位等级，票款多退少补。客票只能变更一次，再次变更须按退票有关规定办理后，重新购票。但由于乘运的航空公司的航班取消、提前、延误、航程改变或不能提供原订座位时，该航空公司应尽可能优先安排旅客乘坐后续航班，或为其签转其他航空公司的航班；如因上述原因，旅客的舱位等级也需变更时，票款的差额，多退少补。

3. 乘机

1）乘机时间

乘坐国内航班的旅客应在客票上列明的航班规定时间起飞前90分钟到达指定机场，凭客票及本人有效身份证件办理乘机手续。乘国际航班的游客按规定应在起飞前120分钟到达指定机场，凭机票、身份证、护照、签证及旅行证件等办妥乘机及出境等各项手续。航班规定离站前30分钟停止办理乘机手续。旅客没有按规定的时间到达指定机场或携带的护照、签证及旅行证件不符合规定，未能办妥乘机和出境等各类手续而引起的一切损失和责任由旅客自负。

2）安全检查

安全检查事关旅客人身安全，所以旅客都必须无一例外地经过检查后，才能登机。也就是说，安全检查不存在任何特殊的免检对象。所有外交人员、政府首脑和普通旅客，不分性别、国籍和等级，都必须经过安全检查。

3）误机

误机指旅客未按规定时间办妥乘机手续或因其旅行证件不符合规定而未能乘机。

旅客误机后，应在原航班起飞时间的次日中午 12：00 以前（含 12：00）进行误机确认，如果要求改乘后续航班或退票，按航空公司的规定办理。

4. 随身携带物品及行李

1）随身携带物品

随身携带物品是指经航空公司同意由旅客自行携带乘机的零星小件物品。国内航班随身携带物品的重量，每位旅客以 5 公斤为限。持头等舱客票的旅客，每人可随身携带两件物品；持公务舱或经济舱票的旅客，每人只能携带一件物品。每件随身携带物品的体积均不得超过 20 厘米 ×40 厘米 ×55 厘米。超过规定件数、重量或体积的限制，应作为托运行李托运。

2）免费行李额

国内航班，持成人票或儿童票的旅客，每人免费行李额（包括托运和自理行李）头等舱 40 千克，公务舱 30 千克，经济舱 20 千克，持婴儿票的旅客无免费行李额。

国际航线免费行李额分为计重免费行李额和计件免费行李额两种。随着民航的发展，不同航线的免费行李要求不一样，在订购机票时一定要看清楚机票上有关免费行李的规定。

3）行李包装

托运行李必须包装完善、锁扣完好、捆扎牢固，并能承受一定压力。对包装不符合要求和不符合运输条件的行李，航空公司可拒绝收运或不负担损坏、破损的责任。

8.2.2 铁路客运知识

1. 旅客列车的种类

旅客列车分为国际旅客列车和国内旅客列车两种。

自 2000 年 10 月 21 日我国铁路提速以来，在新的列车时刻表中，按车次前冠有的字母或 4 位阿拉伯数字的不同分为以下几种，见表 8－1。

表 8－1 旅客列车的种类

车次前字母及车次序号	列车种类	备注
G 字头	高速铁路动车组	开行高速动车组的车次有个新字母打头，为“G”，寓意为“高速”
C 字头	城际动车组列车	2008 年 8 月 1 日，新启用车次为 C＋4 位数字，意为城际列车，最高时速可达 350 千米
D 字头	动车组列车	最高时速 250 千米
Z 字头	直达特快旅客列车	最高时速 160 千米，大部分为全列软席，少部分车加挂硬卧与硬座。此类列车为空调列车

续表

车次前字母及车次序号	列车种类	备注
T字头	特快旅客列车	最高时速140千米，跨局特快全程只停省会城市、副省级市和少量主要地级市等特大站或直达，管内特快全程一般只停地级市。此类列车为空调列车
K字头	快速旅客列车	最高时速120千米，全程停靠地级市类的中大站，也有少量直达的。此类列车95%以上为空调列车
普快	普通旅客快车	范围为1001～5998，即为普通旅客快车，停靠县级市和大部分县级中大站点。此类列车大约40%为空调列车
普客、慢车	普通旅客列车	范围为6001～7598，停靠大部分可以停靠的站点。由于票价低廉，列车基本上“站站停”，很受农村乘客喜爱
L字头	临时旅客快车	在客流高峰期开行的临时旅客快车，停靠县级市和大部分县级中大站点。此类列车一般在春运、暑运、国庆长假等时候开行，跨局临客列车一般没有空调
Y字头	临时旅游列车	为旅游而开设的列车，目前只有极少量列车使用此编号，其中Y1～Y498为跨局列车，Y501～Y998为管内列车

2. 车票

车票是旅客乘车的凭证，也是旅客加入铁路意外伤害强制保险的凭证。

1）车票的种类

车票的基本种类有客票和附加票两种。

（1）客票，包括软座、硬座、市郊、篷车客票。

（2）附加票，包括加快票（特别加快、普通加快）、卧铺票（高级软卧、软卧、包房硬卧、硬卧）、空调票。附加票是客票的补充部分，除儿童外，不能单独使用。

车票票面主要应载明以下内容：发站和到站站名；座别、卧别、径路；票价；车次；乘车日期；有效期。

2）儿童票

随同成人旅行、身高为1.2～1.5米的儿童享受半价客票、加快票和空调票（简称儿童票），超过1.5米时应购买全价票。每一成人旅客可免费携带一名身高不足1.2米的儿童。超过一名时，超过的人数应购买儿童票。儿童票的座别应与成人车票相同，其到站不得远于成人车票的到站。身高不足1.2米的儿童单独使用卧铺时，应购买全价卧铺票，有空调时还应购买半价空调票。

3）学生票

在普通大专院校、军事院校、中小学和中等专业学校、技工学校就读，没有工资收入的学生、研究生，家庭居住地和学校不在同一城市时，凭附有加盖院校公章的减价优待章的学生证（小学生凭书面证明），每年可享受4次家庭至院校（实习地点）之间的半价硬座客票、加快票和空调票（以下简称学生票）。新生凭录取通知书，毕业生凭学校书面证明可买一次学生票。华侨学生和港澳台学生按照上述规定同样办理。

4）卧铺票

旅客购买卧铺票必须有软座或硬座客票，乘坐快车时还应有加快票。卧铺票的到站、座别必须与硬座客票的到站、座别相同。中转换车的旅客，卧铺票只发售到旅客换车站。购买卧铺票的旅客在中途站乘车时，应在买票时向车站说明，售票员应在车票背面注明××站上车。持卧铺票的旅客，乘坐其他列车到中途站时，应另行购买发站至中途站的车票。

若在列车开车1小时后卧铺仍无人使用时，列车长可将该铺另行出售。持票旅客再来卧铺时，应尽量安排同等席别的其他铺位；没有空位时，应编制客运记录交旅客，到站退还卧铺票价，核收退票费。每个卧铺只能由持票者本人使用。成人带儿童或两个儿童可共用一个铺位。

5）车票有效期

根据《铁路旅客运输规程》的规定，客票和加快票的有效期按乘车里程计算：500千米以内为两日；超过500千米时，每增加500千米增加一日，不足500千米的尾数也按一日计算。各种车票的有效期以指定乘车日起至有效期最后一日的24时止计算。

6）退票

旅客要求退票时，按下列规定办理，并核收退票费。

（1）在发站开车前退票，特殊情况也可在开车后两小时内退还全部票款。团体旅客必须在开车48小时以前办理。

（2）在购票地退还联程票和往返票时，必须于折返地或换乘地的列车开车前5天办理。在折返地或换乘地退还未使用部分票时，按第1条办理。

（3）旅客开始旅行后不能退票。但如因伤、病不能继续旅行时，经证实可退还已收票价与已乘区间票价差额。已乘区间不足起码里程时，按起码里程计算；同行人同样办理。

（4）旅客如果在中途上车，未乘区间票价不退，中途下车后，卧铺票失效。

（5）退还带有“行”字戳迹的车票时，应先办理行李变更手续。

（6）站台票售出不退。

3. 旅客携带物品的规定

1）旅客携带物品的免费重量和体积的规定

旅客携带物品的免费重量：儿童（含免费儿童）10千克，外交人员35千克，其他旅客20千克。每件物品外部尺寸长、宽、高之和不超过160厘米，杆状物品不超过200厘米，重量不超过20千克。残疾人旅行时代步的折叠式轮椅可免费携带并不计入上述范围。

2）不准带进车站、带上客车的物品

（1）国家禁止或限制运输的物品。

（2）法律、法规、规章中规定的危险品，弹药和承运人不能判明性质的化工产品。

（3）会损坏和污染车辆的物品。

（4）动物及妨碍公共卫生（包括有恶臭等异味）的物品。

（5）规格和重量超过规定的物品。

3）可限量携带的物品

在保证安全和卫生的条件下，旅客可携带以下物品。

（1）安全火柴20小盒，气体打火机5个。

（2）不超过20毫升的指甲油、染发剂、去光剂，不超过100毫升的酒精、冷烫精，不超过600毫升的发胶、摩丝、卫生杀虫剂、空气清新剂。

（3）军人、武警、公安人员、民兵及猎人凭法规规定的持枪证明佩带的枪支、弹药。

（4）初生雏20只。

4）对旅客携带的危险品的处理规定

列车上查出的危险品由值乘的公安人员妥善保管，移交前方停车站公安派出所或车站处理。对有必要就地销毁的危险品应就地销毁（如发令纸、鞭炮类的危险品应立即浸水处理），并且不承担任何赔偿责任。

没收危险品时，应向被没收者出具书面证明。常见的危险品有雷管、炸药、子弹、鞭炮、发令纸、砸炮、汽油、煤油、酒精、电石、松节油、油漆、火柴等。

4. 行李的规定

1）行李的范围

行李中不能夹带货币、证券、珍贵文物、金银珠宝、档案材料等贵重物品和国家禁止、限制的运输品及危险品。行李每件最大重量为50千克，体积以适于装入行李车为限，但最小不得小于0.01立方米。

2）行李的托运

旅客在乘车区间内凭有效客票每张可托运一次行李，残疾人车不限次数。

8.2.3 公路客运知识

公路旅游适用于市内游览和距离旅游目的地近的旅行。另外，在一些民航交通和铁路交通欠发达的内陆地区，公路客运交通则成为主要旅游交通方式。

1. 公路的分类

公路按行政等级可分为国家公路、省公路、县公路和乡公路（简称为国道、省道、县道、乡道）以及专用公路5个等级。一般把国道和省道称为干线，县道和乡道称为支线。

公路按使用任务、功能和适应的交通量可分为高速公路、一级公路、二级公路、三级公路、四级公路5个等级。

2. 我国国道编号

国道是国家干线公路的简称，是在国家公路网中具有全国性政治、经济意义，并被确定为国家干线的公路。它包括重要的国际公路，国防公路，连接首都与各省、自治区、直辖市首府的公路，连接各大经济中心、港站枢纽、商品生产基地和战略要地的公路。

根据地理走向，我国国道采用数字编号，分为3类，并有3种编号方式。第一类以首都北京为中心或以北京为起点，向四面呈辐射状的公路，这些公路排序都是“1”字开头，现有12条；第二类是我国版图之内南北走向的公路，以“2”字开头，共28条；第三类是东西走向的公路，以“3”字开头，现有30条。目前，全中国共有70条国道。每一条公路干线均采用三位数字表示，其中第一位数字表示国道的类别，即1××代表第一类国道，编为101~112线；2××代表第二类国道，编为201~228线；3××代表第三类国道，编为301~330线。编号中的第二、第三位数字表示国道的排列顺序。1××的××就是第一类国道自正北开始按顺时针方向排列的序数，其他两类国道也同样排列。

3. 营运客车分类

1）按乘坐舒适程度划分

按乘坐舒适程度划分，营运客车可分为普通客车、中级客车和高级客车。

普通客车指的是车辆无特殊的舒适装置、车内设有分隔货仓的客车，座椅较硬，没有温度调节装置，舒适性差。

中级客车是指不含分隔货仓的客车，其座位排列较宽松，有较软的、高靠背座椅，舒适性较好，在寒冷地区装有采暖设备。目前，我国公路运输中的长途直达班车多属此类。

高级客车是指车窗宽大、视野开阔、密封性好、有高级软座椅和空调设备的舒适性好的客车，俗称豪华客车。公路运输中的旅游车、直达快班车多属此类，现在大量的带卧席的长途班车也属此类车。

2）按车内设置座位的多少及装置形式划分

按车内设置座位的多少及装置形式划分，营运客车分为小型客车、中型客车和大型客车。

小型客车是指横排只能装置3个座位、座位总数为15个及以下的客车。

中型客车是指横排最多只能装置4个座位（包括通道设置的可折式座椅）、座位总数为16~30个的客车。

大型客车是指横排（不包括过道）装置4个及以上的座位、座位总数为31个及以上的客车。

4. 公路客运的售票及退票

1）享受半票优惠

根据交通部有关规定，享受半票的对象有两类。①身高为1.2～1.5米的儿童，超出1.5米的儿童须购买全票。持一张全票的旅客可以免费携带一名身高1.2米以下的儿童，但不提供座位；②革命伤残军人凭民政部门颁发的革命伤残军人抚恤证可购买半票。

2）旅客退票

旅客退票应在当次班车规定开车时间两小时前办理，最迟在开车后1小时内退票，并按票面额50%收取退票费。

8.2.4 水上客运知识

1. 水路旅行常识

中国的水路交通分为沿海船运和内河航运，按照运营形式又可分为水路游览运输和水路旅客运输两种形式。近年来，我国内河游轮发展迅速，为游客的水路旅游创造了较为便利的条件。

以旅客运输为主要功能的近海、内河客运，价格较为低廉。中国内河航运以长江、大运河和漓江最为发达。沿海航运主要以大连、天津、烟台、上海、青岛、厦门、广州、海口等沿海城市以及香港地区最为活跃。长江三峡地区以及香港、广州、海口之间的近距离客运已向高速化发展，如发展了水翼船等快速客船。航行在沿海和江湖上的客轮大小不等，船上的设备、设施和服务差异也很大。

大型客轮的舱室一般分5等：一等舱（软卧，1人或2人）、二等舱（软卧，2～4人）、三等舱（硬卧，4～8人）、四等舱（硬卧，8～24人）和五等舱（硬卧）。此外，还有散席（包括座席）。豪华客轮设有特等舱（由软卧卧室、休息室、卫生间等组成），其服务条件类似于星级酒店。海外游客在中国水上旅游时大多乘坐豪华游轮。

以水路游览运输为主的现代远洋游船和内河豪华游船在很大程度上超越了传统意义上的单一客运功能，成为集游览、食宿、娱乐、购物、运输等为一体的豪华旅游项目。游船一般定期或不定期沿一定的水上线路航行，在数个观光地停泊，以方便游客登岸参观游览。

游船的种类很多，按照内部设施和装修档次、服务的不同，我国内河游船采取不同的星级予以区别。按照航行水域的不同又可分为远洋游船、近洋游船、沿海游船和内河游船。远洋、近洋、沿海游船一般吨位较大、性能优越、内部设施豪华、造价昂贵，拥有非常完备的服务设施。

2. 船票

船票分为普通船票和加快船票，又可分成人票、儿童票（1.2～1.5米的儿童）

和优待票（学生票、残疾军人票），另外船票还分为1～5等几个级别。身高在1.2米以下的儿童免票。每一位成人旅客可免费携带1.2米以下儿童1名；超过1名时，超过的人数应买儿童半价票。船票票面注明“船名”、“日期”、“开航时间”和“码头编号”。

旅客购买了船票后，因故改变行程或行期，需要退票时，应在开船时间前两小时，团体票应在规定开船前24小时办理退票，超过规定时限不能退票，退票按票面价的20%收取退票费。已办理托运的，先办理行李、包裹取消或变更托运手续后才能退票。旅客在乘船前丢失船票，应另行购票。上船后旅客丢失船票，如能提出足够的证明，经确认后无须补票；无法证明时，按有关规定处理。

3. 行李

乘坐沿海和长江客轮，持全价票的旅客可随身携带免费行李30千克，持半价票者或免票儿童可随身携带15千克；每件行李的体积不得超过0.2立方米，长度不超过1.5米，重量不超过30千克。乘坐其他内河客轮，免费携带的行李分别为20千克和10千克。

行李包裹托运应凭船票提前一天或开船前两小时向船上码头行李房办理手续。船舶托运行李的计算办法按品种不同而定。在托运时，最好将不同性质的物品分别包装，以减少托运费用。托运的行李中不得夹带违禁物品和有价证券、贵重物品等。

4. 禁止携带和托运的物品

下列物品不准携带上船：法令限制运输的物品，有臭味、恶腥味的物品，会损坏、污染船舱和妨碍其他游客的物品，爆炸品、易燃品、自燃品、腐蚀性物品、有毒物品、杀伤性物品以及放射性物质。

8.3　旅游卫生保健与医疗常识

案例导入

案情介绍：一旅游团在某名山游览，其中一位游客在登山时不慎摔伤，左手臂骨折，流血，疼痛不止。此时，地陪马上将随身携带的治疗跌打的内服药取出，让受伤的游客服下。随后，地陪让全陪和另一位团员将受伤者送往医院治疗，自己则带团继续活动。

请问：地陪这样做是否妥当？为什么？

案例解析：地陪这样做是不妥当的。首先，地陪没有处方权，不应该擅自给受伤的游客用药；其次，对游客骨折受伤处理不当。地陪应就地先做初步处理：①如果骨折处出血，应立即采取止血措施；②给受伤游客做简易包扎；③为避免转动骨折肢体，地陪应为伤者上好夹板；④把游客送到医院进行治疗。治疗费先由本人支付，然后再按有关保险规定处理。事后，地陪应前往医院看望受伤游客。

游客外出旅游时，由于日常生活规律被打破，加上气候、饮食、起居及环境的改变，容易引起身体不适或疾病的发生，从而使其兴致大减，甚至可能会中断旅游。为了保证旅游的顺利进行，导游人员应该十分重视游客的健康，在旅游中时常提醒关照游客，向他们介绍一些旅游卫生保健知识和一些简单易行的方法，预防或减少这些事情的发生，尽力使旅游活动达到愉悦身心的最佳效果。

8.3.1 旅游卫生保健知识

1. 旅游衣物与着装

出外旅游要注意防晒和保暖。在保暖、对身体健康有利的前提下，旅游着装越少、越轻越好。应选择材质轻、通风好、耐脏、易洗、吸热少、吸水性强等特点的服装作为旅游服装。夏季应穿透气性好、宽松的衣服，另外，在夏季旅游时，要准备太阳镜、遮阳帽及雨伞，注意涂抹防晒护肤品。冬季应穿重量轻、保暖性好的衣服。

旅途中走路多且道路不平坦，鞋的大小要合适，透气性好，鞋底厚而有弹性，鞋面柔软而耐磨。旅游期间不宜穿新鞋，以免引起脚部不适。为方便登山和长途行走，旅游时最好穿旅游鞋或休闲鞋，要多带几双袜子，最好每天换洗。

2. 准备常用药品

导游人员可随身携带常用的药品，以备不时之需。一般可携带的常用药品有感冒药、黄连素、牛黄解毒片、乘晕宁、去痛片、创可贴、云南白药等，夏季还应带上仁丹、十滴水、清凉油、风油精等。

3. 保持旅行中的身心健康

出门旅游只有保持良好的身心健康，才能旅游愉快。一般应注意：旅行计划量力而行，注意劳逸结合，避免过度疲累。多人旅行时，一定要有整体观念，一切安排都应以体弱者作为基点。努力缩小旅行生活与平时生活之间的差距，要尽可能维持正常的生活规律。例如，要定时休息、睡眠与起床，定时进食与排便，使自身的饮食起居节律不遭破坏。饮食要讲求营养，旅行时身体消耗大，因而要注意补充营养。住宿休息时，在可能的情况下要考虑选择条件较好的饭店。

4. 注意缓解旅游疲劳

消除疲劳，除了合理安排旅游计划、量力而行外，合理饮食也是非常重要的。人们在疲劳的时候，应该适当多吃一些碱性的食物，如海带、紫菜、各种新鲜蔬菜、各种水果、豆制品、乳类和含有丰富蛋白质与维生素的动物肝脏等，这些食物有助于缓解疲劳。另外，也可喝热茶和活性水以消除疲劳。

5. 注意经常洗浴

旅途中易出汗，易沾染污渍灰尘。有条件的应及时洗浴，去除脏物，使得一身轻松。旅途中还应有意识地进行日光浴、海水浴、森林浴、蒸汽浴乃至风浴、雨浴、雪浴等，这些都是增进健康、增强抗御自然能力的有益活动。

6. 注意饮食卫生

旅途中保持身体健康的首要问题就是时刻注意饮食卫生，防止“病从口入”。旅行中的饮食卫生重点要注意以下几方面的内容。

(1) 注意双手的卫生。旅途中要带消毒纸巾，可能的话要经常洗手，注意双手的卫生。

(2) 注意饮水卫生。要多补充水分，但不要喝生水或不洁净的水。旅途饮水以开水和消毒净化过的自来水最为理想，其次是山泉和深井水，江、河、塘、湖水千万不能生饮。无合格水可饮时，可用瓜果代替水。

(3) 瓜果一定要洗净或去皮吃。吃瓜果一定要洗净或去皮。瓜果除了受农药污染外，在采摘与销售过程中也会受到病菌或寄生虫的污染。

(4) 学会鉴别饮食店卫生是否合格。饮食店合格的一般标准应：有卫生许可证，有清洁的水源，有消毒设备，食品原料新鲜，无蚊蝇，有防尘设备，周围环境干净，收款人员不接触食品且钱票与食品保持相当距离。

(5) 慎重对待每一餐。旅游时，要定时用餐，避免过饥，更不要暴饮暴食，否则会引起急性胃肠炎或急性胰腺炎。不食用未经煮熟的食物、不新鲜的食物。选择卫生条件好的餐馆就餐。高中档的饮食店一般可放心去吃，大排档可有选择地吃，摊位或沿街摆卖（推车卖）的最好不要去吃。

(6) 在车船或飞机上要节制饮食。乘行时，由于没有运动条件，食物的消化过程延长、速度减慢，如果不节制饮食，必然增加胃肠负担，引起肠胃不适。

8.3.2　食物中毒及其预防

食物中毒是指食用了不利于人体健康的物品而导致的急性中毒性疾病，是由于进食了被细菌及化学性毒物污染的食物，或误食了本身有毒的食物。

1. 食物中毒的症状

食物中毒的症状：上吐下泻、腹痛、恶心、畏寒、发热等。

2. 食物中毒的特点

食物中毒的特点是发病快，潜伏期短，且常常集体发病，若抢救不及时会有生命危险。

3. 食物中毒的处理

(1) 导游人员应设法催吐，让食物中毒者喝水 300 ~ 500 毫升，以加速排泄，缓解毒性。

(2) 立即将患者送医院抢救，请医生开具诊断证明。

(3) 发生单位及人员及时上报，及时调查处理，控制事态的发展。

(4) 迅速报告旅行社并追究供餐单位的责任。

4. 食物中毒的预防

(1) 严格执行在旅游定点餐厅就餐的规定。

(2) 提醒游客不要在小摊上购买食物。

(3) 用餐时，若发现食物、饮料不卫生，或有异味变质的情况，导游人员应立即要求更换，并要求餐厅负责人出面道歉。

(4) 一般团队餐尽量不安排凉菜。

8.3.3 特殊疾病及其预防

1. 晕厥

1) 症状

晕厥的症状是患者突然面色苍白、眼前发黑、恶心、脉搏细弱，继之丧失知觉。

2) 处理

一旦产生晕厥症状，应立即将患者平放于空气流通处，解开其衣领，使其头部略低，下肢抬高，以增加脑血流量。同时，观察其心跳是否正常，如果心跳正常，可轻拍患者并呼唤其姓名，若没有反应，可指压其人中穴，待其清醒后喂糖水。如果上述努力仍不见成效，很可能是其他严重疾病引起，应速送医院救治。

2. 急性心肌梗塞

1) 症状

急性心肌梗塞的症状是发病较急，患者自感脑部持续剧烈疼痛，面色苍白，嘴唇发紫，大汗淋漓，呼吸困难，脉搏细弱，心律不齐，心动过速，恶心呕吐等。

2) 处理

一旦发生急性心肌梗塞，应立即与附近医院或急救中心联系。在医护人员未来之前，轻轻将患者仰放，让其休息，切忌变动体位或挪动，同时安抚患者，使其不要过于紧张用力，密切观察其脉搏和呼吸。如果脉搏消失、呼吸停止，应立即施行胸外按压或人工呼吸。待医护人员到达后，在医生的指导和心电监护下送医院抢救。

3. 急性脑梗塞和脑出血

1) 症状

急性脑梗塞和脑出血的症状是发病较急，头痛、眩晕、呕吐，继之神志不清、口眼歪斜、上下肢偏瘫。该病大多发生在中老年游客中，特别是患有动脉硬化、高血压者居多。

2）处理

游客中出现此种情况，应立即让其平躺，上身稍微垫高一些，使其头部偏向一边，以防吸入呕吐物引起窒息。患者若出现昏迷，应取出其口腔内的假牙，以保持呼吸道畅通，并尽快送医院抢救。

8.3.4 旅行中的诱发反应及其预防

1. 中暑

1）症状

中暑的症状是发生在高温环境下，患者出现全身乏力、头痛、头晕、耳鸣、眼花、恶心、胸闷、口渴、多汗，严重者面色苍白、呕吐，甚至神志不清、昏迷。

2）处理

对中暑者，要立即将其移到阴凉通风处，解开衣领，放松裤带，给患者煽风。可能时让其饮用含盐饮料，服用十滴水或人丹。对发热者要用凉水或酒精擦拭身体，物理降温。出现神志不清时，可指按人中穴、双手的合谷穴，以促其苏醒，并尽快送医院治疗。

2. 晕车（机、船）

1）症状

运动病又称晕动病，是晕车、晕船、晕机等的总称。它是指乘坐交通工具时，人体内耳前庭平衡感受器受到过度运动刺激，前庭器官产生过量生物电，影响神经中枢而出现的出冷汗、恶心、呕吐、头晕等症状群。

2）处理

（1）应立即让患者勒紧裤腰带，以防内脏震动，加重病情。

（2）可让游客自己提供一些防晕机（车）的药物，导游人员不宜提供。

（3）待客人稳定后，应告诉客人启程前不要饮酒、饱食，要自备防晕机（车）的药物。

（4）与领队商定，在以后行程中，尽可能让晕机（车）者坐到机（车）的前、中部座位上。

3. 旅行性精神病

1）旅行性精神病的症状

由于长时间旅行，尤其人多拥挤、心理烦躁加上疲劳、紧张等因素共同诱发的旅行性精神障碍，就叫旅行性精神病。其症状是恐惧、幻觉、哭诉等癔病症状。发病后，病人可能对周围环境和陌生人感到胆怯和不安，全身发抖，神情沮丧；部分患者还会出现哭诉、散钱、撕钱和烧钱等行为；个别人会产生幻觉，出现跳车甚至伤人或自伤的暴力趋向。

2）旅行性精神病的特点

（1）旅行性精神病具有一定的传染性。一般一位游客产生精神病的意念后，只要反复对周围的乘客念叨，而周围的客人不能控制自己，就会跟着发病，甚至跟着跳车。

（2）此病几乎是在没有任何先兆的情况下发生。如果病人有过激行为，往往容易造成严重后果。

3）旅行性精神病的预防

（1）尽量减少长途旅行，每乘车两个小时就安排休息一下。

（2）客人座位不要安排得太紧。

（3）勤打扫车内卫生。

（4）尽量保持客人睡眠充足。

4）旅行性精神病的处理

（1）注意观察，一旦发现有发病前兆，应及时调整客人座位，改变客人周边环境。

（2）当客人发病后，导游人员首先应保护其他客人和病人的生命、财产安全。

（3）必要时可以将病人制伏，及时送往医院治疗。

8.3.5 其他意外的医疗及其预防

1. 骨折

1）症状

骨折的症状是受伤部位肿胀淤血。四肢骨折可见局部变形，活动困难。开放性骨折，其折断的骨骼会暴露在外；而闭合性骨折，痛处皮肤表面无伤口。

2）处理

（1）若是开放性骨折，在现场，导游人员应及时做好初步处理如下。将骨折的肢体抬高并进行止血。常用的止血方法有手压法，即用手指、手掌或拳在伤口靠近心脏一侧压迫血管；加压包扎法，即在伤口处放上厚敷料，用绷带加压包扎；止血带法，即用弹性止血带绑在伤口靠近心脏一侧的大血管处。然后包扎，包扎前最好清洗伤口，包扎动作要轻柔，松紧要适度，绷带的结口不要在伤口处。最后是上夹板。

（2）若是闭合性骨折，导游人员应就地取材进行固定，如用纸板、木板、树枝代替夹板，再用布条固定。若右腿骨折，可将其固定在左腿上；若上肢骨折，可将其固定在胸部；若脊椎外伤疑为骨折，应让患者平躺在木板上，固定后才能搬运，以减少神经再次受伤的可能。

（3）尽快送往医院诊治。

2. 蝎、蜂蜇伤及蛇咬伤

游客在景区若被蝎、蜂蜇伤，景区导游人员首先应安抚客人，同时采取有效措施避免其他游客被再次蜇伤。待客人情绪稳定后，可设法将毒刺拔出，用口或吸管吸出毒液，然后用肥皂水，条件许可时用5%的苏打水或3%的氨水冲洗伤口，同时服用止痛药。

客人在景区被蛇咬伤，一般会伤在四肢，导游人员可在其伤口上方5～10厘米处用一条带子绑住，但不要切断血液循环。然后用水清洗伤口，或用消毒刀片在蛇毒牙痕处切一道深约半厘米的切口，切口应向下，然后用嘴将毒液吸出吐掉，随后请景区管理人员或领队、全陪将伤者送医院救治，景点景区导游人员继续带团游览。

3. 擦伤

如果伤口较浅，出血不多，可用卫生棉稍加挤压，以挤出少许被污染的血液；如果伤口很脏，则可用清水冲洗后再用酒精消毒，然后再用创可贴或纱布包扎。

4. 扭伤和拉伤

凡发生肌肉和韧带拉伤，导游人员应尽快将伤者送往医院处置。肌肉和韧带拉伤往往伴随毛细血管的破裂，所谓红肿，本质上就是出血点的淤血所致，出血越多，红肿越厉害，伤情也越重。所以，当游客发生肌肉和韧带拉伤后，24小时内千万不可对伤处进行热敷和按摩，以免增加出血量，加重伤情。最好的方式是冷敷，收缩毛细血管，较少出血。

当毛细血管停止出血后，为加快淤血吸收，这才可以采用热敷的方式处理伤处，以达到快速治愈的目的。

典型案例

游客食物中毒

2010年4月23日中午12：40左右，大概有200多名游客在北京怀柔区雁栖镇长园村的北京水岸山吧餐厅就餐，半小时后有70余名游客中毒，陆续出现口干、头晕、乏力、嗜睡等症状，先后到怀柔第一医院治疗。经对游客食用饭菜，患者血、尿样本检测，初步认定为急性可乐定中毒。在被送入307医院的这32名中毒患者中，有17男15女，年龄最小的19岁，最大的50岁，均为女性，其中大多数患者年龄在40岁上下。307医院专家表示，这种中毒一般半小时左右发病，两个小时后达到高峰，及时抢救非常重要。

正在病区走廊病床输液的患者张淑青说，这次在“山吧”就餐中毒的大多数是到那玩的游客，有北京的，也有外地的。据悉，中毒的还有“山吧”餐厅的6名员工。那天他们午饭主要吃了茄子，症状和其他中毒者差不多。

据专家介绍，可乐定是一种老降血压药，现在很少使用。可乐定能够抑制中枢神经，降低血压，量大可导致休克，心率缓慢，造成呼吸循环衰竭死亡。

（资料来源：http：//www. chinanews. com. cn/jk/jk－ysbb/news/2010/04－26/2247519. shtml 中国新闻网）

问：什么叫食物中毒？导游人员在带团中应该怎样预防食物中毒事件的发生？

案例分析：食物中毒是指食用了不利于人体健康的物品而导致的急性中毒性疾病，是由于进食了被细菌及化学性毒物污染的食物，或误食了本身有毒的食物。导游人员在带团中应该采取以下措施来预防中毒事件的发生：①严格执行在旅游定点餐厅就餐的规定；②提醒游客不要在小摊上购买食物；③用餐时，若发现食物、饮料不卫生，或有异味变质的情况，导游人员应立即要求更换，并要求餐厅负责人出面道歉；④一般团队餐尽量不安排凉菜。

思考与练习

一、填空题

1. 旅游团人数在________人以上在本国出入境可申请团体签证。

2. 中国公民凭国务院主管机关及其授权的机关签发的有效护照或者其他有效证件出境、入境，无需办理 ________。

3. 台湾同胞回大陆，可持用有效________ 申请签注。未持用有效台胞证者，可向驻外使领馆申请 ________。

4. 港澳地区中国公民前往内地，应持用有效________ ，此证可在香港澳门特区向公安部授权单位申请，而非特区护照。未持用有效回乡证而在境外的港、澳特区中国公民如前往大陆，可向驻外使领馆申请________ 。

5. 中国的游客乘坐国际航班出国，如有申报的贵重物品，要走________ 。

二、单项选择题

1. 国内航班随身携带物品的重量，每位旅客以（　　）为限。

A. 4 公斤　　B. 5 公斤　　C. 6 公斤　　D. 7 公斤

2. 在航班规定离站时间前 2 小时之内要求退票，收取客票价（　　）的退票费。

A. 10%　　B. 20%　　C. 50%　　D. 100%

3. 乘坐国内航班的旅客应在客票上列明的航班规定时间起飞前（　　）分钟到达指定机场，凭客票及本人有效身份证件办理乘机手续。

A. 60　　B. 90　　C. 120　　D. 40

4. 身高为 1.3 米的儿童乘坐火车，应支付成人票价的（　　）。

A. 100%　　B. 30%　　C. 50%　　D. 10%

5. 铁路客运行李每件最大重量为（　　）。

A. 30 千克　　B. 40 千克　　C. 50 千克　　D. 60 千克

6. 车次前冠“T”字的旅客列车为（　　）。

A. 准高速列车　　B. 特快旅客列车

C. 快速旅客列车　　D. 普通旅客列车

7. 在我国，护照的有效期一般为（　　）。

A. 5 年　　B. 10 年　　C. 15 年　　D. 20 年

8. 在旅游途中，如果有游客受伤造成开放性骨折，导游人员应当立即（　　）。

A. 上甲板固定　　B. 包扎

C. 止血　　D. 送医院

三、多项选择题

1. 我国的护照主要分为（　　）。

A. 普通护照　　B. 外交护照

C．公务护照　　D. 因私护照

E. 因公护照

2. 出入境的常规手续有（　　）。

A. 海关检查　　B．边防检查

C. 安全检查　　D. 卫生检疫

E. 护照检查

3. 民航的运输飞行主要有（　　）形式。

A. 班期飞行　　B. 加班飞行

C. 包机飞行　　D. 定期飞行

E. 季节性飞行

4. 关于机票，以下说法中（　　）是正确的。

A. 已满 2 周岁未满 12 周岁的儿童按成人票价的 50% 付费

B. 未满 2 周岁的婴儿按成人票价的 20% 付费，不单独占座位

C. 已订妥日期、航班和机座的机票被称为 OK 票

D. OK 票无须办理再确认手续

E. OPEN 票为不定期机票，有效期为 3 年

5. 我国口岸边防检查站是由（　　）组成。

A. 动植物检疫站　B. 公安　　C. 卫生检疫

D. 海关　　E. 外汇数量检查

6. 下列可选择绿色通道通关的人员有（　　）。

A. 持外交护照的人员　　B. 海关给予免验礼遇的人员

C. 持礼遇签证的人员　　D. 来华旅游人员

E. 不知海关规定或不知如何选择通道的旅客

7. 若游客被蝎、蜂蜇伤，导游人员要设法将毒刺拔出，用口或吸管吸出毒液，然

后用（　　）敷伤口，同时服用止痛药。

A. 肥皂水　　B. 5% 的苏打水　　C. 3% 的氨水

D. 盐水　　E. 酒精

四、简答题

1. 安全检查的程序主要是什么？

2. 旅行中的饮食卫生，重点要注意哪几方面的内容？

3. 游客发生骨折事件，导游人员应该采取哪些急救措施？

4. 食物中毒具有什么症状和特点？导游人员应该如何预防和处理游客食物中毒事件的发生？

五、案例分析题

李某是从事导游工作不久的新手，在一次接待某山东团队时，客人小王以团队节奏太慢为由，要求自行活动。李某见小王态度坚决，就没有阻拦。但小王自行游览中误入未开放的原始森林，结果摔下悬崖，造成大腿严重骨折。

请问：客人发生骨折，导游人员应如何处置？

参 考 文 献

[1] 陈乾康. 四川导游实务 [M]. 北京：中国旅游出版社，2007.
[2] 陈巍. 导游实务 [M]. 北京：北京理工大学出版社，2010.
[3] 程新造. 导游接待案例选析 [M]. 北京：旅游教育出版社，2004.
[4] 范黎光. 导游业务 [M]. 北京：机械工业出版社，2003.
[5] 郭书兰. 导游原理与实务 [M]. 大连：东北财经大学出版社，2006.
[6] 国家旅游局人教司. 模拟导游 [M]. 北京：中国旅游出版社，2000.
[7] 姜福金. 导游实务 [M]. 大连：大连理工大学出版社，2006.
[8] 蒋炳辉. 旅游案例分析与启示 [M]. 北京：中国旅游出版社，2003.
[9] 赖启航，邬明辉. 四川导游人员资格考试习题集 [M]. 北京：旅游教育出版社，2009.
[10] 李鸿，杨连学. 模拟导游 [M]. 上海：上海交通大学出版社，2011.
[11] 李如嘉. 模拟导游 [M]. 北京：高等教育出版社，2002.
[12] 陆霞. 景区导游 [M]. 北京：北京大学出版社，2011.
[13] 马树生，等. 模拟导游 [M]. 北京：旅游教育出版社，2004.
[14] 彭蝶飞. 导游实务 [M]. 长沙：中山大学出版社，2005.
[15] 王昆欣. 全国导游资格考试模拟试题汇编 [M]. 北京：旅游教育出版社，2007.
[16] 王连义. 怎样做好导游工作 [M]. 北京：中国旅游出版社，2005.
[17] 叶娅丽. 导游业务 [M]. 上海：上海交通大学出版社，2011.
[18] 张力仁. 导游业务 [M]. 北京：高等教育出版社，2003.
[19] 张明清，窦志萍. 导游业务与技巧 [M]. 北京：高等教育出版社，2003.
[20] 赵爱华，雷引周. 导游业务 [M]. 北京：中国财经经济出版社，2007.